중국 천재가 된
홍대리 2

일러두기

1. 중국어의 한글 표기는 국립국어원의 '외래어 표기법' 기준을 따르는 것을 원칙
   으로 하되, 실제 발음과 차이가 심한 경우 실제 발음에 가깝게 표기했다.

2. 한자의 병기는 일반 한자 사용을 원칙으로 하되, 정확하고 현실적인 정보 전
   달을 위해 필요하다고 판단한 경우에는 간체자(簡體字)를 사용했다.

3. 극중 등장인물과 회사는 실제가 아닌 허구임을 밝혀둔다.

중국천재가 된 홍대리 2

김만기 | 박보현 지음

다산
라이프

등장인물 소개

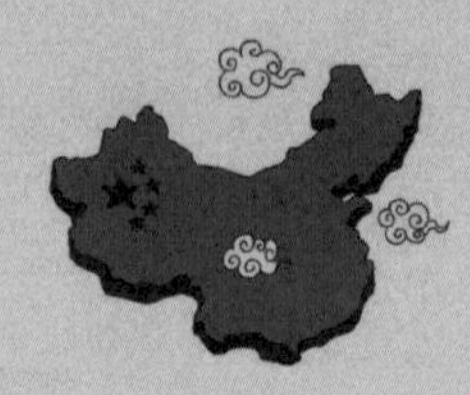

홍규태(남, 33세)

한국의 중견 커피회사인 '빈하우스(Bean House)'의 대리. 잘 나가는 사업가의 아들이었으나, 미국 대학에서 MBA 과정을 마치고 돌아와보니 아버지 회사가 부도나 가세가 기울어 있는 상황. 울며 겨자 먹기로 마음에 썩 들지는 않았던 빈하우스에 입사한다. 집안을 일으키려면 사업밖에 없다는 생각에 글로벌 비즈니스를 배워보고자 해외사업부에 자원해 필리핀 진출을 성공으로 이끌고 내친김에 중국사업팀에도 자원한다. 항상 자신만만하고 다소 까칠하지만 알고 보면 은근 허당.

제임스 장(남, 37세)

중국 커피회사 총경리로, 대만 출신. 대만의 작은 커피회사에서 일하던 중 경쟁 회사의 자금력에 밀려 해외 진출이 좌절된 후, '자금력만이 살 길'이라는 생각에 투자를 받아 '판다커피(Panda Coffee)'를 인수한다. 특유의 사업 감각과 과감한 결단력으로 상하이에서 쓰러져가던 판다커피를 1년 만에 되살리고 베이징 공략에 나선다. 홍 대리 회사에 있어 최대 적수.

금탄영 (남, 43세)

중국에서 성공한 한국인 사업가로, 베이징대학을 졸업한 후
중국 내에서 다양한 인맥을 쌓으며 사업을 성공적으로 이끈
인물. 중국에서의 오랜 경험을 바탕으로 중국에 진출하려는
한국 기업들에게 멘토 역할을 한다. 중국인들의 마음을 이해
하고 그들에게 열린 생각을 갖고 있는 후천적 중국인.

정진중 (남, 30세)

중국에서 현지 채용된 한국인 직원. 주로 대기업의 의뢰를
받는 OEM 제조업체를 운영하던 아버지가 국내 대기업들을
따라 중국으로 넘어오면서 중국에 정착하게 된다. 현재 아버
지의 회사는 대기업들의 주문이 줄어들어 어려움을 겪고 있
는 상황. 실무 경험을 쌓은 뒤 아버지 회사를 되살리는 것이
목표. 다소 무뚝뚝하고 무표정하지만 열정만은 홍 대리와 박
빙으로, 홍 대리의 비서 역할을 한다.

리리 (여, 30세)

빈하우스 중국지사의 여직원. 사무실의 잡무를 주로 맡아서
보는 여성으로, 세련된 외모와 달리 무척 털털하면서도 딱
부러지는 성격. 한국 드라마와 K-pop에 열광하며, 한국 연
예인 브로마이드 수집에 열을 올린다. 그러면서도 언젠가 자
신의 이름을 딴 글로벌 카페를 만들겠다는 목표를 가지고 자
기계발에 힘쓴다. 정진중과는 동갑내기 절친.

오승진 (남, 43세)

빈하우스의 해외사업부 총책임자이자 창립 멤버. 필리핀 진출을 성공으로 이끈 홍 대리의 능력을 높이 사고, 개인적으로도 홍 대리를 무척 아낀다. 홍 대리가 중국 사업팀 파견을 지원했을 때, 다른 임원진의 반대를 무릅쓰고 파격적으로 총경리직에 추천한다. 홍 대리가 믿고 의지하는 정신적 지주로, 금탄영 박사와는 절친한 친구 사이.

장펑 (남, 32세)

미국 유학시절 알고 지낸 홍 대리의 중국인 친구. 태자당 출신의 아버지를 둔 중국 최상류층이지만, 의외로 성실하고 소탈하며 올곧은 성격. 불법이나 편법 없이 정도를 걸으면서도 성공할 수 있다는 것을 보여주고 싶어 한다. 유학 시절 어려운 일을 당했을 때 마치 자기 일처럼 발 벗고 나서서 도와준 홍 대리를 마음속으로는 은인으로 여긴다.

이준서 (남, 33세)

빈하우스 최목단 사장의 아들로, 전략기획실장직을 맡아 후계자 수업을 받고 있다. 홍 대리와는 고등학교 동창. 어린 시절부터 '공부머리'가 나쁘다는 핑계로 공부와는 담을 쌓고 지냈다. 별다른 노력을 하지 않고도 항상 공부를 잘하고 친구들에게 인기도 많은 소위 '엄친아'였던 홍 대리에게 콤플렉스를 느꼈으나, 인생지사 새옹지마라고 했던가? 이제 형세가 역전되어 홍 대리를 부리는 자리에 오른다. 사업 감각이 뛰어나고, 무모할 정도로 과감하며, 누구보다도 결단력이 있다. 홍 대리와는 사사건건 부딪히는 인물.

딩꽌제 (남, 66세)

퇴직 공무원 출신으로, 빈하우스 중국지사에서 공상국이나 위생국 등과 관련된 대관업무를 담당한다. 업무 처리는 깔끔하지만, 시도 때도 없이 '꽌시 관리 비용'을 청구해 홍 대리의 속을 부글부글 끓게 만드는 장본인.

왕궈중 (남, 53세)

윈난성 푸얼에서 1,2위를 다투는 커피농장의 동사장. 어마어마한 재력과 배경을 가진 사람으로, 사업 수완이 뛰어나다. 개인적 감정보다는 이해관계에 따라 움직이는 전형적 장사꾼.

박효병 (남, 30세)

정진중이 나간 후 새로 출근하게 된 한국인 직원. 평소 과묵하고, 묵묵히 자신의 일을 해나가는 성격. 하지만 자기 의견을 내는 데 소극적이다.

마오랑 (남, 29세)

잘생긴 외모와 서글서글한 인상, 싹싹한 성격을 고루 갖춘 중국 현지 직원. 항상 긍정적이고 눈치가 빨라, 홍 대리와도 죽이 잘 맞는다.

차례

따라 하기의 한계

적에게서 배운다

판다커피 궈마오점 1층. 문이 열리면서 손님이 왔음을 알리는 음악소리가 들렸다. 홍 대리는 자신이 손님임을 잊고 반사적으로 "어서오세요"라고 인사를 할 뻔했다. 습관이란 역시 무서운 거라 생각하며 피식 웃고 한 발 들어섰을 때, 판다 복장을 한 직원 하나가 다가와 안내를 했다. 추운 날씨에다가 제법 늦은 시각임에도 밖에서 약 30분을 서서 기다려야 했다. 사실 홍 대리로서는 케이크와 커피를 먹기 위해 그렇게까지 기다리는 사람들의 심리를 이해할 수 없었다. 더 맛있는 케이크와 커피를 파는 곳도 찾으려면 충분히 찾을 수 있기 때문이다. 기껏해야 10위안 정도, 한국 돈으로 1600~1700원 아끼자고 이 추운 날 밖에서 30분 이상 기다린다는 것이 과연 경제적인 행위일까 싶었다. 어쨌든 홍 대리는 기다렸고, 가게 안으로 들어섰으며, 주문을 했다. 가게는 으리으리하게 컸고, 늦은 시간인데도 자리가 꽉 차 있다는 사실이 이해가 되지 않으면서도 부러웠다. 빽빽하게 놓인 테이블 사이로 뜨거운 커피와 케이크를 들고 지나간다는 게 여간 고역이 아니었다.

"참내, 이 넓은 매장에서 테이블을 이렇게 빽빽하게 채워 놓다니……."

워낙 손님이 없어서 본의 아니게 테이블 간격을 널찍이 떼어 놓은 빈하우스 매장들을 떠올리며, 홍 대리는 씁쓸해졌다. 하지만 손님이 많아진다 하더라도 결코 테이블을 저토록 빽빽하게 배치할 마음은 없었다. 홍 대리에게 카페란 향긋한 커피를 즐기면서 조용히 '대화'를 나누는 곳이었다. 커피는 대화의 도구요, 매개체인 것이다. 그런데 이렇게 빽빽하게 테이블이 배치된다면 옆 테이블 소리와 섞여 대화에 방해를 받을 수밖에 없다. 홍 대리는 그게 싫었다.

커피와 케이크를 내려놓은 홍 대리는 차근차근 카페를 둘러보았다. 상하이의 판다커피 매장들과 거의 똑같았다. 군데군데 놓인 판다 인형이나 소품들이 아기자기하고 귀여웠다. 다른 카페들에 비해 어린아이가 포함된 가족 단위의 손님들이 많다는 것만 보더라도 판다 인형과 인테리어가 주는 분위기가 긍정적으로 작용했음은 분명했다. 물론 저렴한 가격도 한몫했을 것이다.

표지에 서로 다른 카페 이름이 적힌 4권의 노트를 꺼낸 홍 대리는 그중 '판다커피'라 적힌 노트를 펼쳤다. 이로써 판다커피 중 다섯 번째 매장에 대한 분석이 시작됐다. 문득 대학을 다닐 때와 MBA 과정에서 과제를 하던 때가 떠올랐다. 그때는 참 많이 도 이렇게 노트와 볼펜을 들고 다니면서 본 걸 쓰고 그렸다. 주변에서는 노트북이나 태블릿PC 등을 사용하는 사람이 많았는데도 끝까지 종이 공책과 볼펜을 고집한 자신이 그리 '스마트한' 사람은 아니라는 생각이 들었다. 하지만 홍 대리는 그렇게 하는 게 성미에 맞았다. 눈에 들어온 것을 보이는 대로 슥슥 그리기도 하고 마음대로 글씨도 끼적거리면서 자유롭게 정리하는 게 편했다. 요 며칠 동안에도 그때처럼 노트에 그리고 쓰고 포스트잇을 붙여가며 마음대로 정리하다 보니, 다시 그 시절로 돌아간 듯했다.

"나이 서른 훌쩍 넘어서 숙제를 하게 될 줄이야."

물론 누구도 강제하지는 않았다. 금탄영 박사는 '다른 회사들을 살펴보면서 장단점을 분석하고 손님들을 관찰하면 도움이 될 것'이라고 말했을 뿐이고, 이를 행동으로 옮긴 것은 홍 대리 본인의 선택이었다. 그리고 그는 며칠 동안 충실한 학생처럼 이를 잘 따랐다. 문득 소비심리학 수업 시간에 교수가 "내가 여기서 아무리 고명한 이론을 떠들어댄다고 해도, 여러분이 밖으로 나가서 직접 소비자들을 보고 겪으면서 한 시간 배우는 것보다도 못할 겁니다"라고 말하며 교재를 교탁 한쪽으로 치우고는 현장에서 관찰하고 결과 보고서를 써 내라는 과제를 줬던 기억이 떠올랐다. 그 기억을 왜 잊고 있었던 걸까? 생각해보면 교과서적인 지식 외에 홍 대리가 기억하고 써먹었던 것은 얼마 되지 않았다.

"하여간 대한민국 주입식 교육의 폐해라니까."

홍 대리는 애꿎은 나라 교육 정책까지 들먹였다. 그만큼 억울하고 분했다. 비싼 돈을 들여 유학까지 갔지만, 한국에서 공부하던 방식에 맞춘 '지식과 정보' 외에는 기억조차 잘 나지 않았다. 하지만 경영은 지식보다는 지혜에서 나오는 것이었다.

"가족 단위 손님들은 나들이를 갔다가 오는 길에 들르는 것 같군. 가벼운 먹거리와 커피 외의 음료를 많이 주문하고, 푹신한 의자와 넓은 테이블을 선호."

젊은 부부와 너댓 살쯤 된 아이가 있는 테이블을 간략하게 그림으로 그리고 밑에 설명을 달던 홍 대리는, 화들짝 놀라 고개를 들었다. 분명 무척 낯이 익은 사람이 있었다. 그 사람도 홍 대리와 눈이 마주치자 흠칫 놀라더니 고개를 숙이고 황급히 자리를 피했다. 자리를 박차듯 일어난 홍 대리는 재빨리 뒤를 쫓았다.

"천메이!"

도망치듯 걷던 사람은 홍 대리의 호명에 못 박힌 듯 멈춰 섰다.

"천메이! 천메이 맞죠? 여기서 뭐하는 거예요?"

"초, 총경리님."

홍 대리 앞에서 어쩔 줄 몰라 하고 있는 사람은 왕징점의 직원이었던 천메이로, 춘제 때 고향에 내려갔다가 그대로 퇴사힌 사림이었다. 홍 대리는 중국인 직원들 중 가장 선진화된 서비스 마인드를 가졌던 천메이를 직원 교육 담당자로 임명하고 연봉도 후하게 줬을 정도로 아꼈다. 그런데 춘제가 끝나고는 한마디 말도 없이 복귀를 하지 않았고, 홍 대리가 먼저 전화를 걸자 일방적으로 퇴사를 통보해 큰 배신감을 안기기도 했다. 아직도 그때만 생각하면 피가 거꾸로 솟을 정도로 화가 났다가, 또 자신의 인덕이 고작 이 정도인가 싶어 참담해지기도 했다. 일가구일자녀 정책이 있는 나라니 자식에 대한 부모의 애정이 오죽할까, 그러니 홀로 먼 곳에 가서 일하는 아들딸이 명절에 모처럼 돌아왔을 때 얼마나 보내기 싫을까, 얼마나 서로에 대한 마음이 애틋하면 회사를 다 때려치우고 함께 있으려 할까, 그렇게 생각하며 이해를 해보자고 수십 번도 더 스스로를 달랬다. 그런데 이건 무슨 상황인가?

"천메이, 설명을 해봐요. 어떻게 된 거예요?"

"총경리님. 그게……."

천메이는 고개를 푹 숙인 채 말을 잇지 못했다. 무슨 말을 해야 할지 알 수 없는 것은 천메이만이 아니었다. 전혀 예상치 못했던 상황에 홍 대리도 할 말을 찾지 못했다. 실제로는 짧았지만 느끼기에는 무척 긴 시간이 흐르는 동안, 둘 사이에는 적막이 내려앉았다. 그리고 그 적막은 제3의 인물로 인해 깨져버렸다.

"천메이! 거기서 뭐하는 거야? 접시 부족하니까 빨리 가서 설거지나 해!"

익숙한 목소리에 고개를 돌리자, 깜짝 놀란 쉬타오가 눈을 동그랗게 뜬 채 좀 전의 천메이처럼 못 박힌 듯 제자리에 멈춰 섰다. 천메이에게 호통을 치던 기세는 어디로 갔는지, 쉬타오는 겁에 질린 표정이었다.

"오, 오랜만이군. 홍 총경리."

홍 대리의 매서운 눈빛에 잠시나마 움츠러들었다는 사실이 부끄러웠는지, 쉬타오는 당당한 목소리를 내려 애썼다. 하지만 억지로 쥐어짜낸 당당함은 어색해 보일 뿐이었다.

"쉬타오! 이것도 당신 짓이야?"

홍 대리는 마취가 풀린 것처럼 한꺼번에 몰려오는 분노에 버럭 소리를 질렀다. 쉬타오와 천메이는 움찔 놀랐고, 모든 손님들의 시선이 그들에게로 쏠렸다.

"무, 무슨 소리야?"

"아니, 됐어. 쉬타오 당신은 빠져 있어. 난 천메이에게 직접 들어야겠어. 천메이, 어떻게 된 거예요?"

"그, 그게……."

천메이는 끝까지 대답을 하지는 않았지만, 쉬타오의 눈치를 살핀 것만으로도 홍 대리에게는 답이 됐다. 아마도 쉬타오는 더 많은 연봉을 미끼로 천메이에게 접근했을 것이다. 그리고 번 돈의 대부분을 몸이 편찮으신 어머니 병원비로 쓰고 있을 정도로 삶이 여유롭지 못한 천메이에게 이는 거부하기 어려운 유혹이었으리라. 홍 대리는 배신감을 느꼈지만, 그렇다고 해서 천메이를 탓할 수도 없었다. 당장 자신만 하더라도 집안을 일으킬 수 있을 성도의 연봉을 제시하는 회사가 있다면 이직하지 않는다고 자신할 수 없었으니까. 그럼에도 욕지기가 나오는 것을 억누르기 힘들 정도로 치솟는 이 분노는 아마도 쉬타오를 향한 것이리라.

"천메이! 빨리 가서 설거지해!"

쉬타오는 잠시도 쉬고 있는 꼴을 볼 수 없다는 듯이 천메이를 닦달했다. 천메이가 고개를 끄덕인 다음 홍 대리에게 꾸벅 고개를 숙이고 사라지자, 쉬타오는 특유의 뻔뻔함을 되찾은 듯 고개를 빳빳이 들었다.

"천메이는 이제 우리 판다커피에서 일하기로 했으니 귀찮게 하지 말고 가보시지. 우리 판다커피는 당신네 회사와는 다르게 능력에 맞는 대우를 해준다고! 그래서 내가 천메이한테도 함께 일하자고 했지. 어때? 이제 공개적으로 나에게 망신을 준 게 후회가 되나? 하지만 후회해봐야 이미 늦었어! 앞으로도 빈하우스 직원이었던 사람들을 판다커피에서 자주 보게 될 거야. 하하하!"

이제 자신의 총경리가 아니라고 홍 대리를 대하는 말투부터 달라진 쉬타오가 고소하다는 듯 웃으며 말했지만, 정작 홍 대리의 시선은 쉬타오의 뒤쪽 어딘가에 박힌 채 미동조차 없었다. 쉬타오도 뭔가 이상하다고 느꼈는지 뒤를 돌아봤다. 그러더니 좀 전에 홍 대리를 봤을 때와는 비교도 되지 않을 정도로 기겁을 하며 공포에 질린 표정으로 허리를 푹 숙였다. 쉬타오를 저승사자라도 본 것처럼 겁에 질리게 만든 장본인은, 홍 대리가 기억하는 무표정한 얼굴 그대로 성큼성큼 다가왔다.

"무슨 일이오?"

제임스 장도 홍 대리와 마찬가지로 쉬타오의 존재는 잊은 것처럼 그에게 눈길조차 주지 않았다.

"아, 총경리님. 그게, 이 사람이 천메이를 보더니 갑자기……."

쉬타오는 덜덜 떨면서 설명을 했다. 제임스 장은 여전히 홍 대리에게 시선을 고정한 채 짧게 말했다.

"쉬타오. 가서 일하시오."

쉬타오는 허리를 90도로 꺾어 인사를 하더니, 조금이라도 빨리 그곳에서 벗어나려는 것처럼 잰걸음으로 사라져갔다. 남은 제임스 장과 홍 대리 사이에서 팽팽한 긴장감이 흘렀다.

"홍규태 총경리, 잘 지냈소? 우리 가게에서만 두 번이나 마주치다니, 기막힌 우연이군. 아니면 우리 가게 단골인데 내가 몰랐던 거요?"

"그럴 리가. 빈하우스 커피가 더 맛있는데 내가 여기 단골일 리가 없죠."

"그렇다면 여긴 어쩐 일로?"

"쉬타오 저 인간으로 여러 가지 수를 썼길래 어디 얼마나 잘되고 있나 보자, 하고 왔더니 이번엔 천메이까지 데려왔더군요."

홍 대리는 분노로 어깨까지 부들부들 떨리는 것을 가까스로 참으며 말했다. 지난번 만남에서 제임스 장의 페이스에 말렸던 것을 떠올리면서 다음에는 절대로 그러지 말아야겠다고 몇 번이나 다짐했던 기억이 없었다면, 아마 이번에도 똑같이 감정적으로 대응했을 것이다.

"남의 직원을 빼내는 것도 판다커피의 전략입니까?"

"빼가다니, 무슨 소리요? 천메이는 훌륭한 인재고, 난 그에 합당한 대접을 해주겠다고 제시했을 뿐이오."

홍 대리는 머리로 피가 쏠리는 걸 참으며, 속으로 '차갑게! 머리는 차갑게!'를 수십 번 되뇌었다. 특히 제임스 장처럼 냉철한 사람을 상대하려면 그 이상의 냉정함을 유지해야 했다. 다소 다혈질에 욱하는 성질이 있는 홍 대리로서는 그러기가 쉽지 않았지만, 힘들어도 그래야만 했다.

"필리핀에서 있었던 일이 오해였다고, 우리가 계약한 곳이 당신네와 이미 계약된 곳인 줄 몰랐다고 해도 어차피 안 믿겠죠?"

홍 대리는 지난번 제임스 장과의 만남에서 들었던 수수께끼 같았던 말들에 대해 오승진 상무를 통해 얻은 답을 떠올리며 물었다.

"물론 믿지 않소. 정당하지 못한 방법을 쓰는 사람들은 수세에 몰리면 거짓말도 일삼는 법이니까."

"내 이럴 줄 알았어. 좀팽이 같은 사람들은 한 번 피해를 입으면 단단히 삐쳐서 진실도 제대로 바라보지 못하는 법이니까."

홍 대리는 여유롭게 웃었다. 홍 대리가 지난번처럼 길길이 날뛰기라도 할 거라 여겼던 것인지, 제임스 장의 무표정한 얼굴에 재미있다는 기색이 떠올랐다. 하지만 그뿐이었다. 의외의 반응에 흥미를 느끼긴 했지만, 그게 자신에게 위협이 되거나 어떤 해를 끼칠 거라고는 전혀 생각할 수 없었으니까.

"홍규태 총경리는 상당히 비경제적인 사람이로군. 안 믿을 걸 알면서도 말을 하는 걸 보면 말이오."

"이봐요, 제임스 장. 세상에는 말이죠, 공허하게 사라져버릴지라도 해야만 하는 말이 있어요. 그게 바로 '진실'이라는 거죠."

제임스 장이 아무런 반응을 보이지 않자, 홍 대리는 다시 말을 이었다. 그들의 목소리가 낮아지자, 주위에서 구경하던 손님들은 이내 흥미를 잃고 다시 자기들끼리 대화하기 시작했다.

"그러니 당신이 믿건 말건 난 할 말을 해야겠네요. 필리핀에서 당신네 투게더커피가 입점하려고 계약했던 매장 몇 군데에 빈하우스가 먼저 입점한 건 맞지만, 그건 우리 의도가 아니었어요. 심지어는 그곳이 이미 계약된 곳인 줄도 몰랐으니까."

홍 대리가 잠시 말을 끊고 자신을 쳐다보자, 제임스 장은 계속하라는 손짓을 했다.

"당신이 봐둔 그곳들이 내 눈에도 참 좋아 보이긴 하더이다. 그래서 부동산 업자에게 계약하고 싶다 했더니 비쌀 거라고 하더군. 그런데 꼭 계약하고 싶으니 비싸도 돈을 줄 수밖에……. 알고 보니 부동산 업자 입장에서는 빈하우스에게서 받은 돈으로 당신네 회사에 위약금을 물어도 그게 이득이니 그렇게 처리했지 뭡니까? 이미 계약된 곳이라는 건 우리에게 말도 안 하고 말이죠."

여전히 제임스 장은 말이 없었다.

"당신이 마음에 드는 물건이 있어 그 주인과 가격을 소율해서 샀다고 칩시다. 그런데 알고 보니 주인이 그 물건을 이미 다른 사람에게 팔기로 해놓고 당신에게 판 거지. 그럼 원래 물건을 사기로 했던 사람이 사지 못한 건 당신 잘못입니까? 아니면 다른 사람과 계약까지 했던 물건을 당신에게 판 사람 잘못입니까?"

제임스 장은 짤막하게 고개를 끄덕였다.

"미스터 홍, 당신 말이 맞소. 그건 분명 부동산 업자 잘못이오."

"그거 봐요! 그러니까 당신은 애먼 사람한테 애먼 이유로 마음이 상해서 쓸데없는 복수심을 불태우고 있었던 거라니까!"

"그 말도 맞소. 하지만 당신은 두 가지를 놓치고 있소."

제임스 장은 천천히 오른손을 들어 올리더니, 검지를 폈다.

"첫째, 난 당신 말을 믿지 않소. 증거가 없으니까."

홍 대리는 '역시'라고 생각했지만, 겉으로는 실망을 드러내지 않았다. 제임스 장의 말대로 홍 대리는 자신의 말이 사실임을 증명할 수 없었던 것이다.

"둘째, 홍 총경리 말이 사실이라 해도 난 관심 없소. 어쨌든 일은 벌어졌고, 난 빈하우스가 중국에서 물러나게 할 생각이니까."

말을 마친 제임스 장은 자신의 예상과 달리 홍 대리가 입가에 미소를 걸치고 있는 것을 보자, 또 다시 흥미가 일었다. 지난번 만남 이후로 한 달도 지나지 않았건만, 제법 변하지 않았는가.

"뭐, 나도 당신이 믿건 말건 상관없어요. 날 또 비경제적이라고 비웃을지도 모르지만, 난 어쨌든 당신에게 말해야 할 이유가 있었거든."

"믿지 않더라도 꼭 말해야 할 이유라……. 그게 뭐지?"

"이제 진실을 말했으니, 조금 더 홀가분한 마음으로 당신에게 선전포고를 할 수가 있게 됐거든. 두고 봅시다, 제임스 장. 당신 말대로 빈하우스가 중국에서 물러나게 되는지, 아니면 당신네를 위협하고도 남을 존재로 성장하는지…….”

제임스 장은 도저히 무슨 생각을 하는지 알 수 없는 표정으로 홍 대리를 쳐다보다가 고개를 끄덕였다.

“행운을 빌겠소.”

“고맙군요.”

그 말을 끝으로 제임스 장은 뒤로 돌아 사라졌고, 홍 대리는 잠시 그 모습을 바라보다가 짐을 챙겨 나왔다.

점점 멀어지는 홍 대리의 뒷모습을 2층 창가에서 지켜보던 제임스 장은 쉬타오를 조용히 사무실로 불렀다. 쉬타오는 평소보다 당당한 걸음으로 다가왔다. 그의 새로운 총경리는 등을 보이고 서 있었다.

“부르셨습니까?”

제임스 장은 천천히 뒤로 돌아 쉬타오를 마주보고 섰다. 부름을 받고 오는 내내 ‘당당하자’는 말을 수백 번쯤 되뇌었건만, 쉬타오는 또 주눅이 들기 시작했다.

“오, 오늘 일은…… 좀 재수가 없었습니다. 그렇지 않습니까?”

제임스 장은 대답이 없었다.

“홍규태 얼굴을 보셨습니까? 완전히 뭐 씹은 표정이던데요? 하하! 홍규태가 천메이를 엄청 아꼈죠. 그런 직원을 경쟁사가 데려왔으니 얼마나 속이 쓰리겠습니까? 제가 천메이를 빼내 오느라고 얼마나…….”

"쉬타오. 이제 당신은 판다커피 사람이 아니오."

한창 신이 나서 떠들던 쉬타오는 갑자기 이게 무슨 소린가 싶었다. 상대가 제임스 장이 아니었다면 당연히 농담이라고 생각했을 것이다. 하지만 쉬타오가 아는 제임스 장이라면 절대로 농담 같은 걸 할 리가 없다. 그리고 바로 그 점이 문제였다.

"하, 하지만 총경리!"

"그 많은 손님들이 보는 앞에서 우리가 빈하우스 직원들을 빼왔다는 걸 공공연히 밝히다니, 멍청하기가 이를 데 없군."

제임스 장은 더 말을 섞기도 싫다는 듯 나가라는 손짓을 했다. 쉬타오는 망치로 얻어맞기라도 한 것처럼 멍하니 자신의 총경리를 바라보다가 애원하기 시작했다. 집에 몸이 불편한 노모가 있다, 아들이 대학 갈 나이가 돼서 지금 여길 나간다면 대학에 보내기도 어렵다, 지금까지 내가 판다커피를 위해 많은 것을 하지 않았느냐……. 측은지심이 절로 생길 장면이었다. 하지만 제임스 장은 추호의 흔들림도 없었다.

"다 끝났소?"

제임스 장은 하품이라도 할 것 같은 표정으로 바라보다가 말했다.

"그럼 나가보시오. 퇴직금은 내일 계좌로 넣어주지."

그 차가운 한마디에 쉬타오는 마치 궁지에 몰린 쥐처럼 표독스런 표정으로 변했다.

"흥! 이보시오, 제임스 장! 날 이렇게 자를 수 있다고 보시오?

당신이 나에게 시킨 일들이 밝혀지면 좋을 게 없을 텐데?"

쉬타오로서는 최후의 카드를 꺼낸 것이다. 하지만 제임스 장은 여전히 무표정이었다. 그는 주머니에서 제법 두둑한 종이봉투를 꺼내 바닥에 던졌다. 쉬타오는 돈 봉투일 거라는 기대감에, 저 정도 두께라면 얼마나 큰돈이 들어 있을지를 상상하며 들떴다. 하지만 이어진 제임스 장의 말에 그런 기대감은 산산조각이 나 휴지통으로 사라졌다.

"쉬타오 당신이 해온 짓들이 낱낱이 들어간 서류와 증거들이오. 그중에는 판다커피로 옮긴 후에 저지른 비리들과 그에 대한 증언들도 포함되어 있지. 뒷거래 장면이 찍힌 사진도 꽤 있고."

사진이 찍혔다는 것은 뒷조사가 있었다는 뜻. 그렇다면 이는 준비된 수순이었다는 말이기도 하다. 즉, 제임스 장은 처음부터 언젠가 자신을 이렇게 토사구팽(兔死狗烹) 하듯 버릴 생각이었고, 이번 일은 그 기회를 제공했을 뿐이라는 것이다. 더군다나 자신에게는 제임스 장의 비밀을 밝힐 증거가 없다. 사람들에게 의심을 심어줄 수는 있지만 단지 그뿐이다. 반면 제임스 장은 자신을 나락으로 떨어뜨릴 준비를 철저하게 해왔다.

"그리고 쉬타오 당신 말을 믿어주는 사람이 있다 하더라도, 내게 그쯤을 무마할 능력이 없을 것 같소?"

어느 것 하나 반박할 수 없었다. 판다커피 정도 되는 회사의 총경리라면 꽌시도 상당히 두터울 터. 그런 사람들이 마음만 먹는다면 쉬타오가 제임스 장의 사주를 받고 벌인 일들 따위는 간단하게 묵살할 수 있을 것이다.

"가보시오. 퇴직금은 섭섭지 않게 줄 터이니, 입단속 잘하시고."

그 말을 끝으로 제임스 장은 더 이상 할 말이 없다는 듯 다시 뒤돌아섰고, 쉬타오는 고개를 푹 숙인 채 사무실을 빠져나올 수밖에 없었다.

홍 대리는 사무실 문을 열고 잠시 안을 물끄러미 바라봤다. 모두가 퇴근한 사무실의 풍경은 을씨년스러웠다. 불을 켜고 들어선 홍 대리는 외투를 벗어 의자에 척 걸쳐 두고는 개인용 온풍기를 틀었다. 사무실은 무척 좁은 편이지만, 그래도 혼자 있는데 사무실 전체 난방을 한다는 것은 전력 낭비였다.

홍 대리는 추위로 언 손에 몇 번이나 입김을 불고 손바닥을 비벼대면서 화이트보드 앞에 섰다. 요 며칠간 경쟁사들을 돌아다니며 보고 적은 노트들을 펼쳐두고, 옆에는 색색의 보드마카를 진열하듯 늘어놓았다. 그리고 뭔가를 골똘히 생각하더니 노트마다 자신이 강조해뒀던 부분들을 화이트보드에 옮겨 적었다. 이렇게 적은 내용들을 핸드폰 카메라에 담고 화이트보드를 깨끗이 지운 후, 다음 노트를 또 똑같이 반복했다. 그렇게 몇 차례를 반복하다 보니, 노트에 적힌 내용들 중 특히 중요하거나 특별했던 내용들만 추려졌다. 몇 시간이 흐르자 그 모든 내용들은 화이트보드 한 면에 모두 표시할 수 있을 정도로 압축됐다. 화이트보드에는 홍 대리가 현실적으로 적용 가능할 것으로 보이는 전략들이 빼곡히 적혀 있었다. 하지만 그 모든 전략을 다 시도하기란 불가능하기에, 홍 대리는 우선순위를 매겼다.

"우리 회사의 기본 전략인 고급화 · 차별화와 충돌하지 않으면서도 빠른 시일 내에 도입 가능한 것들이 뭐가 있을까?"

혼잣말을 중얼대면서, 홍 대리는 빨간색 보드마카를 들고 화이트보드로 다가갔다. 그러고는 자신이 보기에 적합해 보이는 전략들에 하나씩 체크를 해나갔다. 가격대가 있는 만큼 맛이 좋은 베이커리가 필수라는 생각이 들었다. 예전에는 만들어진 케이크와 샌드위치를 들여오는 식이었다면, 이제 자신들만의 메뉴를 가질 수 있도록 유능한 파티셰를 고용하는 것을 우선으로 삼기로 했다. 거기다 메뉴를 다양화해야 한다는 결론도 얻었다. 경쟁사들 중 열렬한 단골을 거느린 업체들은 대부분 그렇게 하고 있었다. 사실 그 한 가지만 하더라도 쉽게 해결할 수 있는 문제는 아니었다. 그래서 홍 대리는 정진중의 의견을 들어보기로 했다.

그렇게 자신이 활용할 최종 전략들을 정리하고 나자, 홍 대리는 기진맥진한 상태가 됐다. 그리고 그제야 홍 대리는 자신이 틀어놓은 온풍기의 코드가 뽑혀 있음을 알았고, 그 사실을 깨닫자마자 추위와 함께 피로가 쏟아졌다.

"으잇! 뭐 이런 경우가 다 있냐?"

홍 대리는 잽싸게 코드를 꽂고 온풍기를 최대로 튼 다음, 주전자에 생수를 붓고 끓였다. 손이 곱아 그 사소한 행동도 쉽지 않았다. 주전자의 물이 끓자마자 얼마 전에 본사에서 보내준 인스턴트 원두커피를 하나 뜯어 잔에 털어 넣었다. 그리고 그 위에 뜨거운 물을 붓자, 짙은 커피향이 코끝에 닿았다. 홍 대리는 뜨거워진 잔을 손에 꼭 쥐고는 온풍기 앞에 쪼그리고 앉았다. 시계를 보니 짧은 바늘은 숫자 2와 3 사이에서 갈피를 잡지 못하는 중이었고,

긴 바늘은 6을 찌르고 있다가 막 지나친 참이었다.

"어휴, 시간 가는 것도 모르고 집중을 해버렸네."

이렇게 추위고 배고픔이고 모두 잊고 무언가에 빠져들어 집중하게 되는 순간이 가끔이지만 있었다. 하지만 이토록 완벽하게 몰입한 적은 손에 꼽힐 정도였다. 어떤 상황에서 이런 현상이 일어나는지 기억을 곱씹어봐도 명확한 무언가가 떠오르지는 않았다. 다만 매우 절박한 상황이 되거나, 강력한 계기 또는 동기부여가 될 만한 어떤 일이 있을 때였던 것 같았다. 이번 계기나 동기부여가 무엇인지는 생각해볼 필요도 없었다. 쉬타오, 천메이, 제임스 장, 판다커피, 뭐 그런 것들…….

허기가 진 홍 대리는 경쟁사들을 살펴보며 남은 케이크와 빵을 꺼냈다. 아무리 맛있는 것도 연달아 먹으면 물리게 돼 있다. 처음에는 맛있게 먹었지만, 결국 나중에는 반만 먹거나 한 입 정도만 먹고 모두 싸올 수밖에 없었다.

"빵에도, 케이크에도 한계효용 체감의 법칙은 작용하는 법이지."

주린 배가 채워지고 추위에 떨던 몸이 좀 진정되자, 홍 대리는 다시 주전자에 물을 데웠다. 컵에 커피를 넣고 물을 붓자, 커피향이 사무실 가득 퍼졌다. 본래 인스턴트커피를 좋아하지 않는 홍 대리였지만, 빈하우스의 이번 신상품만은 입맛에 맞았다.

"역시 이준서가 참 능력은 좋아. 실행력도 있고……."

제품개발팀 소속은 아니지만, 이번 제품은 철저히 이준서의 작품이었다. 영업팀에서 소위 '날리던' 영업자 출신답게 이준서는 현장 감각이 뛰어났고, 이를 바탕으로 고객들이 바라는 바를 정확히 짚어냈다. 아직 출시된 제품은 아니지만, 홍 대리는 이번 제품이 충분히 시장에서 통할 거라고 생각했다.

"가격만 맞는다면 말이지."

가격대는 고려하지도 않고 무작정 만들고 보자는 듯한 이준서의 '고가의 고품질' 전략을 떠올리며 비웃던 홍 대리는, 갑자기 얼굴이 화끈 달아올랐다.

'높은 가격? 고품질 전략?'

그건 중국에서 홍 대리 자신이 줄기차게 밀어붙이고 있던 바로 그 전략이었다. 이준서가 고품질에만 눈이 멀어 가격이라는 현실을 제대로 보지 못하고 있다고 비웃었는데, 자신도 같은 실수를 계속해온 것이다. 허탈해진 홍 대리는 커피가 식는 것도, 아침이 밝아오는 것도 모르고 멍하니 화이트보드만 바라보고 있었다.

– 띠리링!

홍 대리를 현실로 끌어온 것은 알람 소리였다.

"우앗! 깜짝이야!"

알람 소리에 한 번 놀란 홍 대리는 자신의 목소리에 한 번 더 놀랐다. 가끔 자기 코 고는 소리에 잠에서 깰 때는 있었지만, 자기 목소리에 놀라보긴 또 처음이었다.

"아, 맞다. 비행기!"

홍 대리는 부랴부랴 가방을 챙겨들고 베이징 공항으로 향했다.

"이거 이러다가 파일럿이랑 친구 되겠네."

푸얼행 비행기에 올라타면서 홍 대리는 속으로 투덜댔다. 벌써 4주 째 한 주도 거르지 않고 푸얼행 비행기를 탔다. 목적은 두 가지였다. 어떻게든 푸얼커피농장의 원두를 확보해야 했고, 차이란에게 저지른 실수에 대해 용서를 받고 싶었다.

협상이 틀어진 이후로 처음 찾아갔을 때, 그러니까 4주 전만 하더라도 차이란은 홍 대리의 사과를 받아주긴커녕 묻는 말에 대꾸조차 제대로 해주지 않았다. "동사장님이 자리에 안 계신다" 또는 "동사장님이 중요한 미팅 중이시다"라는 대답만 반복했을 뿐이다. 그러나 다행히 지난번 방문 때 차이란은 드디어 홍 대리의 인사를 받아주었다. 하지만 원두 확보는 요원하기만 했다. 그 사실이 홍 대리를 울적하게 했다.

홍 대리는 서류가방 가장 앞 지퍼를 열고는 예쁘게 포장한 꼬마 신랑과 신부 인형 열쇠고리를 꺼냈다. 차이란에게 줄 선물로, 리리가 직접 골라준 것이었다.

경쟁사 분석이라는 핑계로 다른 프렌차이즈 카페에 함께 가자고 했을 때, 리리는 선뜻 그러자고 나섰다. 커피를 마시는 둥 마는 둥 하고는 근처 선물가게로 들어선 홍 대리는 차이란에게 저지른 실수를 설명하고는, 30대 초중반의 여성이 좋아할 것 같은, 그러면서도 너무 부담스럽지 않을 정도의 선물을 골라달라고 부탁했다. 마치 자기 일처럼 신이 나서 선물을 고르던 리리의 모습이 지금도 눈에 선했다.

“앗! 이거 좋은데요? 와, 예쁘다. 엇! 저것도 예쁘네요. 아, 그것도 귀여워요.”

“리리 씨, 나 선물가게 차리려는 거 아닙니다. 하나만 골라주면 돼요.”

“아, 그렇죠. 너무 예쁜 게 많아서. 헤헤.”

이럴 때 보면 천생 여자라는 생각을 하며, 홍 대리는 리리가 골라준 선물을 샀다. 그리고 푸얼을 방문하는 일이 잦아지면서, 홍 대리는 매번 리리에게 도움을 요청했다. 다행히 리리는 귀찮아하는 기색 없이 ‘경쟁사 분석-선물 구매’ 코스를 함께해주었다. 지금 이 선물은 이틀 전에 함께 가서 샀던 것이다. 이 인형을 봤을 때 리리는 그 어느 때보다도 눈을 반짝였다.

“와! 이거다! 이걸 왜 아직까지 못 봤을까?”

홍 대리 눈에는 낯익은 인형이었는데, 중국인 입장에서는 한국의 전통복장을 차려 입은 꼬마 신랑과 신부가 무척 귀여웠던 모양이다.

“그런데 총경리님, 혹시 그 차이란이라는 분이랑…… 사귀는 건가요?”

가방에서 꺼낸 생수를 마시고 있던 홍 대리는, 하마터면 선물가게에 큰 결례를 저지를 뻔했다. 대신, 물을 뿜지 않기 위해 참느라 입안에 있던 물이 역류하며 코로 나오는 바람에 한참을 고생했다.

“아이고, 그럴 리가요. 그분 이미 결혼했대요.”

“아아, 난 또…….”

말을 마치며 방긋 미소를 짓는 리리의 얼굴이 왠지 안도하는 표정처럼 보였던 것은 홍 대리의 기분 탓이었을 수도 있다. 하지만 홍 대리는 그 미소를 보며 왠지 모르게 두근거렸다. 지금도 그때만 생각하면 홍 대리는 웃음이 났다.

"참내, 그런 오해를 다 하다니……. 리리 씨도 참 엉뚱한 구석이 있다니까."

보통은 비행기에서 못 알아들을 언어로 혼잣말을 하면 옆 좌석 사람이 불안해하는 모양이다. 홍 대리 옆자리에 앉은 사람이 좀 불안한 눈빛으로 힐끔거리는 걸 보면 말이다. 멋쩍어진 홍 대리는 공연히 헛기침을 하고는 의자에 기대 누웠다.

"잠이나 자면서 가자."

말을 마치기가 무섭게 홍 대리는 깊은 잠에 빠져들었다.

1. '외상투자산업지도목록'을 활용하라

중국에는 외국 기업이 중국에 진출하기 전 반드시 알아야 할 투자 지침인 '외상투자산업지도목록'이 있다. 여기서는 각 산업별로 외국 기업의 투자 가능 항목을 '장려' '제한' '금지'로 구분했고, 그 이외의 분야는 '허용' 범위에 해당된다. 이를 확인하지 않고 아무 산업에나 진출하거나 금지 항목에 투자했다가는 패가망신할 수도 있다.

예를 들어 중국의 골프 인구 증가와 함께 골프장 사업이 연간 20~30퍼센트씩 성장하고 있지만, 중국 정부는 2004년부터 원칙적으로 신규 골프장 건설을 금하고 있다. 현재 약 1000여 개인 것으로 알려진 골프장 중 합법적으로 허가받은 곳은 10여 군데에 불과하다. 나머지는 꽌시를 통해 편법으로 생태공원, 체육공원, 스포츠레저공원 등으로 공상국에 등록하여 운영되고 있다. 그런데 2011년 중국 정부가 대대적인 단속에 들어서면서 공사 중단, 영업정지, 경작지 복원 등으로 퇴출된 골프장들이 생겨났다. 물론 한국 업체들도 포함되어 있다. 합법적인 사업이 아니므로 투자금을 회수할 수도 없고, 보상받을 방법도 없다. 특히 이런 금지 사업에 투자하는 경우는 대부분 꽌시를 통해 편법으로 접근하는 경우가 많은데, 꽌시가 모든 일을 해결해줄 수는 없음을 명심하자.

어설픈 벤치마킹은 어설픈 결과를 낳는다

"매출은 좀 어떻습니까?"

전화를 걸어 대뜸 이렇게 물은 사람은 한 달 전에 부모님 사업을 이어받기 위해 회사를 떠난 정진중이었다. 정진중은 약속대로 춘제 휴가에서 복귀한 후 꼭 1개월을 채우고 퇴사했다. 아버지의 회사가 많이 어렵다는 것쯤은 눈치로도 알 수 있었다. 그렇기에 하루라도 빨리 보내주고 싶었지만, 정진중마저 떠난다면 자신을 바로 옆에서 보좌해줄 만한 사람이 없으니 홍 대리로서도 어쩔 수 없었다. 그래도 떠나기 2주 전에 뽑은 지원에게 인수인계를 철저히 했다는 것이 그나마 다행이었다.

"뭐, 그때랑 비슷하지. 솔직히 말하자면 그때보다는 조금 떨어졌어."

떠나기 전날 술판을 벌이면서 정진중은 말을 편하게 할 것을 홍 대리에게 강요하다시피 요구했다. 나름 젠틀한 이미지를 유지하려 애쓰던 홍 대리는 거절했지만, 정진중은 끝끝내 자신의 의사를 굽히지 않았다.

"조금입니까? 정말로?"

정진중의 기습에, 홍 대리는 당황했다.

"허험! 험! 물론이지! 형님 말을 믿어라, 아우야. 뭐 얼마 지나지도 않았는데 떨어져봐야 얼마나 떨어졌겠어?"

"하하하! 그렇다면 다행이고요. 저 나올 때만 해도 좀 나아졌잖아요."

홍 대리의 너스레에 정진중은 밝게 웃었다. 그 웃음소리가 낯설어, 홍 대리는 가슴이 쓰렸다. 빈하우스에 있을 때의 정진중은 웃음이 박한 사람이었다. 그 이유의 절반쯤은 자신에게 있을지도 모른다고 홍 대리는 생각했다. 정진중은 위험을 무릅쓰고 윗사람에게 쓴소리를 해야만 하는 자기 자신의 위치를 잘 알고 있었다. 그리고 그 자리는 감정을 철저히 배제한 채 최대한 객관적인 시각을 유지해야만 하는 위치였다.

"아우는 어떤가?"

홍 대리는 아직도 정진중을 동생으로 대하는 것이 어색했지만, 어쩌면 이것이야말로 자신이 정진중에게 해줄 수 있는 마지막 배려인지도 모른다는 생각이 들었다. 빈하우스에 대한 정진중의 애정이 어느 정도인지 알기에, 만약 예전처럼 그를 대할 경우 아버지 회사를 되살려야 하는 자신의 역할에 집중하지 못할 수도 있다고 생각했기 때문이다.

"아우도 잘하고 있습니다. 예전부터 생각해둔 게 있어서 하나씩 시도해보려고요."

역시 정진중은 철저한 사람이었다. 문득 얼마 전에 자신에게 "총경리님 나이에 회사 대표가 된다면 난 그 부담감을 이겨낼 수 없을 것 같다"던 정진중의 말이 떠올랐다. 다 엄살이었던 모양이다.

"딩관제 경리 없어서 대관업무 처리가 좀 어려울 텐데, 그건 어떻게 하고 계세요?"

홍 대리는 잠시 움찔했다. 안 그래도 요 며칠 골머리를 썩이는 일들이 있었는데, 정진중은 안 보고도 그걸 짚어낸 것이다. 확실히 정진중은 뛰어난 사람이었고, 뛰어난 사람은 든 자리는 몰라도 난 자리는 크게 느껴지는 법이다. 홍 대리는 문득 자신이 정진중을 진심으로 그리워하고 있음을 알게 됐다.

"뭐, 잘 처리하고 있어."

"얼버무리시는 거 보니 곤란한가 보네요."

함께 일한 시간은 1년도 채 되지 않았지만, 역시 정진중은 홍 대리를 제대로 피악히고 있었디. 괜스레 헛기침만 헤데는 홍 대리기 안쓰러웠는지, 정진중은 잠시 안부를 묻고는 통화를 마무리했다.

"끊겠습니다. 바쁠 텐데 어서 일하세요."

"나 별로 안 바쁜데. 원래 진정한 능력자는 일을 효율적으로 하는 법이거든."

"제가 바쁩니다. 그러니 이만 끊을게요."

"그래, 그럼……."

홍 대리는 뭔가 더 말하고 싶었지만, 전화는 이미 끊긴 후였다. 이런 모습은 도대체가 변하질 않는다는 생각에 홍 대리는 끌끌 혀를 찼다.

"총경리님, 정진중 씨랑 통화한 것 같은데 이상하게 기분이 좋아 보이시네요? 누가 보면 애인이랑 통화한 줄 알겠어요. 호호!"

홍 대리는 전화기를 집어던지는 척을 했고, 리리는 피하는 시늉을 했다. 그렇게 잠시 웃고 떠들던 홍 대리는 지금 이 평화가 언제 깨질지 모른다는 사실에 불안해졌다. 회사가 평화로울 때는 둘 중 하나다. 첫째, 엄청 장사가 잘되고 있을 때. 둘째, 지금 당장은 좀 어렵더라도 매출이 점점 오르고 있을 때. 특이하게도 빈하우스는 둘 다 아니었다. 몇 가지 전략적 변화를 준 이후로 매출이 상당히 오르긴 했지만, 최근 2주 정도를 놓고 보면 다시 떨어지는 중이었다. 그런데도 웃을 수 있었던 이유는, 그전까지 회사가 겪고 있던 어려움이 워낙 컸기 때문이다. 잠시라도 매출이 올랐다는 사실이 행복했던 것이다.

'제임스 장에게 보기 좋게 한 방 먹였다고 생각했는데…….'

기존에는 유명 호텔에서 가져오던 케이크와 베이커리를 담당 파티셰를 고용해 더 신선하게 제공했고, 종류도 늘렸다. 그리고 더 다양한 이벤트를 시작했다. 여기까지는 아무런 문제가 없었다. 하지만 '가격' 문제로 내부에서 약간의 마찰이 있었다.

당시 가격을 낮춰야 한다고 주장한 사람은 홍 대리, 가장 강력하게 반대 의견을 펼친 사람은 고향에 내려간 마룽을 대신해 2호점의 점장이 된 리웨이였다.

"커피 가격을 현재보다 15퍼센트 인하할 겁니다."

홍 대리의 결단에 모여 있던 3개 지점의 점장들과 정진중, 리리의 눈이 동그래졌다. 귀마오점의 점장인 샤오원이 물었다.

"총경리님, 이유가 뭔가요? 갑자기 가격을 내리면 손님들도 혼란스러울 텐데요."

샤오원을 볼 때면 홍 대리는 한국에서 고생하고 있을 동생이 떠올랐다. 외모와 목소리가 매우 비슷했고, 심지어 나이도 같았다. 그래서인지 샤오원을 대할 때면 홍 대리의 목소리는 조금 더 부드러워졌다.

"판다커피가 자꾸 우리 매장 옆에 들어서고 있다는 게 가장 큰 이유예요. 지금은 판다커피의 가격이 우리의 70퍼센트 정도라서 차이가 너무 커요."

이번에는 리웨이가 물었다.

"그런다고 해서 그쪽 손님들이 우리 가게로 올까요?"

"판다커피 분위기에 질렸거나, 줄 서서 기다리기 지겨운 손님들은 한 번쯤 올 거예요. 맛은 우리가 확실히 앞서니까, 한 번만 들르게 하면 우리 손님으로 만들 수 있어요."

홍 대리는 일석이조의 효과를 노렸다. 적의 손님을 빼앗아 우리 손님을 늘리는 것. 그 적이 제임스 장이라면 작으나마 복수도 될 수 있기에, 홍 대리는 과감히 가격 인하를 결정했다. 하지만 전후 사정을 모르는 점장과 직원들로서는 쉽게 이해하기 어려웠다.

그중에서도 정진중은 얼마 전까지만 해도 '차별화'와 '고급화'만을 내세우던 총경리에게 무슨 심경의 변화가 있었던 것인지 궁금해졌다. 하지만 기본적으로 가격 인하는 정진중이 줄기차게 건의했던 내용이었기에 딱히 반대할 이유가 없었다. 물론 원가는 그대로인데 가격만 떨어지니 그만큼 이익이 줄어들 수도 있지만, 정진중이 봐온 자신의 총경리라면 무턱대고 가격을 낮추지는 않을 것이다. 더군다나 가격에 대해 무척이나 민감하게 굴던 홍규태 총경리라면 말이다.

"하지만 우리 매장은 안 그래도 매출이 안 나오는데 가격까지 내리면 적자 폭만 커질 겁니다."

리웨이는 볼멘소리를 했다. 적자가 나고 있는 점포를 물려받은 것만으로도 보통 힘든 상황이 아닐 것이다. 그렇지만 홍 대리는 나름의 노림수가 있었다.

"가격을 내리면 세 가지 효과를 노릴 수 있어요. 첫째, 고객 수를 늘릴 수 있다. 가장 직접적인 이득이죠. 둘째, 커피가 저렴해져서 고객들이 베이커리를 더 많이 사 먹을 테니 커피에서 줄어든 매출을 상쇄하고도 남을 거라고 봐요. 셋째, 한 번 온 고객들을 단골로 만들면 장기적으로 더 이득이 될 거예요."

이어서 홍 대리는 베이커리에 좀 더 집중하기 위해 새로운 파티셰를 찾고 있다는 사실을 자세히 설명했다. 유명 호텔 베이커리의 파티셰였던 사람을 곧 만나기로 했다는 것이다. 계획을 세우고 단 하루 만에 모든 행동이 마무리됐다. 역시 결단력과 실행력만큼은 도저히 따라잡을 수가 없다고 생각하며, 정진중은 감탄했다. 물론 결과가 어떻게 나올지는 알 수 없지만, 홍 대리가 조금이나마 변해가고 있다는 것이 중요했다.

홍 대리의 전략은 성과가 있었다. 그의 예상대로 사람들은 판다커피의 베이커리와 음료를 마시기 위해 기다리는 것을 슬슬 지겨워하기 시작했다. 어쩌다 한두 번도 아니고 매번 30분씩 추운 곳에서 줄을 서서 기다린다는 게 즐거울 리가 없다. 그럼에도 근처에 있는 빈하우스로 가지 않은 데는 여러 가지 이유가 있겠지만, 개중에는 가격 때문이었던 사람들도 있었다. 그리고 그들은 가격 차이가 크지 않다는 것을 확인한 후부터는 30분을 서서 기다리느니 빈하우스로 향했다. 기대했던 것처럼 많은 수는 아니었지만, 그래도 상당한 효과가 있었다. 더군다나 홍 대리의 전략이 맞아떨어져서, 새로 온 유능한 파티셰가 만든 베이커리도 인기를 끌었다. 매출은 극적으로 오르기 시작했다. 하지만…….

"이게 한계인 건가?"

한창 치솟던 매출은 한계를 보였다. 특히 판다커피가 가격할인 행사와 갖가지 이벤트를 진행하면서부터는 하락폭이 커지기 시작했다. 홍 대리가 계산해본 바로는 판다커피는 아마도 겨우 현상 유지나 하고 있는 수준일 것이었다.

"그래, 우릴 어떻게든 눌러버리고 싶다 이거로군?"

제임스 장이 빈하우스에 가진 적의가 생각보다 크다는 걸 알 수 있었다.

홍 대리는 문제가 무엇일까를 생각해봤다. 다른 회사들의 강점들을 추리고 추려 적용했고, 자신의 고집을 꺾고 결국은 가격까지 내렸다. 그런데도 성과는 단기적으로만 나타났을 뿐, 벌써 한계에 도달해버렸다. 뭘 더 시도해봐야 하는 건지 알 수 없었다.

리리는 자신의 총경리가 고민에 빠져 있는 모습을 보며 안타까웠다. 지난 춘제 이후로 둘 사이에는 다소 어색하면서도 친근한, 모순된 감정이 생겨났다. 춘제라는 큰 명절에 만나, 모르는 사람이 보면 연인이 데이트하는 것처럼 쇼핑도 하고 차도 마시고 식사도 하고 심지어 술도 한잔했다. 그러다 보니 자연스레 서로에 대해 더 알게 됐고, 조금이라도 더 친해질 수밖에 없었다. 하지만 자기가 생각해봐도 그건 회사 총경리와 부하직원이 명절에 만나서 할 일들은 아니었다. 그런 생각이 들 때면 거리를 두게 됐다. 하지만 사람 마음이라는 것이 본래 거리를 두려 한다고 해서 거리가 생기는 게 아니고, 친근해지려 한다고 해서 친근해지는 것도 아니다. 확실한 건, 리리는 홍 대리가 힘들어하는 모습을 보면 안타까운 마음이 생긴다는 것이었다.

그렇게 한 사람은 고민에 빠져 있고 다른 한 사람은 그를 지켜보는 침묵 속에서 전화벨이 울렸다. 오승진 상무였다.

"예, 상무님!"

"여어, 홍 대리. 요즘 중국 쪽 매출이 많이 올랐던데, 수고가 많왔네."

오승진 상무도 이번 매출 상승이 계속 이어지지 않을 것임은 알고 있을 테지만, 우선은 홍 대리를 칭찬하고 격려했다. 이는 홍 대리가 오승진 상무를 존경하는 이유 중 하나이기도 했다. 하지만 이어진 통화 내용은 그리 반갑지만은 않았다.

"홍 대리! 내일 이준서 실장이 중국에 출장을 갈 걸세."

"예? 이준서 실장이요? 그런 이야기는 없었잖습니까?"

"갑자기 결정이 난 거라 미처 연락할 시간이 없었네."

홍 대리는 갑자기 골치가 아팠다. 홍 대리는 이준서와 별로 부딪치고 싶지 않았다.

"이준서 실장이 중국 출장은 무슨 일인가요?"

"전략기획실장이니 회사의 향후 경영전략을 모색한다는 것이 공식적인 이유네."

"그렇다면 후계자 수업의 일환이라는 게 비공식적인 입장이겠군요."

경영을 승계하려면 당연히 경영 전반을 알아야 하니, 중국 상황도 볼 겸 출장을 오는 것이리라.

"혹시 상무님도 같이 오십니까?"

"이제 내가 나서서 할 일은 없는 것 같으이. 허허허!"

오승진 상무의 웃음소리에 쓸쓸함이 묻어났다. 회사의 창업 멤버로서 빈하우스의 성장에 큰 역할을 했으나 서서히 그 힘을 잃어가고 있는 심정이 오죽하겠는가. 그럼에도 오승진 상무는 오히려 홍 대리를 걱정했다.

홍 대리와 이준서 실장의 사이가 좋지 않다는 건 오승진 상무도 잘 알고 있었다. 그래도 그들에게는 서로를 보완할 수 있는 능력이 있으니, 둘이 힘을 합친다면 회사를 잘 이끌 수 있을 것이라 생각했다. 그것이야말로 회사에 무한한 애정을 가진 오승진 상무가 그리는 빈하우스의 미래였다.

"홍 대리, 너무 의미를 두지는 말고 그저 입사 동기끼리 회포나 푼다고 생각하게. 젊은 두 브레인이 의기투합하면 좋지 않은가."

그거야 그렇겠지만 홍 대리에게는 쉽지 않은 일이었다.

사실 둘의 사이가 처음부터 이랬던 것은 아니다. 오히려 처음에는 둘도 없이 절친한 사이였다. 입사 당시 이준서는 사장의 아들이라는 사실을 철저히 비밀에 부쳤다. 그리고 홍 대리와 이준서는 고등학교 동창에 회사에서는 입사 동기까지 됐으니 피가 섞인 형제만큼이나 깊은 인연이 아니냐며 서로 속까지 다 보였을 정도로 절친한 사이였다. 동기들끼리 흔히 그렇듯 회사 흉도 보고 안 좋은 소리도 거침없이 했기에, 이준서가 최목단 사장의 아들인 것으로 밝혀졌을 때 그 배신감은 이루 말할 수 없을 정도였다. 그리고 그 배신감의 벽은 끝내 허물어지지 않은 채 점점 더 견고해졌다.

"홍 대리, 이 실장한테 너무 날을 세우지 말고 잘 협조해주기 바라네. 그게 회사를 위한 길일세. 꼭 좀 부탁하겠네."

오승진 상무가 당부의 말을 잊지 않았다. 그 말속에서 회사에 대한 애정을 느낄 수 있었다. 마음속으로 은인처럼 생각하는 오 상무를 위해, 홍 대리는 한 번쯤 자존심을 접기로 했다.

"알겠습니다. 때리거나 혼내지는 않을 테니까 마음 푹 놓으세요."

"그럼 홍 대리를 믿겠네."

오승진 상무는 또 믿는다고 했다. 그 믿음에 부합하는 것이야말로 자신이 할 일이라 생각하며, 홍 대리는 전화를 끊었다.

"리리 씨, 각 매장별 최근 3개월 매출 변동 분석표와 비용·수익 분석표 좀 부탁해요."

홍 대리는 소매를 걷어붙이며 컴퓨터 앞에 앉았다. 리리와 함께 일한 기간이 1년에 가까워지면서 점점 손발이 맞기 시작했다. 처음에는 초등학생에게 설명하듯 하나하나 다 지시를 해야만 원하는 자료를 받을 수 있었는데, 이제 대강 말해도 홍 대리가 원하는 것을 알아서 정리해주었다.

홍 대리는 리리에게서 받은 자료를 바탕으로 이준서에게 넘겨줄 '보고' 자료를 정리했다. 동기였던 사람에게 보고를 해야 하는 자신의 처지가 씁쓸했지만, 오승진 상무를 생각하며 참기로 했다. 비록 오늘도 철야를 헤기며 보고 자료를 준비해아 할 게 분명하고, 이준서가 그 자료를 제대로 살펴보지 않을지도 모른다고 생각하면 울화가 치밀지만 말이다.

다음 날 점심시간이 조금 지났을 무렵, 사무실 문이 열리며 이준서가 들어섰다. 공항으로 마중을 나가지 않은 것은 홍 대리의 사소한 반항이었다. 중국 방문에 대해 홍 대리에게 직접 이야기한 바가 없으니 굳이 마중을 나갈 필요가 없다는 것이 유일한 핑곗거리였다.

"수고 많으십니다."

이준서는 밝은 목소리로 인사를 하며 들어섰다. 자리가 사람을 만든다고 했던가. 이준서는 못 본 사이에 전혀 다른 사람이 되어 있었다. 고등학교 시절의 소위 '찌질했던' 모습과는 딴판이었다. 물론 영업팀에 있을 때도 영업자답게 말끔한 차림이긴 했으나, 지금 저 옷들은 분명 홍 대리가 '한창 때' 입고 다녔던 것과 같은 명품임이 분명했다. 말끔하게 빗어 넘긴 머리에서는 한 치의 흐트러짐도 찾아볼 수 없었다.

"어서 오십시오, 이 실장님."

홍 대리는 자리에서 일어나 살짝 고개를 숙이며 인사했다.

"실장님은 무슨, 우리 사이에……."

이준서는 머쓱해하면서도 그리 싫은 내색은 아니었다.

"저녁에 오시는 줄 알았는데 생각보다 일찍 오셨네요. 연락을 하시지 그랬습니까? 여긴 영어도 잘 통하지 않아서 중국어 모르면 길 찾아오기도 쉽지 않은데……."

홍 대리가 선수를 쳤다. 공항에 마중 나가지 않은 것에 대해 에둘러 변명을 한 것이다. 그리고 '영어도 잘 통하지 않아서'라는 말에 이준서의 눈썹이 꿈틀하는 것을 보고는 은근한 쾌감까지 느졌다. 사실 이준서의 영어 실력이란 중학교 영어교과서의 기초 단어들도 헷갈려 할 정도였으니, 신경 써주는 척하면서 은근히 비꼰 것이다.

"왜? 연락하면 마중이라도 나오려고 했어? 잘 찾아왔으니 됐지."

이준서는 금세 표정을 풀고 웃었다. 사업을 하는 모친 밑에서 자란 만큼 사업 마인드가 몸에 밴 사람이었다. 그런 점은 홍 대리도 마찬가지였으나 이러저러한 사정으로 인해 이준서는 그 사업을 이어가게 됐고 홍 대리는 '시작은 미미했으나 끝은 더 미미한' 처지가 되고야 말았다. 아마도 이준서에 대한 자신의 불편하고 까칠한 감정 중 절반쯤은 배신감에서, 나머지 절반쯤은 이렇게 극명히 갈린 상황이 만들어낸 콤플렉스에서 비롯된 것이 아닐까 홍 대리는 생각했다.

사실 이준서 역시 홍 대리에게 여러 가지로 콤플렉스를 가지고 있었다. 고등학교 때부터 소위 '엄친아' 소리를 들어가며 남녀노소를 불문하고 만인에게 인기를 끌었던 홍규태와 그 대척점에 놓여 있었던 자신. 입사 동기로 다시 만났을 때, 분명 부친의 사업이 몰락했다고 들었음에도 홍규태는 자신만만했다. 심지어 자신의 어머니가 피땀으로 키운 회사를 무시하는 발언도 일삼았고, 언젠가 더 큰 회사를 직접 차리겠다는 말도 심심찮게 해댔다. 하지만 그런 일들은 얼마든지 웃으며 넘길 수 있었다. 자신의 정체를 모르는 상태에서 한 말이었고, 또 사업가라면 그런 사소한 것쯤

이야 대수롭지 않게 여길 줄 알아야 한다는 생각을 가졌기 때문이다. 정작 이준서가 홍규태를 보며 불쾌했던 이유는, 이 천둥벌거숭이 같은 친구에게 그런 자신감을 가질 만한 능력이 있을지도 모른다는 생각이 들었기 때문이었다. 이 생각은 어떤 확실한 근거에서 비롯된 것이 아니라, 일종의 '감'이었다. 그리고 이준서는 자신의 감을 믿는 편이었다. 홍규태는 자신의 직장 동료이자 미래에는 부하직원이 될 사람이지만, 경쟁자이기도 했다. 아마도 고등학교 때부터 쌓인 홍규태에 대한 콤플렉스에서 벗어나지 못한 걸지도 모른다는 생각에, 이준서는 자기 자신에게도 실망감을 느꼈다.

이런 상황이었지만, 피차 대리라는 감투를 달았을 때는 까칠해도 그럭저럭 괜찮았다. 그런데 그 균형이 깨지고 말았다. 누가 뭐래도 이준서는 실장이자 회사의 후계자였고, 홍규태는 대리였다. 머지않아 사장이 될 이 실장과 곧 잘리거나 기껏해야 과장이 될 홍 대리. 성립 자체가 되지 않는 게임이었다.

"그나저나 말로만 듣던 베이징 스모그, 참 대단하네. 도착한 지 몇 시간이나 됐다고 벌써 목이 칼칼해."

"겨우 그 정도로 뭘 그러십니까? 스모그도 매일 먹고 마시다 보면 정듭니다. 그리고 오늘은 뭐 그리 심한 편도 아닌데요."

"이게 심한 편이 아니라고? 난 중국에서는 일 못 하겠네."

질렸다는 듯 고개를 절레절레 젓는 이준서를 보며 홍 대리는 골려주고 싶은 마음이 잔뜩 생겼지만, 오승진 상무와의 약속을 떠올리며 꾹꾹 참았다.

"왜요? 산소마스크라도 드릴까요?"

고작 한다는 말이 이 정도였다. 이준서가 뭐라고 대꾸하기 전에 홍 대리는 재빨리 말을 돌렸다.

"리리 씨, 효병 씨. 이리 와서 인사들 해요. 여긴 본사에서 오신 이준서 전략기획실장님입니다."

리리는 호기심 가득한 표정으로 일어섰고, 정진중을 대신해서 뽑은 한국인 직원 박효병은 쭈뼛거리며 다가왔다. 둘이 인사를 건네자, 이준서는 대뜸 손을 내밀며 한국말로 인사를 했다.

"아! 리리 씨군요? 중국 사무실 직원이 엄청난 미인이라는 말은 들었지만, 이 정도일 줄은 몰랐는데요. 이거 아까 했던 말은 취소입니다. 당장 중국에서 일하고 싶어지는데요? 하하!"

입에 기름이라도 바른 것처럼 능숙하게 칭찬을 해대는 이준서를 보며, 홍 대리는 어이가 없었다. 더 기분이 나빴던 건, 한국어를 공부하고 있는 리리가 띄엄띄엄 그 말을 알아듣고 얼굴을 살짝 붉혔다는 것이다. 드러내놓고 티는 내지 않았지만, 기분이 나쁘지 않은 듯 살짝 웃고 있었다. 한류 드라마에서 단골손님처럼 등장하는 '실장님'이라는 직책에, 진짜 드라마에서 튀어나온 것처럼 명품을 걸치고, 또 진짜 주인공처럼 유들유들하니 칭찬을 해대는 모습을 보고 설레는 걸까?

"두 분 모두 빈하우스와 홍 대리를 잘 부탁합니다. 아니, 여기서는 총경리지. 하하!"

말끝의 호탕한 웃음이 더 기분 나빴다. '한국에서는 고작 대리인 놈이 여기 와서는 총경리라고 어깨에 힘주고 다니는 거냐? 까불지 마, 그래봐야 넌 내 아래야'라는 느낌이었다. 어쩌면 순전히 홍 대리가 가진 콤플렉스 때문에 그렇게 느껴진 것일지도 모르지만 말이다.

인사가 대강 끝나고 한쪽에 놓인 회의 테이블에 앉자, 홍 대리는 손수 커피를 내려 이준서 앞에 놓았다.

"총경리가 직접 탄 커피 드시지요, 실장님."

홍 대리는 비꼬는 말투라기보다는 편한 친구를 대하는 듯한 느낌을 주려 애쓰며 말했다. 다행히 이준서도 기분 나쁘게 받아들이지는 않은 듯했다.

"고마워. 아, 그리고 진짜 말 편하게 하라니까."

"아닙니다. 지금 업무 시간이고, 업무상 만남이지 않습니까? 전 이게 편하니, 실장님도 편하게 대하십시오."

홍 대리의 고집에 이준서는 또 고개를 절레절레 저었다. '어쩔 수 없군'이라는 표정과 함께 고개를 젓는 저 모습이 이준서의 버릇임을 홍 대리는 알고 있었다. 그리고 아마도 이준서는 계속해서 자신을 친구 대하듯 할 것이다. 그게 이준서의 성격이었다.

"아, 늦었지만 승진 축하드립니다."

"승진이고 뭐고 자릿값 하기 힘드네. 그리고 나도 늦었지만 중국 발령 축하한다. 원하던 일이었잖아?"

"그렇죠. 그런데 실장님이 중국은 갑자기 어쩐 일이십니까?"

"뭐, 머리도 식힐 겸, 앞으로 해외 진출 전략을 어떻게 짜야 할지도 생각해볼 겸, 중국 상황은 어떤가 알아보기도 할 겸. 진짜 겸사겸사 왔어. 그리고 이렇게 친구도 만나고……."

다른 건 그렇다 쳐도 '중국 상황은 어떤가'에서 홍 대리는 움찔했고, '친구'라는 말에서는 묘한 불쾌감이 일었다.

"좀 어때?"

밑도 끝도 없는 이준서의 질문에 홍 대리는 웃었다.

"제 기분을 물어보시는 겁니까? 아니면 베이징 생활? 회사 사정?"

"아, 미안. 회사 실정 물어본 거였어. 베이징 생활이 어떤지도 궁금하긴 한데, 그건 이따 술이나 한잔하면서 듣자고. 하하!"

홍 대리는 대답 대신 새벽까지 준비한 서류를 건넸다.

"앞의 세 페이지는 각 지점의 개점 때부터 지난달까지의 매출 현황입니다. 그 뒤로는 매출 변동에 대한 분석과 앞으로의 전략, 그에 따른 지점별 예상 매출과 그 근거입니다."

"매장에 따라 매출 편차가 심하네?"

"유동인구와 인구밀집도, 상권, 경쟁업체의 수와 밀집도 등등 모든 여건이 다르니까요. 그건 한국 매장도 마찬가지 아니겠습니까?"

"그야 그렇지."

맞장구를 치긴 했지만, 어딘지 모르게 심드렁한 느낌이 들었다.

"마지막 장에는 향후 매장 개점 후보지 위치와 예상 비용입니다. 물론 각 후보지별 선정 근거도 함께 첨부했습니다."

이준서는 대답 대신 고개를 끄덕이며 자료를 훑었다.

"영업을 오래 해서 그런지, 나는 자료 보는 것보다 현장이 체질에 맞더라. 매장 좀 둘러보고 싶은데, 가이드해줄 수 있어?"

"아, 물론입니다."

밤을 새다시피 해서 준비한 자료를 건성으로 훑어보기만 했다는 사실에 기분이 상했고, 자신에게 가이드 역할을 맡긴다는 사실에 더 기분이 상했지만 홍 대리는 능숙하게 감정을 숨겼다. 문득 오래전, 자신이 아직 어른이 된다는 게 무슨 뜻인지도 몰랐던 시절에 아버지의 수첩에서 본 '과하지욕(跨下之辱)'이라는 사자성어가 떠올랐다. 무슨 뜻인지 묻는 홍 대리에게 아버지는 따뜻한 미소를 지으며 설명해주었다.

"유방이 한나라를 세우는 데 큰 공을 세운 한신의 이야기란다. 하루는 한신이 길을 지나는데, 저잣거리 불량배들이 한신을 알아보지 못하고 조롱하면서 '가랑이 밑으로 지나가보라'고 했지. 한신이 어떻게 했을까? 불쾌한 기색조차 나타내지 않고 태연히 불량배들의 가랑이 밑으로 지나갔단다."

아직 어렸던 홍 대리는 그 장면을 떠올리면서 주먹을 불끈 쥐었다. 자신이 그 입장이었다면 불량배들을 따끔하게 혼내주려 했을 것이다. 물론 따끔하게 혼나는 쪽은 불량배들이 아니라 자기가 됐겠지만 말이다.

"한신은 큰일을 하려면 순간의 감정에 휘둘리지 말고 몸을 아낄 줄 알아야 한다고 말했단다. 훗날의 영광을 위해서는 참을 줄 알아야 한다는 뜻이지."

홍 대리는 한동안 잊고 지냈던 당시의 일을 최근에서야 떠올리고 올 한 해 자신의 좌우명으로 삼기로 했다. 그리고 덕분에 오늘도 폭발하지 않고 넘어갈 수 있었다는 생각에, 마음속으로 아버지께 감사의 말을 전했다.

"여기가 1호점인 왕징점입니다."

홍 대리는 카페 입구에서 걸음을 멈췄다. 오는 길에 본 김동준의 파스타 가게가 있던 곳이 인테리어로 한창 분주하던 모습을 머릿속에서 지우려 애썼다. 누구나 성공할 수 있다는 자신감과 부푼 꿈을 안고 중국에 오지만, 꿈이란 원래 모두가 이룰 수는 없는 법이다. 홍 대리가 먹어본 가장 맛있는 피자와 파스타를 만들었던 김동준도 마찬가지였다. 문득 김동준의 안부가 궁금해졌다.

"휘유! 넓은데? 축구해도 되겠어."

카페에 들어선 이준서의 첫 반응이었다. 인사를 건네며 다가오던 직원들은 자신의 총경리를 보고는 좀 놀란 듯했고, 홍 대리의 설명을 몇 마디 들은 후에 각자 자기 일을 찾아서 돌아갔다.

"중국에서는 좁은 편입니다. 이것보다 두 배는 넓은 건물의 3층까지 쓰는 카페도 부지기수니까요."

"아, 좀 전에 지나온 그 건물 말이지? 진짜 크긴 크더라. 역시 대류의 사이즈라는 말이 괜히 나온 게 아닌가 보네."

매장으로 들어선 이준서는 꼼꼼히 둘러보았다.

"그런데 아까 그 큰 카페…… 이름이 뭐였지?"

"판다커피 말씀입니까?"

"아, 맞다! 판다커피. 거기에 비해서 조명이 너무 어둡지 않나? 좁은데 어둡기까지 하니까 더 좁아 보이는 것 같은데……."

홍 대리도 생각해보지 않은 것은 아니었다. 하지만 마음이 편안해지는 은은한 조명과 고품격 인테리어는 한국의 본점에서부터 빈하우스가 지켜온 콘셉트였다.

"저보다 더 잘 아시겠지만, 이 조명과 인테리어는 빈하우스의 기본 콘셉트입니다."

"그건 아는데, 그래도 조명을 좀 더 밝게 바꿔보는 건 어떨까?"

"한번 고민해보겠습니다."

이 "고민해보겠다"는 말은 사실 홍 대리가 가장 싫어하는 말 중 하나였다. 처음부터 행동파의 피를 가지고 태어난 게 아닌가 싶을 정도로 추진력과 실행력을 강조해온 홍 대리 입장에서, 답을 내지 못하고 고민만 하는 것은 쓸데없는 시간 낭비처럼 보였기 때문이다. 하지만 이준서의 의견을 진지하게 받아들일 마음이 없는 지금과 같은 상황에서 시간을 벌기엔 퍽 좋은 말이었다. 어차피 이준서는 며칠 후면 한국으로 돌아갈 거고, 조명에 대해서는 잊을 것이니 말이다.

"그럼 다음 장소로 갈까?"

2호점인 왕푸징점에 들어서자 이준서는 표정이 확 달라졌다. 넓은 게 마음에 들었나 보다.

"와, 여긴 아까 거기보다 더 넓네?"

"넓긴 하지만, 중심가에서 벗어나 있어서 유동인구는 많지 않습니다."

"아! 여기가 바로 김 부장님이 매출 부진 책임을 지고 회사를 나가게 만든 그곳이군?"

홍 대리로서는 딱히 대답할 말을 찾기가 어려웠다. "맞습니다"라고 하자니 얼굴조차 본 적이 없는 전임자에게 매출 부진의 책임을 돌리는 것 같았고, 그렇다고 아니라고 한다면 매출 부진 책임이 자신에게 돌아올 것 같았다.

"아무리 중심부에서 벗어나 있다고는 해도 손님들을 끌어모을 방법이 있을 텐데……. 좋은 방법이 뭐 없을까?"

홍 대리는 별다른 대답을 하지 않았다. 그 방법을 안다면 왜 아직까지 시행을 안 하고 있겠는가? 이렇게 중심가에서 벗어나 있는 곳이 손님을 끌려면 확실한 입소문을 탈 만한 무언가가 있어야 한다. 홍 대리는 그 해답을 맛과 서비스에서 찾았지만, 통하지 않았다. 가격대와 신 메뉴에 대한 호응도 왕푸징점이 가장 적었다.

"뭔가 방법이 있을 텐데……. 베이커리를 무료로 준다고 하면 어떨까? 커피 한 잔 사면 빵이나 케이크 하나 무료!"

"……매출을 더 떨어뜨리고 싶다면, 그것도 괜찮은 방법이겠군요."

홍 대리의 발언은 만약 고등학교 동창이라는 인연과 입사 동기라는 끈이 없었다면 결코 대리가 실장에게 할 수 있는 말은 아니었지만, 이준서는 불쾌해하지 않았다. 어차피 처음부터 홍 대리를 회사 직원이 아니라 친구로 대하려 애썼기 때문에, 오히려 이런 반응이 반갑기도 했다. 게다가 자신이 생각해도 얼토당토않은 아이디어였다. 전용 파티셰까지 고용해서 만든 빵과 케이크를 공짜로 준다면 팔리는 족족 마이너스 매출이 될 것이다. 하지만 홍 대리는 이준서의 이 어이없는 아이디어에서 뭔가 단서를 얻은 것도 같았다.

'그래, 생각해볼 방법은 있겠군. 테이크아웃의 할인율을 높여 매장 관리비를 줄이면서 회전율은 높이고, 다섯 잔 구매하면 케이크를 할인해준다거나 뭐 그런 식으로……'

항상 '안 된다'고 생각하면 될 일도 안 되는 법이다. 반대로 안 될 것 같은 상황에서도 '된다'고 생각하면 어떻게든 방법을 찾아내는 게 또 인간이다. 홍 대리는 이 문제에 대해 시간을 내서 생각해보기로 했다.

3호점인 궈마오점에 도착했을 때는 해가 지기 시작해 어둑어둑해질 무렵이었다. 이준서는 바로 옆에 성처럼 버티고 있는 판다커피를 가리켰다.

"이 회사는 아까 1호점이랑 2호점 근처에서도 본 것 같은데, 아닌가?"

"맞습니다. 세 군데 모두 우리가 먼저 개점을 했는데, 바로 옆에 들어섰죠. 아까 드린 자료를 보셨다면 알겠지만, 그게 매출 하락의 가장 큰 원인이었습니다."

"괜찮아. 원래 다윗과 골리앗의 싸움에서도 다윗이 이기잖아. 작다고 지는 거 아냐. 우리 빈하우스도 처음에 조그만 동네 카페에서 시작했다는 거, 알지?"

아마도 자신의 어머니인 최목단 사장이 젊은 시절을 바친 조그만 동네 카페를 떠올린 것인지, 이준서의 얼굴은 자못 숙연해졌다. 이번만큼은 홍 대리도 조용히 고개를 끄덕일 수밖에 없었다. 이준서에 대한 감정이야 어떻든 최목단 사장은 홍 대리도 존경하고 있기 때문이다.

이준서는 판다커피에 관심이 생겼는지 몇 가지 질문을 던졌고, 홍 대리는 아는 한도 내에서 최대한 친절히 대답을 해줬다. 속으로는 이 상황이 마음에 들지 않았지만, 다시 한 번 '과하지욕'을 떠올리며 참았다.

"그러니까 우리가 뭐 좀 해보려고 할 때, 하필 상하이에서 날린다는 저 회사가 베이징에 들어왔다는 거잖아? 타이밍 참 거시기하게 꼬였네."

이준서의 투덜거림을 들으면서, 지난 몇 개월 동안 판다커피와 벌인 외로운 싸움을 떠올리던 홍 대리는 자신이 판다커피에 대해 아는 것이 생각보다 적다는 사실을 깨달았다. 불현듯, 제임스 장은 빈하우스에 대해 많은 것을 알고 있을 거란 확신이 들었다.

‘적을 이기려면 적에 대해 알아야 하는 것은 기본인데······.’

홍 대리가 생각에 잠겨 있는 동안 이준서는 열심히 매장을 둘러보고 있었다.

“아, 역시 베이징은 베이징이구나. 공기가 나빠서 그런지 머리까지 아프다.”

지금의 이준서는 징징거리는 어린아이 같았다. 하지만 이해 못할 바는 아니었다. 홍 대리도 처음 베이징에 들어섰을 때 딱 저랬으니까. 솔직히 말하자면 아직도 적응이 되지 않은 것 같았다. 가끔 머리가 띵하고 눈이 따끔거려 짜증이 치솟는 데다가 목도 아프곤 하는 걸 보면 말이다.

“일본에 갔을 때 어떤 건물엔가 보니까 ‘쿨 존(cool zone)’이라는 게 있더라고. 건물 전체 냉방을 하면 에너지 소모가 크니까, 엘리베이터 근처에 조그만 방을 만들어서 딱 그 공간만 냉방을 하는 거지. 엘리베이터 기다리는 동안 땀 좀 식히라고.”

그 말을 듣는 순간 홍 대리는 번쩍하고 머릿속에서 떠오르는 것이 있었다.

‘그래, 대기 손님들이 맑은 공기를 마시면서 기다릴 수 있는 공간을 만드는 거야!’

벌써 이름까지 떠올랐다. ‘프레시 존(fresh zone)’ 정도로 이름을 붙인다면 좋을 것 같았다. 순간 떠오른 생각을 빠르게 정리한 후 고개를 들어 보니, 이준서가 빙긋이 웃고 있었다. 그 웃음에는 뭔가 큰 의미가 있어 보였다. 문득, 이준서가 중국에 심심해서 와본 건 아닐 거라는 생각이 들었다. 아까부터 툭툭 던지는 말들은 그냥 흘려듣기에는 어려운 것들이었다. 이는 얼마나 좋은 아이디어인가를 떠나, 그 아이디어들이 갖는 무게감의 문제였다. 조명을 바꾸는 것도, 빵을 무료로 준다는 것도, 방금 말한 '맑은 공기'를 활용하는 것도 모두 생각은 해볼 만한 사안들이었다. 그 자체로는 활용이 불가능할지라도 상황에 맞는 유연성을 가지고 변경해서 적용한다면 의외로 좋은 방법이 나올 수도 있다는 생각이 들었다.

3호점까지 매장을 둘러본 후, 홍 대리와 이준서는 음식과 술을 사이에 두고 앉았다. 홍 대리로서는 이준서와 단둘이 술을 마신다는 게 썩 내키지는 않았지만, 거절할 명분이 없었다.

중국에 왔으니 중국식으로 먹어보고 싶다는 이준서의 말에, 홍 대리는 베이징 오리고기 전문점인 취안쥐더(全聚德)로 향했다.

"전취덕? 한국에서 베이징 오리고기집 몇 번 가봤는데……. 본토의 맛은 어떨까?"

이준서는 손뼉까지 쳐가며 기대감을 나타냈다.

"중국정부가 취안쥐더로 수많은 외교 문제를 해결했다는 이야기가 있을 정도지."

지금은 회사 일 때문이 아니라 순전히 고등학교 동창이자 입사 동기로서 만나는 자리이기에, 홍 대리도 말을 편하게 했다. 이는 이준서의 뜻이기도 했다.

다행히 취안쥐더가 입맛에 맞았는지, 이준서는 무척 즐거워하며 식사를 했다. 허기가 졌던 홍 대리도 어느 때보다 맛있게 식사를 했다.

"어라? 이건 뭐냐?"

이준서가 손가락으로 가리킨 곳에는 종이가 하나 놓여 있었고, 거기에 두 개의 수가 적혀 있었다.

"아, 이거? '오리 증서'라고 하는데, 지금 우리가 먹는 이 오리가 청나라 때 개업한 후부터 지금까지 취안쥐더에서 팔린 몇 마리째 오리인지, 옆에 숫자는 이 점포에서 팔린 몇 마리째 오리인지를 알려주는 거야. 숫자가 참 어마어마하지?"

홍 대리가 묻기도 전에 이미 이준서는 입이 떡 벌어져 있었다.

"헉! 1억 마리가 넘네? 이 많은 오리들이 불쌍해서라도 우린 맛있게 먹어야겠다, 규태야."

"응, 그러려고. 여긴 준서 네가 쏘는 거지?"

"내가 왜? 야, 난 손님이야!"

"난 초대한 적 없거든? 그리고 인마, 넌 사장 아들이잖아. 더 말해봐? 넌 실장이고, 난 대리야! 하나 더. 너 승진했으니까 승진 턱 쏴야지."

이준서는 또 혀를 끌끌 차며 고개를 절레절레 저었다. 하지만 이는 부정의 뜻이 아니라, 단지 홍 대리의 뻔뻔함에 질린 것이었다.

"규태야, 이렇게 직접 와서 보니까 중국에서 사업한다는 게 쉽지 않다는 걸 알 것 같다. 그동안 혼자 동분서주하느라 애 많이 썼겠다."

어느 정도 배가 부르자, 이준서는 갑자기 진지해졌다. 알아주니 고마운 일이긴 하지만, 홍 대리로서는 뒤끝이 석연치 않았다.

"동분서주라기보다는 고군분투에 가까웠지. 베이징 시민들이여, 나를 따르라! 맛 좋은 커피를 맛보게 해주겠노라! 우우!"

홍 대리는 씁쓸함을 털어내기 위해 술을 마셨지만, 술은 더 썼다.

"그런데 오늘 중국을 쭉 둘러보고 나니까, 중국 시장은 확실히 어마어마한 가능성이 있다는 걸 알겠더라."

이준서는 예전부터 줄곧 중국에 눈을 돌려왔다. 그리고 이번에 자신의 생각이 옳은 것인지 확인하고자 직접 방문한 것이다. 리더라면 확신을 가지고 통솔해야 된다고 생각했기 때문이다. 한국 본사 사무실에만 앉아 책이나 신문기사에서 본 내용만으로 중국의 가능성을 판단할 수는 없었다. 직접 와서 보고, 필요하다면 과감한 투자를 해서라도 빠른 시일 내에 가시적인 성과를 보이고 싶었다. 그리고 "능력도 없으면서 회사 물려받더니 다 망쳐놨다"라는 말보다는 "젊은 나이에 회사를 물려받아서 훌륭하게 키웠다"라는 말을 듣고 싶었다. 게다가 타고나길 성격이 급한 편이었다. 좋게 보자면 추진력이 뛰어나다고 꾸밀 수 있지만, 안 좋게 본다면 성급하고 생각 없이 행동만 하는 사람이라 여길 수도 있다. 하지만 단점을 뒤집으면 장점이 된다는 말이 진리이기를 바라며, 이준서는 자기 자신을 믿기로 했다.

어쨌든 성격이 그러하다 보니 마음이 급해지는 건 어쩔 수 없었다. 문제는 그로 인해 주변 사람들이 피곤해질 수 있다는 것이다.

"앞으로 전략기획실에서 전폭적으로 지원할 테니까, 좋은 아이디어가 있다면 마음껏 추진해봐. 중국 시장을 우리 거로 만들어보자."

홍 대리 입장에서는 투자를 아끼지 않겠다니 반가운 말이었지만, 그만큼 부담이 되기도 했다.

"그럼 실장님이 생각하는 시간제한은 어느 정도입니까?"

회사 업무에 대한 이야기가 나오자 홍 대리의 입에서 나오는 호칭은 어느새 '실장님'이 되어 있었다. 이준서 역시 이를 자연스럽게 받아들였다. 오히려 홍 대리가 술을 마셨어도 프로페셔널한 모습을 보이는 것 같아, 지금껏 홍규태라는 사람을 '자기 잘난 맛에 사는 몰락한 부잣집 도련님'으로 보고 있던 자신의 생각을 수정하는 계기가 됐다.

"3년."

이준서는 오른손을 들어 손가락 세 개를 펼쳤다.

"난 3년 안에 중국 전역에 100호점까지 열 생각이야."

술이 지겨워 물을 마시던 홍 대리는 순간 자신의 귀를 의심하며 물을 내뿜었다.

"켈록켈록!"

"……사람 얼굴에 물 뿜는 거 아니다."

이준서는 정장 안주머니에서 손수건을 꺼내 얼굴을 닦으며 말했다. 투덜대는 이준서에게 홍 대리는 한숨을 섞어가며 물었다.

"3년 안에 100호점이라니, 지금 중국에서 기반도 잘 닦이지 않은 상황에서 너무 무리한 계획이라고 생각하지 않으십니까?"

"그러니까 속도를 올려야지. 지금 속도로 가면 10년이 걸려도 안 돼. 그래서 말인데, 앞으로는 매장 수를 늘리는 데 주력해줘."

홍 대리는 3호점을 열면서 겪었던 어려움과 참담한 패배감이 떠올랐다. 세 개 지점을 관리하는 데도 이렇게 고생이 심한데 여기서 더 박차를 가하란다.

"올해 안에 매장 수를 10호점까지 늘려줘. 그리고 내년에는 50호점을 돌파하고, 내후년엔 100호점을 돌파한다는 게 내 계획이야."

"100호점이라는 게 베이징 100호점입니까, 중국 100호점입니까?"

"하하! 설마 베이징 100호점이겠어? 이제 경쟁도 점점 심해질 텐데, 그건 당연히 무리겠지."

베이징이 아니라 중국 전체라는 게 다행인 건지 아니면 더 걱정거리인 건지 홍 대리는 감이 잡히지 않았다. 베이징에 집중적으로 몰린다면 마땅한 장소를 찾기가 버거울 것이고, 그렇다고 중국 각지에 매장을 열기에는 중국이란 나라가 가지는 특수성이 너무 컸다. 푸얼에 갈 때마다 여기가 베이징과 같은 나라가 맞는지 의심스럽기까지 했던 기억을 떠올린다면, 베이징에서 성공을 거둔다 하더라도 다른 도시에 다시 적응하기가 쉽지는 않을 것이기 때문이다.

'시장에서 도넛 사듯 쉽게도 얘기하는군.'

홍 대리는 무척 화가 났지만, 속으로만 삭였다.

"한국에서 100호점 열 때까지 7년쯤 걸리지 않았습니까?"

홍 대리의 질문에는 날이 서 있었다. 한국에서 7년 걸린 일을 여기서 3년 안에 해내라는 게 말이 되냐는 뜻이었다.

"한국에서는 지원해주는 사람이 없었지. 알아서 커야 했잖아."

한국 본사에서 지원을 충분히 해주겠다는데도 그거 하나 성공시킬 자신이 없느냐는 이준서의 공격이었다.

"한국에서야 문화 차이라는 게 없었겠죠. 더군다나 지금의 중국처럼 세계적 기업들과의 경쟁도 덜했을 거고요."

지금 중국의 상황은 당시 한국보다 성공하기 훨씬 어렵다는 홍 대리의 반격. 이준서는 웃었다.

"하하하! 이봐, 홍 대리. 세상에 쉬운 일이 어디 있겠어? 쉬운 일만 시킬 거면 회사에서 월급은 왜 줘? 힘들어도 성공시켜야 회사도 살고 직원도 사는 거지."

호칭이 규태에서 홍 대리로 바뀐 것이나 말하는 내용을 보건대, 윗사람이 시키면 시키는 대로 하라는 뜻이다. 이 정도까지 말이

나왔다면 더 이상 반박을 해봐야 홍 대리로서는 득보다 실이 클 것이다.

"뜻이 정 그러시다면, 한번 해보죠."

"잘 생각했어. 전에 보낸 보고서 보니까 판다커피라는 곳에 직원도 빼앗기고 많이 어려운 것 같던데, 그게 다 회사가 작으니까 생긴 일이지. 우리도 거기 못지않게 점포 많아지고 인지도 쌓여봐. 직원들 나가라고 등 떠밀어도 안 나갈걸?"

홍 대리의 머릿속이 복잡해지기 시작했다. 하지만 산 넘어 산이라고, 홍 대리를 기겁하게 할 만한 사건은 아직 남아 있었다.

"아, 그리고 전부터 추진하고 있는 중국 원두 확보에 다시 주력해줬으면 좋겠어. 앞으로는 매장에서도 사용을 할 생각이니까, 품질 좋은 원두로."

참고 또 참던 홍 대리는 결국 폭발하고야 말았다.

"이준서! 너 지금 나한테 나가라고 하는 거지?"

이준서는 자리에서 벌떡 일어난 홍 대리를 눈을 동그랗게 뜨고는 올려다봤다. 갑자기 왜 이러는 건지 이해를 못 하겠다는 표정이었다.

"올해 안에 섬포 7개, 내년에 40개, 그다음 해에 50개를 늘리라는 것부터가 나보고 죽어보라는 얘긴데, 거기다 또 뭐? 중국산 원두를 구해보라고? 그게 쉬웠으면 진작 했지!"

"규태야, 진정하고 앉아."

"부서 이동시키거나 말도 안 되는 업무 맡기는 건 나가라는 뜻이라던데, 그걸 바라는 거야? 그럼 그냥 말로 해!"

홍 대리의 목소리는 점점 커졌다.

"그럴 리가! 무슨 소리를 그렇게 해? 자, 일단 앉아서 얘기하자. 사람들도 다 보잖아."

아닌 게 아니라, 그 넓은 식당 가득 찬 사람들의 시선은 홍 대리에게로 쏠려 있었다. 머쓱해진 홍 대리는 헛기침을 하고는 자리에 앉았다.

"중국산 원두 사용은 사실 다른 회사들에 비해 늦은 거야. 경쟁 사들과 가격 경쟁이 되질 않으니 회사에서도 점점 조급해지고 있는 거고. 그래서 부탁하는 거니까, 고깝게 듣지 말았으면 좋겠다."

따지고 보면 회사 업무에 관련된 이야기인데, 하급자인 자신이 언성을 높였음에도 태연하게 받아주는 이준서의 모습을 보며, 홍 대리는 이준서가 예전의 이준서가 아님을 느꼈다.

1. 디테일한 숫자로 대화하라

중국에서 차를 타본 사람이라면 '마상따오(馬上到)', 즉 '금방 도착합니다'라는 운전기사의 말에 속은 듯한 기분을 느껴본 적이 있을 것이다. '금방'이라는 말에 대부분은 10~20분이면 도착할 거라 생각하지만, 2시간이 걸리는 경우도 허다하다. 이는 거짓말을 하려고 했다기보다는 두 나라 사람들의 기질 차이라고 할 수 있다. 한국이라면 이쪽 끝에서 저쪽 끝까지 반나절이면 도착하지만, 한국의 96배에 달하는 중국에서라면 2시간 거리는 가깝게 느껴질 수도 있다. 이런 경우 "몇 시쯤 도착할 것 같은가?"라고 구체적으로 묻는다면 아마 속을 끓이지 않아도 될 것이다.

마찬가지로 비즈니스를 할 때도 시간, 크기, 품질 등에 대해서는 "4월 17일까지 제품이 완성됩니까?" "가로, 세로, 높이 각각 몇 센티미터입니까?"라는 식으로 객관적인 수치로 묻고 답해야 한다. 일본에서는 가구제조업체에 주문 시 나사를 십자와 일자 중 어떤 것을 사용하는지까지 체크한다고 한다.

2. 영어가 안 통하는 중국 비즈니스, 중국어는 필수

베이징이 세계적인 도시로 발전하고 있지만 길거리에서 영어로 소통하기는 쉽지 않다. 중국의 토플 실력은 세계 최고의 점수를 자랑하지만 그것은 일부 지식인층에 국한된 것이다. 한 한국 제조업체가 중국에 거래처를 확보하기 위해 10개의 중국 업체에 영문 자료를 첨부하여 영어로 이메일을 보냈다. 그런데 수개월이 지나도록 한 통의 답신도 받지 못했다. 이후 동일한 내용을 중문으로 바꿔 이메일을 보냈더니 절반의 회사에서 답신이 왔다. 이것이 중국의 현실이다. 그리고 40대 이상 간부 중에는 영어를 배우지 않은 사람도 많다. 그래서 영어 실력만 믿었다가는 중국에서 어려움을 겪기 쉽다. 사람과의 관계를 중시하고 서로 간의 소통을 중시하는 중국에서 일하면서 중국어를 못한다면 비즈니스에 큰 애로사항이 있다. 중국인들은 "먼저 친구가 되고 난 후에 사업을 하자"라는 말을 많이 하는데, 통역을 통해서 친구가 된다면 분명 반쪽짜리 친구밖에 되지 못한다. 의사소통은 단순한 언어 전달뿐 아니라 말에 감정을 담아 전달할 수 있을 때 그 효과가 배가되는데, 통역은 감정까지 전달하기에는 한계가 있기 때문이다. 중국에 진출하기 전 유창하지는 않더라도 간단하게 소통할 수 있는 정도의 중국어 학습은 필수적이다.

사람이 답이다

　이준서가 다녀간 후, 홍 대리는 말 그대로 눈코 뜰 새 없이 바빴다. 말은 삐딱하게 했지만 어쨌든 자신에게 주어진 일은 해야 한다는 생각에서였다. 덩달아 리리의 일도 늘어났다.

　"리리 씨! 베이징에서 사람들 많이 다니는 곳 좀 정리해줘요. 아, 유동인구 연령층도 빼먹지 말고요."

　"리리 씨! 어제 각 매장 매출 통계는 어디 있죠?"

　"리리 씨! 각 지점 점장들에게 직원 교육 진행 상황 보고하라고 하세요."

　"리리 씨! 새 직원 면접 시간이 몇 시죠?"

　"리리 씨!"

　하루에도 수십 번이나 리리의 이름을 불러대는 통에, 모르는 사람이 보면 둘이 연애라도 하는 줄 알 판이었다.

홍 대리는 리리가 건네준 지도를 펼쳐놓고 책상 앞에 앉았다. 하지만 지도에는 유동인구와 연령대 등 간략한 정보들만 체크되어 있어, 다소 부족한 감이 있었다. 아버지는 항상 현장을 중요시해야 한다고 가르쳤고, 결국 홍 대리는 지도를 들고 일어섰다.

"지도랑 씨름할 게 아니라 후보지 몇 곳을 정해서 직접 봐야겠군. 박효병 씨, 외근 준비해요. 우리 오늘 바로 퇴근할 수 있으니까, 리리 씨는 사무실 좀 부탁할게요."

식사시간을 놓친 홍 대리는 입에 빵을 구겨 넣으며 책상에서 몇 가지 서류를 뽑아 들고는 외투를 걸치고 나갔다. 박효병이 회사 차를 세워놓고 대기하고 있었다. 둘은 차를 타고 빈하우스 4호점을 열기에 적합한 장소를 찾아내기 위해 직접 베이징 지역 탐색에 나섰다.

"백문이 불여일견. 가서 봐야 답이 나오지."

"맞습니다. 부동산이라는 게 아무리 사진 놓고 봐도 답 안 나옵니다. 가서 보셔야죠."

박효병은 비록 소심한 편이라 자기 주장을 하는 일은 별로 없지만 제법 싹싹한 성격이라 홍 대리의 혼잣말에도 웃으며 맞장구를 쳐줬다.

"그런데 총경리님, 부동산 보러 가시는 거면 전문가한테 말하는 게 낫지 않을까요? 잘못하면 바가지 쓸 수도 있는데……."

"박효병 씨, 혹시 부동산 쪽에 아는 사람 있어요? 믿을 만한 사람으로……."

"아, 아니요. 제가 인간관계가 약해서……."

"그럼 그냥 아무 부동산업자나 만나봅시다."

쉬타오가 소개해준 부동산 업자에게 연락을 해서 도움을 받아볼까도 했지만, 궈마오점 계약 때 느꼈던 배신감을 생각하면 아직도 울화가 치밀었다. 게다가 이번에도 매장을 찾고 있다는 사실이 쉬타오의 귀에 들어가지 말라는 법도 없다. 언젠가 그 부동산 꽌시를 이용할 요량으로 나름 친분을 쌓아뒀는데 정작 필요할 때 소용없는 일이 됐다.

홍 대리는 가장 먼저 전자상가 밀집지역인 중관춘(中關村)과 대학가 근처인 우다오커우(五道口) 지역을 살펴봤다. 중관춘은 '중국의 실리콘밸리'라 불리는 곳으로, 그 규모가 어마어마하게 컸다.

홍 대리는 3호점 장소 때문에 고민할 때 쉬타오가 한 말이 생각났다.

"좋은 장소는 부동산 회사를 통하기 전에 이미 아는 사람들끼리 거래가 됩니다. 그래서 정부와의 꽌시도 필요하죠. 여러 경로를 통해 꽌시가 있어야 좋은 장소도 구할 수 있고 임대할 때도 바가지 안 씁니다. 특히 대형 쇼핑몰 같은 데는 토지 거래부터 인·허가 모두 정부와 밀접한 관련이 있기 때문에, 정부 측 꽌시를 통해 쇼핑몰 회사인 개발상을 소개받는다면 임대에 유리하죠."

그때는 거래 터주고 꽌시 비용을 챙기려고 하는 말인 줄 알았는데, 막상 현장에서 부딪쳐보니 쉬타오의 말이 옳은 것 같았다. 이럴 때면 자신이 불합리하다고 열을 내던 그 꽌시라는 게 간절했다. 하지만 홍 대리는 지금 꽌시라고 할 만한 게 전혀 없는 실정이었다.

홍 대리가 어수룩해 보인 걸까? 부동산 업자가 소개하는 물건들은 왠지 위치도 별로고 가격도 높은 것 같았다. 간혹 마음에 쏙 드는 위치의 적당한 건물을 발견했지만, 여지없이 식겁할 정도로 어마어마한 가격이었다. 이준서가 전폭적으로 밀어준다고는 했지만, 베이징의 임대료를 알게 되면 기겁하고 그 말을 취소할지도 모른다.

'그냥 비싼 곳으로 확 계약해버려? 흐흐흐.'

상황은 우다오커우 지역이라고 해서 크게 다르지 않았다. 이런 식으로는 며칠을 더 헤매야 할지 알 수 없었다.

비록 상황은 절망적이었지만, 그래도 홍 대리는 좌절하지 않고 밤늦게까지 회사에 남아 수첩에 그날의 소득(?)을 정리했다. 부동산 업자가 소개해주었거나 자신이 직접 발품을 팔고 다니며 본 곳들 중 매장을 열기 적당한 곳을 죄다 추려보았다. 다음으로는 가격을 제외한 나머지 입지 조건들에 따라 모든 곳을 A부터 C등급으로 구분했다. 역시 등급이 높은 곳일수록 가격대는 비쌌다. 이준서가 전폭적 지원을 약속했다 하더라도 무한정 돈을 쓸 수는 없을 터였다. 비록 누구도 말은 하지 않았지만, 홍 대리는 한국의 본사도 그리 여유 있는 상황은 아님을 알고 있었다. 경쟁이 워낙 치열한 한국 커피시장인 만큼 더 이상의 성장은 사실상 어려웠기에,

현재 상태를 유지하는 것만으로도 선방이라는 말을 듣고 있었던 것이다. 게다가 '전폭적 지지'란 중국에서의 사업이 성공한다는 전제가 바탕이다. 현재 A급으로 분류된 곳의 가격은 시세보다 훨씬 비싼 감이 있는데, 그 말인즉 비용이 엄청나다는 뜻이며, 임대료 때문에 자칫하면 들인 돈도 뽑아내지 못하고 어마어마한 손실을 입게 될 수 있다는 뜻이다. 그런 곳이 두세 군데만 쌓여도 손해가 상당할 것이다.

한참을 고민하던 홍 대리가 무거워진 머리를 식히고자 추위에도 불구하고 창문을 열려고 일어났을 때는 날짜가 다음 날로 넘어가기 직전이었다.

- 드르륵

창문을 열었다.

- 드르륵! 드르르륵!

창문은 분명 열려 있었다. 그런데도 창문을 여는 것 같은 소리가 또 들리자, 홍 대리는 너무 피곤해 환청을 들었거나 잠결에 꿈을 꾸고 있는 것이라 생각했다. 하지만 소리는 계속 들려왔고, 그제야 홍 대리는 그게 핸드폰 진동 소리임을 알았다.

"이 시간에 누구지? 설마…… 집에 무슨 일이라도……?"

불안한 마음에 재빨리 핸드폰을 들어 확인했다. 다행히 집은 아니었지만, 발신자를 확인한 후에도 홍 대리의 찜찜한 마음은 가시질 않았다. 전화를 건 사람은 딩관제였다.

"네, 홍규……."

"초, 총경리! 사…… 살려주시오!"

무슨 일인지 몰라도 이런 늦은 시각에 전화가 온 것만으로도 당황스러운데 살려달라니, 홍 대리는 깜짝 놀랐다.

"무슨 일입니까?"

"크…… 큰일이……. 흐흐흑!"

딩관제는 급기야 울음을 터뜨렸고, 쉽게 말을 잇지 못했다. 홍 대리는 일단 딩관제를 진정시키기로 했다.

"딩관제 경리, 일단 진정하시고 무슨 일인지 차근차근 말씀해보세요."

딩관제는 계속 말을 잇지 못하고 횡설수설했다. 큰일이 생기긴 한 모양이었다. 덩달아 홍 대리도 긴장이 됐지만, 자신마저 침착함을 잃어서는 안 된다는 생각에 정신을 바짝 차렸다. 그 와중에도 의아하긴 했다.

'아무리 큰일이 생겼다고 해도 그렇지, 딩관제 경리가 나한테 이 시간에 전화해서 이러는 이유가 뭘까?'

"자, 딩관제 경리. 심호흡을 해요. 숨을 들이마시고, 내쉬고, 다시 들이마시고……."

홍 대리가 두 번을 더 진정시키고 나서야 딩관제는 조금 마음을 가라앉혔다.

"지금 내 딸이…… 서울에 있는 딸이……. 흐흑."

그제야 딩관제가 딸을 한국으로 유학 보낸다고 했던 게 기억났다.

"딸이 지금…… 아파서 꼼짝을 할 수 없다고……."

"어디가 어떻게 아픈 건데요?"

홍 대리는 일부러 목소리를 낮춰 딩관제도 진정하도록 유도했다. 하지만 딩관제는 울먹이느라 말을 잇지도, 듣지도 못하는 듯했다. 딩관제가 딸을 얼마나 끔찍이 아끼는지 알고 있으니 이해하지 못할 바는 아니었다. 일가구일자녀 정책 때문에 하나밖에 없는, 더군다나 마흔을 넘겨 얻은 외동딸은 몇 년 전 아내와 사별한 딩관제에게 있어 유일한 삶의 이유였다.

"딩관제 경리! 정신 차려요! 당신이 정신을 차려야 딸을 살릴 거 아냐!"

차분하게 어르는 방법이 통하지 않자, 홍 대리는 작전을 바꿔 날카롭게 꾸짖었다. 그리고 이번에는 효과가 있었는지, 딩관제는 조금 정신을 차리고 설명을 이었다. 몇 분에 걸쳐 얻은 정보를 요약하자면 간단했다. 며칠 전에 한국으로 유학을 간 딩관제의 딸이 늦은 시각에 갑자기 장이 끊어질 듯한 복통을 느낀 것이다. 눈에 넣어도 아프지 않을 딸이 아직 룸메이트를 구하지 못해 혼자 방에 있는데, 새벽 1시가 다 된 시간에 죽을 듯이 아픈데 말도 통하지 않아 구급차를 부르거나 도움도 요청하지 못하고 있다. 딩관제가 얼마나 불안하고 두려울지, 아직 자식이 없는 홍 대리로서는 짐작도 하기 어려웠다. 다만 자존심 강하기로는 국가대표 뺨을 쳐도 수십 번은 쳤을 홍 대리는 입장을 바꿔 만약 자신이라면 도대체 얼마나 심각한 일이 있어야 딩관제에게 연락해 울고불고 애원을 하게 될까를 생각해보는 것으로 그 다급한 심정을 짐작해볼 수 있었다. 딩관제의 딸은 아버지에게 전화를 걸어 겨우 자초지종을 설명했으나, 그리고 해서 한국에 아는 사람이 있는 게 아니니 이렇게 홍 대리에게 전화를 하게 된 것이다.

"지금 따님이 있는 곳이 정확히 어디죠? 주소와 전화번호를 문자로 보내주세요. 제가 따로 도움을 청해보겠습니다."

"아, 감사합니다. 총경리, 감사합니다."

딩관제와의 전화를 끊자마자 홍 대리는 한국에 있는 동생에게 전화를 걸었다. 다행히도 동생은 금방 전화를 받았다.

"오~빠! 이 시간에 무슨 일?"

"어, 너무 늦었지? 미안한데 내 부탁 좀 들어줄래?"

홍 대리는 평소 꽤나 수다스러운 동생이 뭔가 말을 꺼낼까 봐 재빨리 상황을 설명했다. 통화 도중에 진동이 울린 걸로 봐서 딩관제가 주소와 전화번호를 보낸 것 같았다.

"지금 주소를 문자로 보낼 테니까 네가 좀 가 봐. 부탁 좀 할게."

"응, 오빠. 걱정하지 마. 내가 119를 부르든가 택시 타고 응급실로 데려가든가 할게. 그 직원한테도 걱정하지 말라고 전해줘."

얼굴도 본 적 없는 사람 걱정까지 해주는 동생의 마음 씀씀이에 찡해진 홍 대리는 다시금 가족들이 보고 싶어 미칠 지경이었지만, 내색하지 않고 전화를 끊고는 문자를 확인했다. 주소를 보니 다행히도 한국에 있는 홍 대리 집에서 그리 멀지 않은 곳이었다.

동생에게 문자를 보내고 전화를 걸어 딩관제를 안심시킨 홍 대리는 일을 좀 더 해볼까 했지만, 도무지 일이 손에 잡히지 않았다. 한밤중에 동생에게 어려운 부탁을 한 것도 그렇지만 딸 걱정을 하고 있을 딩관제에게 행여 나쁜 소식이라도 전하게 될까 봐 노심초사했다.

'제발 무사해야 할 텐데……'

그래도 부모님을 병원에 모시고 다니면서 반 의사가 된 동생이 이런 문제는 잘 해결할 수 있을 거라는 믿음이 있었다.

초조하게 사무실을 서성이다 보니 어느덧 1시를 훌쩍 넘겼다. 서울은 2시가 넘었을 것이다.

– 드르르르!

한 번의 진동이 울리기가 무섭게 홍 대리는 책상으로 달려들어 낚아채듯 전화기를 들었다.

"여보세요? 어때? 괜찮아? 무사해? 별일 없는 거지?"

"어휴, 오빠. 나도 말 좀 하자. 어지간히 걱정됐나 보네. 걱정하지 않아도 돼."

밝고 경쾌한 동생의 목소리가 모든 것을 말해줬다.

"한국 음식이 맞지 않았던 건지, 급성 위염에 장염까지 있었대. 아마 엄청 아팠을 거야. 콜택시 불러서 응급실 데려다 줬어. 처음 도착했을 땐 문도 못 열어줄 정도였는데, 지금은 약 먹고 좀 괜찮아졌어. 내일 일반 병실로 옮긴대."

홍 대리는 힘이 탁 풀리며 책상에 주저앉았다. 갑자기 긴장이 풀려서인지 어질어질했다. 생각했던 것보다 더 긴장했던 모양이다.

"수고했어. 고맙다."

"아니야, 이렇게라도 오빠한테 도움이 됐다면 다행인 거지."

착한 동생이었다. 고등학교 때까지는 어린 여동생이 귀찮기만 했고 미국에서 공부한답시고 같이 부대끼며 살아본 적도 별로 없었지만, 어느덧 든든한 누나 같은 존재가 돼 있었다.

홍 대리는 서둘러 딩관제에게 전화를 걸었다. 자신도 이렇게 걱정이 돼서 어쩔 줄을 몰라 했는데, 딩관제는 오죽할까 싶었다. 딩관제 역시 벨이 한 번 울리자마자 전화를 받았다. 아마 핸드폰을 손에 꼭 쥐고 이제나저제나 홍 대리의 전화가 오기만을 기다리고 있었을 것이다. 홍 대리는 간략하게 상황을 설명했다.

"지금은 안정을 찾고 쉬고 있다니까 너무 걱정하지 마십쇼."

"총경리! 정말 고맙소. 정말…… 내 이 은혜를 어찌…… 흑흑!"

딩관제는 말을 잇지 못하고 흐느꼈다. 어느 나라에서든 부모에게 자식이란 더할 것도 덜할 것도 없는 모양이다. 특히 중국은 부모의 자식 사랑이 끔찍했다.

"너무 걱정하지 마시고 편히 주무십시오."

고맙다는 말만을 수십 번 반복하는 딩관제를 다독이고 전화를 끊자, 그제야 피로가 한꺼번에 몰려왔다. 세상에서 젤 무겁다는 눈꺼풀이 앞을 자꾸 가렸다. 집까지 돌아가는 것도 벅차, 그냥 사무실 한쪽에서 쪽잠을 자기로 했다. 그렇게 요란한 하루가 갔다.

며칠 후, 딩관제가 사무실로 찾아왔다. 며칠 동안 딸의 안부에 노심초사했던 탓인지 전보다 홀쭉한 모습이었다. 하지만 표정만은 세상을 얻은 듯 행복해 보였다.

"다들 안녕하시오? 리리도 잘 있었지? 어라? 못 보던 친구네? 아, 정진중이 그만뒀지."

딩관제는 마치 출장을 갔다가 돌아온 직원처럼 친숙하게 인사를 했다. 생각해보면 딩관제는 정진중과 리리를 아들딸처럼 아꼈던 것 같다.

"홍 총경리, 잘 지냈소?"

"따님은 괜찮습니까?"

"예, 덕분에……."

이미 동생에게서 무사하다는 이야기를 전해 들은 홍 대리는 왠지 생색을 내는 것 같아 딩관제에게 묻기가 좀 껄끄러웠지만, 마땅히 할 말이 없기에 어쩔 수 없이 그 이야기를 꺼냈다. 그리고 생각해보니, 묻지 않는 편이 오히려 예의에 어긋나는 것 같기도 했다.

"총경리 아니었으면 큰일 날 뻔 했소. 정말 고맙소이다."

본래 낯간지러운 걸 못 참는 성격인 홍 대리는 사무실 직원들에게 이번 일에 대해 말하지 않은 상태였던지라, 리리는 무슨 이야기인가 싶어 눈을 동그랗게 뜨고 있었다. 리리에게 별일 아니라는 손짓을 하고는, 어색함을 없애고자 딩관제에게 물었다.

"따님은 언제 서울에 간 겁니까?"

"이제 한 열흘이나 됐나……. 그때 연락했을 때가 간 지 한 삼 사일 됐을 겁니다. 말은 안 통하지, 아는 사람도 없지, 시간은 늦 었지……. 아이가 겁을 많이 먹었던 모양이오."

"지금은 괜찮습니까?"

"언제 그랬는지 기억도 없답니다. 허허! 그리고 총경리 동생과 친해졌다고, 친구 생겼다고 어찌나 좋아하던지……."

말을 마친 딩관제는 홍 대리의 눈치를 슬쩍 보더니 제법 두툼한 봉투를 내밀었다.

"총경리! 이거 받으시오."

"뭡니까?"

"총경리는 내 은인이오. 그날 일만 생각하면 내 뭐든 해주고 싶지만, 가진 게 없어서……. 얼마 되지 않지만, 받아주시오."

홍 대리는 거의 기겁을 하며 봉투를 도로 딩관제에게 밀었다.

"이런 일로 돈 받는 사람은 없습니다. 따님이 무사하면 그걸로 됐습니다."

"딸 목숨을 구해준 거에 비하면 이건 정말 아무것도 아니오."

딩관제가 손사래를 치며 거의 억지로 홍 대리 손에 봉투를 쥐여 주었다. 고마운 마음은 알겠지만 이렇게 찾아와서 돈 봉투를 내밀 줄은 몰랐다. 홍 대리는 다시 봉투를 딩관제의 손에 쥐여주었다.

"그때 상황이었으면 누구라도 그렇게 했을 겁니다. 당연히 해야 할 일을 한 것뿐이니, 이러지 마십시오.”

“이거라도 받아줘야 내 마음이 좀 편할 것 같아서 그러오.”

“자꾸 이러시면 다시는 저를 안 보려는 걸로 알겠습니다.”

홍 대리의 엄한 목소리에 딩관제는 다시 봉투를 쥐여주려던 손을 멈췄다. 홍 대리는 딩관제의 손을 꼭 쥐며 말했다.

“한솥밥 먹으며 같이 근무한 회사 동료는 가족과 같습니다. 딩관제 경리의 딸은 내겐 동생이나 마찬가지예요. 누가 가족끼리 이런 걸 주고받겠습니까? 따님이 무사하면 그걸로 됐습니다.”

홍 대리의 진심 어린 목소리에 딩관제의 눈에 눈물이 핑 돌았다. 세상 무엇과도 바꿀 수 없는 딸이 위험에 처해 있을 때 도와준 것만 해도 고마운데, 오히려 자신을 걱정하고 위로해주는 홍 대리에게 진심으로 감복했다.

“홍 총경리! 그동안 내가 잘못했던 일이 많았던 것 같소. 진심으로 미안하오. 내가 미처 사람을 못 알아봤소. 흐흑.”

자신의 아버지와 비슷한 연배인 딩관제가 눈물까지 흘리자, 홍 대리는 당황해 어찌할 바를 몰랐다.

“아, 아니, 딩관제 경리. 왜 이러십니까?”

문득 가족들을 고생시킨 것 같아 미안하다며 눈물을 흘리던 아버지의 모습이 딩관제의 얼굴에 겹쳐 보이면서, 홍 대리도 뜨거운 것이 울컥 치밀어 올랐다.

딩관제가 눈물을 훔치며 홍 대리의 손을 마주 잡았다.

“홍 총경리, 나를 다시 직원으로 받아주겠소?”

홍 대리는 순간 자신의 귀를 의심했다. 홍 대리에 대한 비난을 숨기지 않고 회사를 뛰쳐나간 딩관제가 아닌가. 그런데 다시 직원으로 받아달라고 읍소를 하고 있다.

'이건 무슨 경우지?'

사실 홍 대리는 아직 딩관제의 진심이 무엇인지도 알 수 없었고, 그가 다시 돌아온다고 해도 일을 제대로 할 거라는 보장이 없기에 어떻게 해야 할지 몰랐다.

"돈은 필요 없소. 그냥 옆에서 총경리를 도울 수 있도록 기회를 주시오."

홍 대리는 처음에는 귀를 의심했고, 다음에는 자신에게 정신착란이 온 게 아닐까 의심했으며, 마지막으로는 딩관제의 국적을 의심했다.

'뭐지? 딩관제 중국인 맞아?'

중국인들에 대한 선입견을 없애겠노라고 금탄영 박사와 약속한 후로 좋은 면을 보려고 무던히도 애썼지만, 여전히 홍 대리의 머릿속에서 중국인들은 돈을 밝히는 사람들이었다. 그런데 딩관제가 돈 없이 일을 하겠단다. 언젠가 홍 대리가 절대 잊지 않고 처절하게 되갚는 중국인들의 복수심에 대해 징그러울 정도라고 표현하자, 정진중이 "대신 중국인들은 신세 진 일도 반드시 보답하는 의리 있는 사람들입니다"라고 말한 적이 있다. 아마도 그 말이 맞는 모양이다.

하지만 홍 대리는 아직도 어떻게 해야 할지 갈피를 잡을 수 없

었다. 지금이야 고마움에 저렇게 나오지만, 언제 또 사람 속을 뒤집고 회사에 과도한 비용을 청구할지 알 수 없는 것이다.

"말씀만으로도 충분히 감사합니다. 그 마음만 받겠습니다."

마지막 말이 홍 대리의 진심이었다. 마음만 받고 싶었다. 하지만 딩관제는 거의 절박해 보이는 표정으로 홍 대리의 마음을 흔들었다.

"말로만 그러는 것이 아니라 진심이오."

문득 이것이 정진중이 말한 진정성의 힘인가 하는 생각이 들었다. 자신이 딩관제를 도운 것은 대가를 바란 게 아니라 사람의 도리라 여겼기 때문이고, 이것이야말로 홍 대리의 진심 어린 마음이었다. 또한 지금 도움을 요청하는 것이 아니라 오히려 도와줄 수 있게 해달라고 요청하는 딩관제의 표정에도 진정성이 보였다. 그리고 그 표정에 홍 대리는 '속는 걸지도 모른다'는 생각을 접어두고 믿어보기로 결심했다.

"딩관제 경리가 돕겠다면야 저로서는 천군만마를 얻은 것이나 다름이 없지요. 오히려 제가 부탁드려야 할 판인데, 고맙습니다. 그리고 급여와 근무 조건은 이전과 똑같이 하겠습니다."

홍 대리가 정중히 고개를 숙이며 자신을 받아주자, 딩관제는 언제 눈물을 흘렸냐는 듯 함박웃음을 지었다.

"고맙소, 홍 총경리! 내 모든 것을 바쳐 돕겠소!"

1. 값싼 노동력 제공처에서 인재 강국으로 변화하는 중국

어느 나라에서든 인재(人材)는 국가 발전의 초석이다. 자본과 기술이 부족하던 개혁개방 초기, 중국은 저렴하고 풍부한 노동력을 경제 성장의 원동력으로 삼았다. 하지만 중국은 성장 방향을 '양적 성장'에서 '질적 성장'으로 전환했고, 이제 각 분야의 고급 인력들이 경제 성장을 주도하고 있다. 인재 강국이 되기 위한 중국의 이런 노력은 개혁개방 초기부터 정부 주도하에 장기적이고 조직적으로 추진돼왔다. 특히, 유학 후 해외에서 자리 잡은 고급 인재 1000명을 영입하겠다는 천인계획(千人計劃)에 이어, 2012년부터 10년간 인재 1만 명을 키운다는 만인계획(萬人計劃)으로 중국은 질적 경제 성장을 촉진하고 있다. 이로 인해 중국은 인재 강국으로 거듭나고 있는 상황이다.

그럼에도 우리나라는 최대 교역국인 중국에 대해 제대로 인지하지 못하고 있다. 중국의 중요성은 나날이 강조되고 있지만 제대로 된 중국 전문 인력은 턱없이 부족한 상황이다. 중국은 엄청난 넓이와 인구를 비롯한 여러 가지 요소로 인해, 그 어떤 나라보다도 접근이 쉽지 않은 곳이다. 이런 상황에서는 '세분화된 전문 인력'이 답이 될 수 있다. 중국 프랜차이즈 전문가, 중국 자원 전문가, 티벳 전문가처럼 업종별, 지역별로 세분화된 전문 인력을 양성하고 활용한다면 중국에서의 실패를 줄이고 성공으로 한 걸음 더 나아갈 수 있을 것이다.

상품과 브랜드 가치

제품에 가치를 더하라

치열한 경쟁시장에서 살아남으려면 '제품'이 아닌 '상품'을 팔아야 한다. 공장에서 생산된 '제품'에 '가치'를 더해야 '상품'이 된다. 한국에서 풀무원은 '바른 먹거리'라는 슬로건으로 '신뢰'라는 가치를 창출해내며 포장두부시장의 75퍼센트를 점유하기도 했다. '안심하고 먹을 수 있는 상품'이라는 믿음 때문에 타사 제품보다 가격이 비싸도 소비자들의 선택을 받았다.

중국에서는 중국에 맞는 가치를 더할 줄 알아야 한다. 와하하(娃哈哈)그룹은 "와하하 음료수를 마시면 어린이들 밥맛이 좋아진다"라는 광고카피로 중국 최대 음료업체가 됐다. 어린이 전문식품이 없었던 중국에서, 일가구일자녀 정책 때문에 아이들에 대한 사랑이 끔찍한 부모들은 음료로 밥맛까지 좋게 해준다는 말에 엄청난 호응을 했다. 중국과 중국인의 특성을 잘 겨냥한 가치를 더해 대히트를 친 것이다.

한순간의 '붐'으로 끝나서는 안 된다

한국 제품들 중 가치를 더해 성공한 대표적인 산업이 바로 화장품 산업이다. '한류'를 통해 한국 상품의 부가가치가 높아졌고, 'K뷰티'라 불리며 수출 효자 상품이 됐다. 명품 브랜드보다는 저렴한 가격과 중국 브랜드보다 뛰어난 품질로 가격대비 만족도가 높아 꾸준한 사랑을 받고 있다.

하지만 간혹 한류에만 편승해 일시적으로 호기를 맞는 건 아닌지 우려되는 산업도 있다. 대표적으로 드라마 〈대장금〉이 중국에서 폭발적인 인기를 끌자 중국에 대거 진출한 한국 요식업체들을 예로 들 수 있다. 당시 기대만큼의 성과를 얻은 곳은 거의 없고, 오히려 중국인들이 운영하는 한식당이 번창하는 계기가 됐다.

이처럼 한류 열풍으로 인해 생긴 호기심에 찾아오는 고객들이 있는데, 이들을 단발성 방문객이 아닌 지속적인 고객으로 만들기 위해서는 상품의 가치를 높이는 작업이 무엇보다 중요하다.

브랜드의 가치를 높여라

어느 나라에서든 브랜드의 가치가 높아야 롱런할 수 있는데, 특히 중국은 이런 성향이 강하다. 대표적인 예로 스타벅스를 들 수 있다. 2013년 CCTV에서 각국의 스타벅스 라떼 가격을 비교했는데, 미국에서는 대중적 브랜드인 스타벅스가 중국에서는 프리미엄 고급 카페로 자리 잡아 톨(tall) 사이즈 라떼 가격이 27위안(약 4700원)으로 한국의 4400원보다도 비쌌다. 스타벅스가 중국에서 성공을 거둔 데는 커피에 '세련된 뉴요커의 라이프 스타일을 즐긴다'는 가치도 중요했지만, '세계적 브랜드 커피를 마신다'는 것만으로도 중국인들이 자신의 가치 또한 높아진 듯한 느낌을 받는 것도 한몫했다는 평가다.

다행히 한국 제품에 대한 중국인들의 인식은 호의적이다. 최고급까지는 아니더라도 일단 믿을 수 있다는 인식이 보편적이다. '가치'와 '브랜드'를 잘만 활용한다면 공략하기 좋은 시장인 것이다. 한국 화장품의 예에서 알 수 있듯이, 중국에서 취약하거나 소비자들이 필요로 하는 부분을 찾아내 기업 이미지를 부각시키는 것도 브랜드의 가치를 높일 수 있는 방법이다. 안전한 먹거리를 저렴하게 제공하는 기업, 투명하게 경영하는 기업, 안전을 최우선으로 하는 기업, 위생이 생명인 기업 등 기업 이념이나 추구하는 가치를 부각시켜 기업 이미지를 확고히 한다면 브랜드의 가치도 올라갈 것이다.

2장

사람을 얻어라

Mr. Hong
Mr. Hong

떠우지아?
그게 뭐야?

한바탕 난리를 치르고 딩관제도 돌아와 업무의 일정 부분을 분담하자, 일이 한결 수월해졌다. 하지만 매출은 여전히 내리막길을 걷고 있었다. 특히 왕푸징점은 위치상의 한계 때문에 매출 하락폭이 가장 컸고, 왕징점은 가격이 할인되면서 기존에 테이크아웃을 하던 손님들마저 매장 안에서 마시기 시작하는 바람에 회전율이 떨어졌다. 궈마오점은 여전히 가격 경쟁에서 앞서는 판다커피의 고객을 기대만큼 가져오지 못했다. 게다가 야심차게 내놓은 서브메뉴들도 개발 기간이 짧았던 탓에 고유한 메뉴들이 아니라서 경쟁사들과 차별점이 없었다.

"결국 시간과 돈이 문제인데……."

시간이 충분하다면 새로운 메뉴를 더 많이 내놓았을 것이고, 돈이 많다면 더 많은 이벤트를 준비하고 가격도 더 낮출 수 있을 것이다. 그러다가 문득 홍 대리는 자신이 언제부터 가격을 낮추는 것에 이렇게 호의적이 됐는지 궁금해졌다. 고급화 전략만이 살 길이라 믿었고, 지금도 장기적인 시각에서 그 생각은 변함이 없다. 어쨌든 그는 가격을 내렸고, 효과를 봤으며, 더 내릴 의지도 있었다. 물론 의지가 있어도 자금력이 뒷받침되지 않는 상황에서의 가격 경쟁은 결국 제 살 깎아먹기나 다름없음을 알기에, 그런 방법은 함부로 시도하지 않았다.

하지만 더 큰 문제는 따로 있었다. 바로 이준서가 '지시'한 '매장 확장'이었다. 있는 매장들의 매출을 늘리는 것과 매장을 새로 여는 것은 전혀 다른 문제였다. 3호점과 같은 실패를 다시 겪을 수는 없기에, 4호점부터는 확실하게 매출을 올리고 싶었다. 그러나 소위 '목 좋은 곳'은 임대료가 엄청났고, 이를 감수하고 입점하려 해도 홍 대리 마음에 드는 곳은 이미 꿘시가 있는 사람들끼리 거래가 된 후였다.

"생각을 하자, 홍규태. 방법이 있을 거야. 분명 뭔가 방법이 있을 거라고."

한국어로 혼잣말하는 모습을 리리가 어이없다는 듯 쳐다보는 것도 인식하지 못한 채, 홍 대리는 열심히 머리를 굴렸다. 하지만 마땅한 방법을 찾지 못한 홍 대리는, 결국 결심을 하고는 핸드폰을 꺼내 들었다. 그리고 금탄영 박사의 번호를 찾아내 통화 버튼을 눌렀다.

오후에서 저녁으로 넘어갈 무렵, 사무실 문이 열리더니 금탄영 박사가 들어섰다.

"오랜만입니다."

"박사님!"

깜짝 놀라는 홍 대리 앞에 금탄영 박사는 밝은 웃음을 띠며 나타났다. 어찌나 반가웠는지 홍 대리는 금탄영 박사의 뒤쪽에서 광채를 본 것 같았다. 구세주라는 것이 이럴 때 쓰는 말인가 싶어, 홍 대리는 황급하게 일어나며 인사를 했다.

"분명 오늘은 미팅이 있다고 하셨잖아요. 아니, 그것보다도 저희 사무실은 어떻게 아시고……?"

금탄영 박사는 사무실을 둘러보며 대답했다.

"오승진 상무가 처음 사무실 열었을 때 와본 적이 있다네."

"아! 그러셨군요. 그런데, 미팅은 어떻게 하시고……?"

"미팅이 이 근처에서 있었는데, 상대방이 일이 생겨서 생각보다 빨리 끝났네. 내일부터는 광저우(廣州)와 충칭(重慶) 출장으로 2주 정도 자리를 비워야 해서 오늘 들렀지."

낮에 전화를 걸었다가 오늘은 시간이 안 된다는 대답을 듣고 얼마나 실망했던가. 그런데 금탄영 박사가 이렇게 직접 찾아온 것이다. 그것도 장거리 출장을 앞둔 상황에서 말이다. 홍 대리로서는 감개무량할 정도였다.

금탄영 박사는 금탄영 박사대로 미안한 마음이 있었다. 친구인 오승진 상무를 생각해서라도 홍 대리를 더 자주 만나 도와줬어야 하지만, 워낙 바쁜 탓에 신경을 못 쓴 것이 못내 마음에 걸리던 차였다.

"오 상무에게 들어보니 상황이 좀 나아졌다던데, 어떤가?"

"목 졸려 죽을 뻔했다가 겨우 숨만 쉴 수 있게 된 수준입니다."

"그래도 다행인 거 아닌가? 죽진 않았으니 말일세. 하하하!"

"박사님 덕분입니다."

확실히 마지막으로 봤을 때보다 홍 대리의 안색은 안정이 되어 있었다. 그때의 홍 대리는 자포자기와 절박함의 중간쯤이라고 할 수 있는 상태였다. 그러나 지금은 확실히 많이 밝아져 있었다. 저 얼굴에 더 환한 웃음을 찾아 주는 것이 자신이 해야 할 일이요, 중국에서 유학한 한국인 1세대의 보이지 않는 책임이라 여겼다.

금탄영 박사는 얼마 전 오승진 상무에게서 들은 이야기를 떠올리며 물었다.

"이제 매장 개점에 박차를 가해야 한다던데, 그 문제는 어떻게 되고 있나?"

그 이야기가 무슨 마법의 주문이라도 되는 것처럼, 홍 대리의 표정은 급속도로 어두워졌다.

"아…… 그게 걱정입니다."

심지어 목소리까지 어둑해진 홍 대리를 보며, 금탄영 박사는 신기한 기분마저 들었다. 금탄영 박사가 본 홍 대리는 말 그대로 '신기한' 존재였다. 어떤 때는 사람의 속마음을 귀신같이 꿰뚫어 봤다가, 어떤 때는 저렇게 어린아이 같은 모습을 보인다. 또 어떤 때는 하나를 말하면 열을 아는 수재 같다가도, 어떤 때는 단순한 이치 하나 깨우치지 못하는 둔재 같기도 했다. 그런 모습이 또 의외의 매력이라, 금탄영 박사는 어느새 홍 대리를 친구의 부하직원이 아니라 친한 후배처럼 대하고 있었다. 언제부터 말을 편하게 하기 시작했는지조차 기억이 나질 않을 정도로, 홍 대리에게는 사람을 편하게 만드는 능력이 있었다. 문제라면 그 능력을 제대로 살리지 못하고 있다는 것뿐.

금탄영 박사가 자신을 어떤 눈으로 바라보고 있는지 전혀 눈치채지 못한 홍 대리는 요즘 겪고 있는 어려움을 토로했다. 사실 그 문제는 금탄영 박사로서도 기본적인 조언 이외에는 해줄 것이 없는 일이었고, 이를 아는 홍 대리도 그냥 답답한 마음에 하소연을 한 것에 불과했다.

"아, 박사님, 근데요……."

홍 대리는 말투마저 아이처럼 변해 있었다. 금탄영 박사에게 조언을 구하고자 몇 차례 통화를 하면서 많이 편해진 모양이었다.

"그때 저에게 잘되는 회사들을 보고 배우는 게 중요하다고 하셔서 대표적인 커피전문점 4군데를 보고 전략을 분석했거든요. 그렇게 해서 나온 전략이 가격을 합리적인 수준으로 내리는 것과 서브 메뉴의 다양화였고요. 그런데 매출이 반짝 오르더니, 요새는 다시 떨어지기 시작했습니다. 생각보다 효과가 크지도 않았고, 들어간 비용을 따져보면 이전보다 조금 나아진 정도에 불과하고요.”

“음, 내 생각엔 가격 조정은 잘한 것 같은데.”

“그렇죠?”

홍 대리는 자신의 판단이 잘못되지 않았음을 확인받자 조금 기운을 차린 듯했다.

“중국 사람들은 가격에 좀 민감한 편이라네. 혹시 화비삼가(貨比三家)라는 말을 들어본 적 있나?”

“화비…… 삼가요? 화요일에 비가 올 것이니 외출을 삼가라, 뭐 그런 건가요?”

홍 대리의 얼토당토않은 농담에도 금탄영 박사는 웃어주었다.

“물건을 구입할 때 세 곳 이상 가격을 비교해보고 사라는 뜻이지. 이것 하나만 봐도 중국인들이 물건을 구입할 때 얼마나 신중하고 실리적인지 알 수 있네.”

좀 전에 금탄영 박사가 홍 대리에게 그랬듯, 홍 대리는 최근 들어 중국인들의 이중성에 대해 신기한 느낌을 받기 시작했다. 홍 대리 머릿속에서 중국인들은 ‘실리적’ 소비보다는 ‘과시적’ 소비를 더 추구하는 사람들이었다. 예진에 스타벅스 음료 가격이 한국에서 유독 비싸다는 기사를 보고 분개했던 기억이 있는데, 중국에서는 더 비쌌다. 그것만으로 중국인들의 소비습관을 단언할 수는 없지만, 아직 커피 문화가 제대로 자리 잡지 못해 커피 맛의 차이를 모르는 사람들이 대부분인 상황에서라면 이 역시 과시적 소비의 증거라고 생각했다. 그런데 지금 금탄영 박사는 중국인들의 소비습관이 신중하고 실리적이라고 한다.

"박사님, 그럼 도대체 어떻게 해야 할까요? 가격을 더 낮추는 건 현재 무립니다."

"꼭 가격을 낮추는 것만이 능사는 아니네. 실리적이고 신중한 소비습관은 중국인들의 특성 중 하나에 불과하지. 그들에 대해 더 많이 알수록 자네와 빈하우스의 성공 가능성도 커지겠지?"

생각해보면 당연한 이야기였음에도 지금껏 제대로 받아들이지 않은 자신의 어리석음이 떠올라, 홍 대리는 속으로 끌끌 혀를 찼다.

"우선 가장 중요한 것 중 하나가 바로 중국 사람들의 자부심에 대해 알아야 한다는 걸세."

"아! 중화(中華)!"

홍 대리는 정진중이 '세계의 중심이라는 중국인들의 자부심'에 대해 이야기했던 기억이 떠올랐다. 금탄영 박사는 고개를 끄덕였다.

"중화사상을 알고 있나?"

"아, 그게…… 얼마 전까지 함께 일했던 직원 중 한 명이 얘기해 줬습니다. 그런 자부심을 건드리지 않기 위해서라도 현지화 전략을 취해야 한다고요."

금탄영 박사는 호기심 어린 표정으로 홍 대리를 쳐다봤다.

"좋은 지적을 했군. 그게 바로 내가 말해주려던 핵심이라네. 그 직원이 다른 말도 해줬나? 구체적으로······."

"여러 가지가 있었는데······ 일단 기억나는 것 중에는, 회사 이름부터 중국에 맞게 바꾸자고 한 게 있네요. 하지만 그것만은 회사의 핵심 가치라 여겨 절대 바꿀 수 없다고 했습니다."

홍 대리의 말에, 금탄영 박사는 엄한 표정을 지었다.

"자네는 큰 실수를 했군."

"네?"

"옆에 그렇게 훌륭한 조언자가 있었는데도 전혀 듣지 않았으니, 그보다 큰 실수가 어디 있겠나?"

비록 홍 대리 자신도 정진중의 조언을 새겨듣지 않은 것을 후회하고 있다고는 하지만, 다른 사람도 아니고 중국 전문가로 이름이 드높은 금탄영 박사가 '훌륭한 조언자'라고 할 정도일 거라고는 생각지 못했다.

"그 직원이 맥을 아주 잘 짚었군. 어느 나라에서든 마찬가지겠지만, 특히 중국에서는 네이밍(naming)이 아주 중요하다네. 그래서 세계적으로 유명한 대기업들도 중국에서는 네이밍을 새롭게 하는 경우가 많지. 맥도날드나 KFC, 스타벅스 같은 곳도 영어 이름 그대로 부르면 못 알아듣는 중국인들이 많을 정도니, 나는 중국에 맞는 네이밍이 필수라고 생각하네."

"하지만 회사의 이름은 그 회사의 정체성이라고 생각합니다. 그런 상호(商號)를 바꾼다는 게 내키지가 않습니다."

홍 대리의 심정을 이해한다는 듯, 금탄영 박사는 고개를 끄덕였다.

"그렇게 생각하는 것도 이해는 하네. 하지만 중국은 상호나 브랜드명이 상품 구매에 미치는 영향이 크다고 알려져 있어. 중국 진출에서 성공을 거두지 못했다가 새롭게 네이밍을 하면서 큰 효과를 본 사례들도 있고."

금탄영 박사는 몇몇 기업의 예시를 들었다. 하지만 홍 대리는 아직도 네이밍을 새로 해야 할 필요성을 확실히 느끼지 못했다.

"한국에서의 경험을 떠올려보게. 기업 이름을 들으면 곧바로 무슨 회사인지 알 수 있던가?"

"그런 회사도 있지만, 안 그런 곳도 많죠. 무슨 뜻인지도 모르겠는 이름들이 수두룩한데요, 뭐."

"바로 그거야. 중국인들은 회사 이름을 보면서 그 뜻을 중요시하는 경우가 많지. 바로 그게 네이밍이 필요한 이유 중 하나야. 빈하우스의 뜻을 중국인들이 어떻게 받아들일까?"

"그야 '콩[bean]'과 '집[house]'이 합쳐진 말이니까, 조합을 하면……."

그 시점에서 홍 대리는 잠시 멈칫했고, 금탄영 박사는 빙긋 웃었다.

"중국어로 하면 '떠우지아(豆家)'가 되겠군. 뜻은 '콩집'이 되겠고……."

이렇게 듣고 보니 웃음이 났다. 콩집이라니, 뭐하는 곳인지 알 수가 없었다. 두부 가게 같기도 하고, 그냥 콩만 파는 곳 같기도 했다.

"중국 사람들은 빈(bean)이라는 단어를 커피콩이나 원두라고 받아들이지 않을 가능성이 높지."

"……중국은 아직 커피시장이 확실히 자리를 잡은 게 아니다 보니, 콩이라고 하면 반찬으로 먹는 그 콩을 생각하겠죠."

이 부분은 생각지 못했던 것이라, 홍 대리는 다소 충격을 받았다. 미국에서야 그렇다 치고, 한국에서도 빈이라는 단어가 들어간 카페를 많이 봐왔기에 상호에 그 단어가 들어가면 자연스레 카페를 떠올렸지만, 중국에서도 그럴 것이라는 보장은 없다. 아마 10년 전이었다면 한국에서도 일반적인 콩을 떠올렸을 것이다.

"박사님 말씀을 듣고 보니 네이밍 문제도 다시 한 번 생각을 해 봐야겠군요."

"그래, '콩집'이라는 말 어디에서도 빈하우스의 정체성을 찾아볼 수 없다면 더더욱 그래야겠지."

빈하우스가 처음 중국에 진출할 당시 상황에 대해 정확히 알 수는 없었지만, 그때도 중국에서 상호를 어떻게 할 것인가에 대해 많은 이야기가 있었다고 들었다. 오승진 상무도 네이밍을 새롭게 하자는 데 찬성했지만, 결국 임원진 대다수의 강경한 입장 때문에 빈하우스라는 상호를 그대로 사용하는 것으로 결론이 났다.

"박사님, 그럼 네이밍은 어떤 식으로 하는 게 좋을까요? 주의할 점이라거나, 피해야 할 사항 같은 거라도……."

금탄영 박사가 얼마나 바쁜 사람인지를 오승진 상무에게서 들었던 홍 대리는 뭔가를 계속해서 부탁하는 게 염치없다고 생각했는지, 부탁을 하다가 말끝을 흐렸다.

"내가 기업체에서 한 시간 강연을 하면 얼마를 받는지 알고 있나?"

금탄영 박사가 짐짓 심각한 표정을 짓자, 홍 대리는 더 송구스러운 듯 고개를 푹 숙였다. 금탄영 박사는 예상했던 것보다 홍 대리가 더 미안해하는 것 같아, 장난을 조금 더 쳐볼까 했던 생각을 거두고는 미소를 지었다.

"그러니까 반드시 빈하우스를 성공시키게."

그제야 마음이 놓인 홍 대리도 따라 웃었다.

"중국에서 네이밍을 할 때 가장 먼저 생각해야 할 것은 '기존 이름을 살릴 것인가'의 여부라고 할 수 있어. 기존 이름을 활용한다 해도 그 뜻을 살릴 것인지 아니면 발음을 살릴 것인지를 판단해야 하네. 빈하우스를 '떠우지아'라고 바꾼다면 상호의 뜻을 살린 거겠지."

일단 그 방향은 절대 아니라고 홍 대리는 생각했다. 세상에, 콩집이라니……. 한국이라면 감옥을 떠올리게 될 수도 있는 이름이라고 생각하니, 왠지 가슴이 먹먹해졌다.

"다음으로는 발음을 살리는 방향이 있다네. 예를 들어 맥도날드의 중국 상호는 '마이땅라오(麦当劳)'로, 발음은 본래 상호와 유사하지만 별 의미는 찾아볼 수 없지."

"결과는 어땠나요?"

홍 대리의 질문에 금탄영 박사는 또 웃음을 터뜨렸다. 그가 본 인간 홍규태의 신기한 면에는 바로 이런 모습도 포함됐다. 모든 일 하나하나에 분통을 터뜨리거나 환호하는 걸 보면 과정을 중시하는 것 같다가도, 이렇게 직설적으로 결과부터 따지고 들어오는 걸 보면 '결과로 말한다'는 마인드를 가진 것 같기도 했다.

"질문에 답하기 전에, 우선 '덕을 기본으로 한다'는 뜻의 컨더지(肯德基)를 상호로 사용하는 KFC의 예를 들어보지. 하지만 컨더지의 '지(基)'는 닭을 뜻하는 '지(鷄)'와 발음이 같아, 이름만 들어도 닭을 연상시킬 수 있으니 좋은 뜻과 브랜드를 알리는 두 가지 장점을 동시에 취한 네이밍인 셈이지. 발음도 '켄터키'와 유사하고 말일세."

홍 대리는 처음 들어보는 이야기들에 신기하다는 듯 몰입해 있었다.

"참고로 중국에서는 맥도날드보다 KFC가 더 성공을 거두고 있다네. 꼭 네이밍 때문이라고 할 수는 없겠지만, 분명 영향을 미쳤다는 것이 전문가들의 평이지."

홍 대리는 부랴부랴 수첩을 펼치고는 급히 메모를 하기 시작했다. 물론 인터넷이나 책을 찾아보면 나올 수도 있는 이야기겠지만, 본래 모든 이야기는 '누가' 해주는가에 따라 그 깊이와 신뢰도가 달라지는 법이다. 홍 대리는 금탄영 박사에 대해 나름 뒷조사(?)를 해봤고, 알면 알수록 대단한 사람임을 깨닫게 됐다. 특히 주변에서 베이징대학을 나온 친구들에게 거의 십여 년 만에 얼굴에 철판을 깔고 연락해 혹시나 하고 물어보면 역시나 금탄영 박사에 대해 알고 있었다. 그중에는 금탄영 박사의 도움을 받은 친구들도 있었고, 하나같이 존경심을 가지고 있었다.

"그럼 발음과 뜻을 모두 살린 기업은 없나요?"

"본래 상호의 뜻과 발음을 모두 살린 기업은 나도 생각나는 곳이 없군. 단, 발음을 살리면서 중국인들에게 어필할 만한 뜻을 부여한 기업들은 몇 군데 더 있지. 일례로 까르푸(Carrefour)는 '가정에 즐거움과 복을 주는 매장'이라는 뜻의 '쟈러푸(家樂福)'로, 코카콜라는 '마시면 즐겁다'는 뜻의 '커커우커러(可口可樂)'로 상호를 정했네. 본래의 뜻 그대로는 아니지만 회사 이미지와 딱 맞는 의미를 가지면서 발음 역시 유사하니, 금상첨화라 할 수 있겠지?"

홍 대리는 재빨리 메모를 하면서, 우선은 방향부터 정해야겠다고 생각했다.

'의미는 바꿔야 될 것 같고, 문제는 발음이로군.'

네이밍이란 그 나라의 언어를 얼마나 잘하는가 여부와는 별개의 문제일 가능성이 컸다. 한국에서 한국어로 상호를 정하라고 해도 잘할 수 있을 거라는 보장은 없지 않은가. 생각에 잠긴 홍 대리를 보며 금탄영 박사는 흐뭇했다.

"자네, 많이 변했군."

"네?"

금탄영 박사는 열심히 배우려 하는 홍 대리의 모습을 칭찬했다.

"나를 처음 찾아왔을 때만 하더라도 자네는 중국 자체를 무시하고 있었어. 솔직히 오만했지. 중국에서 사업을 하는 사람이 중국인에 맞춰 무언가를 하려고 하는 게 아니라, 자신에게 중국인들이 맞춰야 한다는 식이었으니. 하지만 이제 조금씩 중국인들이 원하는 것을 제공하려는 자세가 갖춰지는 것 같군."

지난 일이 들춰지자, 홍 대리는 부끄러운 과거를 들킨 사람처럼 얼굴을 붉혔다.

"헨리 포드가 1908년에 T형 모델을 생산하면서 그런 말을 했다고 하죠. '앞으로 포드 상표가 붙은 모든 자동차는 같은 모양과 같은 성능을 갖게 될 것이다. 단, 색상만은 고객이 원하는 대로 고를 수 있다. 원하는 색상이 검은색이기만 하다면'이라고……."

금탄영 박사는 재미있는 이야기라는 듯 웃었고, 멋쩍게 입맛을 다신 홍 대리는 뒤통수를 긁적였다.

"고객에게 자신을 맞추는 것이 아니라 자신에게 고객이 맞추게 하겠다는 식의 그 사례를 듣고는 항상 웃어 넘겼는데……. 그때야 한 세기 전이니 그 전략이 통했다지만, 21세기 들어서 제가 이럴 줄은 몰랐네요."

"사람은 배우며 성장하는 법이지. 지금부터 잘하면 되는 것 아니겠나."

금탄영 박사가 다독여주자, 홍 대리는 다시 기운을 차렸다.

"그럼 네이밍 외에 또 고려해야 할 건 뭐라고 생각하시나요?"

"허허, 나를 어디까지 부려먹을 생각인가? 내가 비싼 몸이라고 말하지 않았던가?"

“비용은 오승진 상무님께 청구하세요. 흐흐.”

“하하하! 자네, 이런 수완이 있었군. 중국 사람들의 상술(商術)이 뛰어나다고 생각해왔는데, 자네도 못지않아. 하하!”

금탄영 박사는 유쾌한 듯 웃었다. 그리고 어떤 것부터 말을 해줘야 할지 잠시 생각을 정리하고는 입을 열었다.

“네이밍 이야기가 나온 김에 현지화 이야기를 좀 더 해보는 것도 좋겠군.”

현지화! 분명 정진중이 누누이 말했던 것이다. 당시 고급화와 차별화야말로 중국 시장을 접수(?)할 유일한 방법이라 여겼던 홍 대리로서는 들은 척도 하지 않았지만 말이다. 사실 이 부분에 대해서는 여전히 의문점이 있었다. 결국 차별화 전략이야말로 빈하우스가 취해야 할 최종 전략이라는 생각에 있어서는 변함이 없었던 것이다. 특히, 서브메뉴도 아닌 커피를 본질에서 벗어난 음료로 만들고 싶지 않았다. 어쩌면 고집이고 아집일 수도 있다. 하지만 홍 대리에게는 중국 사람들이 커피 본연의 맛과 향을 알게 되기를 바라는 마음이 있고, 언젠가 그렇게 될 것이라는 믿음이 있었다. 그리고 그렇게 되는 데 자신과 빈하우스가 일조하게 되기를 바라는 마음도 컸다.

“현지화에도 여러 가지가 있지만, 빈하우스는 기본적으로 요식업이니 메뉴의 현지화가 필요하겠지. 그보다 전체적인 콘셉트의 현지화가 앞서야 할 거고 말일세. 나보다 자네가 더 많은 카페를 다녀봤으니 알고 있겠지만, 중국에서는 간단한 식사를 할 수 있는 레스토랑형 카페가 인기를 끌고 있다네. 이런 식으로 빈하우스의 콘셉트를 먼저 중국인들에게 맞추는 작업이 필요하지. 메뉴의 현지화는 그다음일세."

현지화 방법에 대한 금탄영 박사의 설명이 이어졌다. 개중에는 홍 대리가 언젠가 들어본 이야기도 있었다.

"그러고 보니, 아까 말씀드린 그 직원이 그런 비슷한 이야기도 해줬네요. 제가 들어준 게 없지만……."

정진중의 조언과 금탄영 박사의 조언에는 크게 두 가지 차이가 있었다. 첫째, 둘의 직위와 위치 때문에 조언이 갖는 무게감이 달랐다. 그렇기에 정진중의 이야기는 흘려들은 반면, 금탄영 박사의 이야기에는 귀를 기울이게 됐다. 둘째, 정진중이 큰 방향을 제시하는 데 그쳤다면, 금탄영 박사는 구체적인 방법론까지 알려주었다. 이는 두 사람의 지식 차이 때문일 수도 있고, 홍 대리가 제대로 들으려고도 하지 않았기 때문에 정진중이 자세한 방법을 이야기할 기회조차 잡지 못한 것일 수도 있다.

"바로 그걸세!"

금탄영 박사는 홍 대리의 어깨를 두드렸다.

"세상에 누구도 혼자서 모든 길 다 해낼 수는 없는 법이니, 사람을 얻게. 이게 바로 내가 오늘 말해주고 싶었던 세 번째 이야기이자, 중국 비즈니스의 핵심이지. 세계 어느 나라보다도 중국에서는 특히 사람의 마음을 얻는 것이 중요하다네."

이 이야기 역시 정진중에게서 들은 것이긴 하다. 하지만 당시에

는 귀와 함께 마음도 닫고 있었다면, 지금은 최소한의 '들을 준비'
는 되어 있는 상태였다.

"우선 가까운 사람들의 마음부터 얻어야 하네. 사람의 마음은
돈으로 살 수 없다는 것을 명심하게. 그들을 인격적으로 대우해주
는 것이 가장 중요해."

금탄영 박사는 '하이디라오(海底捞)'를 예로 들었다. 하이디라오
는 중국의 유명한 휘궈(火锅) 체인점으로, 맛보다는 서비스로 성
공을 거둔 곳으로 알려져 있다. 홍 대리가 차별화 전략의 핵심
으로 '서비스'를 꼽았던 이유 중 하나가 바로 하이디라오의 성공
이었다. 서비스 의식이 부족한 편인 중국에서 서비스로 성공을 거
두었다는 것은 단순히 직원들의 교육이 잘돼 있다는 의미가 아
니다. 홍 대리 스스로도 느끼는 바, 서비스란 제공하는 사람의 진
심이 들어가 있어야만 받는 사람도 감동한다. 다시 말해 서비스를
제공하는 사람들, 즉 직원들이 진심에서 우러난 서비스를 하게 만
들어야 한다. 바로 이 지점이 홍 대리가 실패를 거둔 부분이었고,
금탄영 박사는 그 원인을 '직원들의 마음을 얻지 못했기 때문'이
라고 말하고 있다.

홍 대리의 머릿속에는 딩관제의 모습이 떠올랐다. 딸 사건 이
후로 돌아온 딩관제는 처음 홍 대리가 가졌던 의심과는 달리 정
말 착실한 모습을 보여주고 있었다. 아직 눈에 띄는 성과를 가
져온 것은 없지만, 홍 대리가 궁금해할 만한 정보들을 제공해주
었다. 즉, 지금의 홍 대리는 딩관제에게서 '정보'를, 금탄영 박사

에게서 '전략'을 배우는 중이었다. 이렇듯 최근 힘이 되어주고 있는 딩관제와의 관계가 호전된 과정에서 연봉 인상 같은 요인은 전혀 없었다. 그렇다면 딸이 위험할 때 도와줬기 때문일까? 물론 그게 결정적인 요인이었음은 두말할 나위가 없다. 하지만 그게 전부라고는 생각할 수 없었다. 딩관제가 그 고마움을 돈으로 표현하려 했다는 것만 봐도 알 수 있다. 중요한 건, 당시 홍 대리가 했던 말이었을 것이다.

"한솥밥 먹으며 같이 근무한 회사 동료는 가족과 같습니다. 딩관제 경리의 딸은 내겐 동생이나 마찬가지예요. 누가 가족끼리 이런 걸 주고받겠습니까?"

홍 대리는 딩관제에게 그렇게 말했다. 그리고 그 시점에 딩관제는 눈물을 흘리며 "모든 것을 바쳐 돕겠다"라고 선언했다.

'이게 바로 정진중이 말한 진정성이고, 금탄영 박사님이 말씀하신 인격적인 대우인가? 직원의 마음을 얻는다는 게 바로 이런 것일까?'

딩관제에 대한 일말의 의심이 남아 있기에 아직 확신할 수는 없지만, 홍 대리는 뭔가 답을 알 것도 같았다. 최소한 돈이 전부는 아니라던 정진중의 말이 무슨 뜻인지, 사람의 마음을 얻어야 성공할 수 있다는 금탄영 박사의 말이 어떤 의미인지 그 실마리라도 본 것 같았다.

생각에 잠겨 있는 홍 대리를 흐뭇한 눈길로 바라보던 금탄영 박사는 넌지시 질문을 던졌다.

"최근 읽은 중국책은 어떤 게 있는가?"

"네? 중국…… 책이요?"

갑작스런 질문에 홍 대리는 뒤통수를 긁적였다.

"최근에는 잘…….'

사실 '최근'이 아니라, 홍 대리는 중국책을 거의 읽지 않았다. 중국어 공부한답시고 초반에 두어 권 깔짝거리다가 손을 놓은 지가 벌써 반년이 넘었다. 그나마도 끝까지 읽지 못했으니, 지금 생각하면 부끄러운 일이었다.

"그럼 신문은 보고 있나?"

"……."

이 질문에도 홍 대리는 딱히 대답할 말을 찾을 수 없었다. 매일 아침 신문을 읽던 정진중이 스쳐갔다. 수험생 공부하듯 열심히 신문을 읽던 정진중을 보며, 홍 대리는 경영이란 현장에서 겪어야 알 수 있는 것이라고 비아냥거리기까지 했다.

"신문은 단순히 정보를 모아놓은 종이뭉치가 아닐세. 그 나라 경제와 정치 동향을 알 수 있는 좋은 수단 중 하나지. 그런데 자네는 신문을 읽거나 중국책을 읽는 기본적인 노력도 하지 않고 '열심히 했는데 되지 않는다'고 투정만 부리고 있는 걸세."

따끔했다. 몸에 좋은 약이 입에 쓰고 사랑이 담긴 매가 아픈 법이듯이, 홍 대리와 빈하우스의 성공에 도움을 주려는 순수한 목적에서 나온 금탄영 박사의 질책은 정신이 아찔해질 정도로 날카로웠다.

"제 생각이 짧았던 것 같습니다."

"빈하우스는 기업이니 이익을 내야 하고, 그러려면 소비자가 원하는 것을 찾아야 하지. 그러기 위해 후천적으로나마 중국인이 되려는 노력이 필요한 걸세. 그들의 생활방식과 문화를 이해하지 못하면 결코 성공할 수 없으니까."

금탄영 박사가 시계를 보더니 황급히 일어섰다.

"이런! 얘기가 너무 길어졌군. 아직 해줄 이야기가 많은데……. 내 출장을 다녀오면 다시 들르지. 그 전에 궁금한 게 있으면 문자나 메일로 연락하게."

"감사합니다, 박사님. 다음엔 제가 사무실로 찾아뵙겠습니다."

사무실 앞까지 배웅한 홍 대리는, 금탄영 박사의 차가 시야에서 사라질 때까지 허리를 90도로 숙이고 있었다. '사람의 마음을 얻어라'의 의미를 홍 대리는 지금 자신과 금탄영 박사의 모습을 통해 어렴풋이 알게 됐다.

1. 브랜드 네이밍의 경쟁력

외국 기업들이 중국에서 성공하기 위한 필수 요소 중 하나가 바로 현지화다. 그리고 중국 현지화의 시작은 브랜드 네이밍에서 시작된다고 할 수 있다. 중국 사업에 성공한 기업 중에는 브랜드 네이밍을 잘한 기업들이 많지만, 잘못된 브랜드 네이밍으로 사업 시작부터 단추를 잘못 끼워 낭패를 본 기업들도 있다. 중국에서는 회사나 상품 이름의 의미를 중요하게 생각하는데, 브랜드의 특징과 본래의 이름을 살리면서 의미까지 가져가기란 쉽지 않기 때문이다.

중국 소비자들은 아무런 의미도 없이 유사한 발음만을 차용한 외국 브랜드보다는 원래 발음과 다르더라도 의미가 있는 브랜드를 더 선호한다는 연구 결과도 있다. 브랜드 네이밍에 있어 무엇보다 중요한 기준은 듣기 좋고, 부르기 쉽고, 기억하기 쉽고, 회사나 제품의 특성까지 잘 나타낼 수 있어야 한다는 것이다.

중국에서 네이밍에 성공한 기업으로는 코카콜라(可口可樂, 커커우커러: 마시면 즐겁다), 유니클로(优衣库, 요우이쿠: 우수한 품질의 옷이 있는 창고), 까르푸(家樂福, 쟈러푸: 가정에 즐거움과 행복을 준다) 등을 들 수 있다. 반면 잘못된 네이밍으로는 일본 자동차 마츠다가 유명하다. 마츠다의 한자 이름인 송전(松田)은 중국에서는 '하늘로 보낸다'는 뜻의 쏭톈(送天)과 발음이 같다. 이에 마츠다는 '마쯔다(馬自達: 원하는 곳은 어디든 갈 수 있다)'로 이름을 바꿨다.

이처럼 브랜드의 가치 때문에 본래의 이름을 고집하다가 오히려 낭패를 보는 수가 있다.

누구를
뽑아야 하나

금탄영 박사를 만난 다음 날, 매장 개설을 위해 점포를 보러 베이징을 쏘다니던 홍 대리는 사무실로 복귀하던 중 정진중의 번호를 찾아 통화 버튼을 눌렀다. 두 번째 신호가 울리기가 무섭게 정진중이 전화를 받았다. 여전히 빠른 친구다.

"총경리님, 어쩐 일이십니까?"

"총경리님은 얼어 죽을! 형이라고 부르겠다면서!"

"그거야 그렇다 치고, 요즘 한가하십니까? 이 시간에 전화나 하고 있어도 돼요?"

반겨주지는 않더라도 최소한 반가운 척은 해줄 줄 알았던 정진중이 자신을 하릴없이 시간만 때우는 사람으로 몰아가자, 홍 대리는 벌컥 화를 냈다.

"한가하긴! 덜컥 쓰러지기라도 하면 산재(産災)라고 소송이라도 걸까 봐 살아 있는지 확인하려고 전화했다!"

정진중은 키득키득 웃었다.

통화는 돌아온 딩관제 이야기며 정진중을 대신해 새로 들어온 박효병에 대한 이야기 등으로 이어졌다. 제법 많은 이야기를 풀어놓는 정진중의 목소리를 듣던 홍 대리가 피식 웃었다.

"너 원래 이렇게 말이 많았냐? 그동안 내가 캐릭터를 잘못 봤나 보네."

"오랜만에 형님 목소리 들으니 반가워서 그러는 거죠."

"아서라. 그건 그렇고…… 좀 어때? 아버지 회사는 좀 살아났나? 죽어가고 있는 회사 아우가 확인사살한 건 아니겠지?"

"그냥 그렇죠. 만들 줄 아는 게 이것밖에 없으니 천상 이거나 만들어야 된다는 꼰대 같은 임원진들 설득하느라 신사업 시작이 늦어졌거든요. 그래도 어쩌겠습니까? 우리 같은 작은 기업은 죽으나 사나 내수시장 확보가 생명인데……."

가만히 듣고 있던 홍 대리가 불쑥 질문을 던졌다.

"그런데…… 뭐 만드는 곳이라고 했지?"

정진중은 가슴 저 깊은 곳에서부터 우러나온 한숨을 토해냈다.

"가습기 만드는 회사라고 벌써 네 번쯤은 말한 것 같은데요?"

"아, 그래. 가습기……. 자꾸 깜빡하네. 너도 내 나이 돼봐."

"그래봐야 3살 차이 아닙니까?"라고 따질 줄 알았던 정진중은 의외로 별 반응이 없었다.

"신사업은 뭐 생각해둔 거 있어? 분무기라도 만들 건가?"

"그걸 지금 농담이라고 하신 겁니까? 서른 되도록 들어본 개그 중 재미없기로 세 손가락 안에 들 겁니다."

멋쩍어진 홍 대리는 헛기침을 하고는 말없이 대답을 기다렸다. 다행히 정진중도 더 몰아붙이지는 않았다.

"공기청정기를 만들어보려고요."

"오! 좋은 생각이야. 그거 만들면 나도 한 대 주라."

"공짜로요? 총경리쯤 되는 사람이 할 소립니까?"

"왜 이러실까, 정 사장님."

둘은 농담을 해가며 키득키득 웃었다.

"그럼 공기청정기는 언제 만드는 거야?"

"이미 만들고 있습니다. 여기 오자마자 시작한 게 두 가지였어요. 하나는 신사업 선정. 둘째는 중국 내수시장 공략 모색."

"둘이 합쳐진 게 공기청정기라는 거지?"

"그렇죠."

정진중의 말을 들은 홍 대리의 머릿속에 불현듯 이준서와의 대화가 스쳐갔다. 이준서가 이야기해준 '쿨 존'에서부터 나온 '프레시 존' 아이디어는 구체적으로 방향이 잡혀가는 중이었다.

"괜찮은 제품 나오면 우리 사이의 정을 생각해서라도 좀 씨게 달라고, 아우."

결국 홍 대리는 이렇게 농담을 건네는 것으로, 프레시 존 아이디어의 첫 걸음을 두루뭉술한 형태로나마 내딛었다.

홍 대리는 프레시 존 아이디어를 더 발전시켜보고자 인터넷과 신문에서 중국의 공기청정기 시장을 조사했다. 그 결과, 2013년 중국의 공기청정기 판매량이 약 240만 대로 전년대비 90퍼센트 이상 증가했다는 사실을 알게 됐다. 1000위안 이하, 즉 당시 위안화 환율에 따르면 한화로 17~18만 원대의 저가 제품이 전체 판매량의 50퍼센트가 넘는다는 사실로 미루어, 스모그로 대변되는 중국의 공기오염 문제 때문에 사람들이 점점 맑은 공기에 목말라한다는 것을 알 수 있었다. 프레시 존을 단순히 대기 장소에 그치지 않고 카페 전체로 확장할 경우 큰 효과를 볼 수 있으리라는 판단이 섰다. 문제는 역시 비용. 매장 확장만으로도 어마어마한 비용이 소요될 것이 분명한데 성공할 수 있다는 보장이 없는 상황에서 어떻게 또 그런 큰 비용을 회사에 요구할 수 있단 말인가?

"에이, 모르겠다. 나중에 생각하자."

홍 대리는 자리를 박차고 일어났다. 그러자 열심히 일을 하던 리리는 깜짝 놀란 표정으로 자신의 총경리를 올려다봤다. 리리와 눈이 마주치자, 홍 대리는 반사적으로 물었다.

"리리 씨, 같이 나갈래요?"

"네? 어딜요?"

"아…… 그게…….."

신입사원 박효병도 궁금하다는 듯한 눈으로 쳐다보자, 당황한 홍 대리는 잠시 대답을 하지 못하고 버벅댔다.

"겨…… 경쟁사 분석! 오늘도 해야죠!"

홍 대리의 목소리는 거의 고함에 가까웠고, 리리와 박효병의 눈이 동그래졌다.

"허험! 험! 그, 그럼 나 먼저 나가 있을 테니까…… 빠, 빨리…… 나와요."

자신들의 총경리가 사무실 문을 벌컥 열고 사라지자, 리리와 박효병은 그 뒷모습을 빤히 쳐다보다가 다시 둘이 눈을 마주치고는 동시에 어깨를 으쓱였다.

달기로 유명한 캐러멜마키아토를 앞에 둔 홍 대리의 표정은 거의 '썩어가고' 있었다. 꾹 참았지만 세 모금을 넘긴 후부터는 한 모금 더 마시는 것도 고역이었다.

"총경리님, 마시기 힘들면 그만 마셔요."

홍 대리에게는 캐러멜마키아토에 시럽까지 넣어, 그 가게에서 가장 잘나가는 것으로 유명한 단호박 월병과 함께 먹고 있는 리리가 거의 기인(奇人) 같았다.

"여기도 손님 많네."

"맛있으니까요."

"여기가 맛있어요? 우리 회사가 낫지 않아요?"

"총경리님, 솔직히 말해도 상처받지 않을 자신 있어요?"

리리는 말끝에 코를 찡끗하며 웃었고, 홍 대리는 고개를 저었다.

"아니, 그만둬요. 난 쉽게 상처받는 남자라고."

리리는 피식 웃더니 다시 먹는 데 열중했고, 홍 대리는 혀를 끌 끌 차다가 자조 섞인 목소리로 푸념을 시작했다.

"이럴 때 보면 내가 참 MBA 공부는 괜히 했구나, 싶네요."

"왜요?"

"어쨌든 우리 회사는 한국에 체인점을 수백 개나 가진 회사잖 아요. 그런데 그 노하우와 자금력을 가지고도 이런 조그만 카페에 밀리고 있으니, 총경리 잘못이 아니고 뭐겠어요?"

리리는 긍정도, 부정도 하지 않았다. 홍 대리는 오히려 그게 고 마웠다. 억지로 자신을 위로하려 했다면 오히려 더 비참한 심정이 됐을 것이다.

"잘되는 곳 벤치마킹도 해봤고, 차별화한다고 이것저것 시도도 해봤고, 현지화한다고 메뉴도 만들어보고 했는데도 왜 이 조그만 카페보다도 손님이 적은 걸까요?"

리리는 남은 단호박 월병을 마저 입에 넣고 오물거리고는 커피 를 한 모금 마시더니, 지나가는 투로 대꾸했다.

"그런 거 암만 하면 뭐해요? 다른 데 따라 하는 것밖에 더 되 겠어요? 똑같은 거 팔면 원조 식당에 가지, 누가 따라한 곳을 가요?"

"또, 똑같다니! 원두도 더 좋은 거 쓰고, 음식 재료도 유기농에 최고급만 쓰는데!"

홍 대리가 변명하듯 덧붙였지만, 리리는 여전히 심드렁한 표정이었다.

"원두 좋은 거 쓴다고 누가 알아주기나 해요? 커피회사 다니는 나도 구분 못 하겠는데……. 여기나 우리 회사나, 솔직히 그게 그거 같아요."

당사자가 구분 못 하겠다는데 뭐라고 하겠는가? 홍 대리는 꿀 먹은 벙어리처럼 입을 다물었다.

"그리고 좋은 재료 쓴 만큼 비싸잖아요. 가격 내렸어도 비싼 편인데요, 뭐. 누가 건강 챙기려고 카페 가나. 가서 수다도 떨고 좀 있어 보이게 커피도 마시고 그러려는 건데……. 건강 챙긴다고 비싼 커피 마실 거면 그냥 몸에 좋은 건강식품 사서 먹지 왜 카페를 가겠어요?"

홍 대리는 순간 뒤통수를 얻어맞은 듯했다. 불쾌해서가 아니라 충격을 받은 것이다. 리리가 무슨 말인가를 더 하는 듯했지만, 이미 홍 대리는 자기만의 생각에 빠져들었다.

"그래, 그러고 보면 확실히 우리 회사 상품들이 비싸긴 비싸지. 가격대를 내렸는데도 싼 게 아니니까. 좋은 재료 써서 비싸게 파는 건 누가 못 하겠어? 비싼 걸 비싸게 파는 건 메리트가 없지. '좋은' 상품을 '싸게' 팔아야지, 둘 다 놓치면 안 되는 거였어! 그리고 '건강한 카페'라니, 누가 건강해지려고 카페에 오는 것도 아닌데……."

자신의 총경리가 정신 나간 사람처럼 계속 혼잣말을 하자, 리리는 그저 지켜보고만 있었다.

홍 대리는 회의를 소집했다. 몇 가지 논의해야 할 사항이 있었다. 회의 테이블에는 딩관제, 리리, 박효병, 그리고 홍 대리까지 4명이 모였다.

"오늘 안건은 세 가지입니다."

홍 대리는 관련 회의 자료를 모두에게 돌렸다.

"첫 번째 안건은 신입사원 선발 문제입니다. 매장 관리 일을 전담해줄 사람을 뽑으려고 하는데, 어떤 사람을 뽑는 게 좋다고 보십니까? 돌아다닐 일이 많으니 남자 직원으로 뽑으려 합니다."

홍 대리의 질문에, 같이 지낸 시간이 짧은 박효병을 제외하고는 자신의 귀를 의심했다. 특히 리리는 눈이 휘둥그레졌다. 세상에, 자신들의 총경리가 도대체 언제부터 이런 문제로 직원들의 의견을 물었단 말인가? 혹시 그냥 해본 말은 아닐까? 먼저 의견을 내면 괜히 망신을 주는 건 아닐까? 온갖 의문이 들었지만, 리리는 그래도 말이나 해보자는 생각에 먼저 손을 들었다.

"요식업이니 깔끔해야죠. 잘 웃으면 더 좋고, 잘생겼으면 더 더 좋고……. 한국 드라마 주인공처럼 매너 좋으면 더더더 좋겠고……."

"앞의 두 개만 들은 걸로 합시다."

홍 대리는 씩 웃더니 화이트보드에 리리의 의견을 정리해서 적었다.

"난 좀 싹싹하고 붙임성 있는 친구였으면 좋겠소."

"싹싹함, 붙임성. 중요하죠."

홍 대리는 딩관제의 의견도 화이트보드에 적었다. 박효병은 두 사람 의견에 동의한다는 말만 반복했다. 홍 대리는 자신의 의견을 말했다.

"매장을 돌아다니다 보면 손님들을 직접 마주칠 일이 많으니, 빠릿빠릿하고 눈치 빠른 사람이면 좋겠어요. 많이 돌아다녀야 할 테니 좀 젊은 사람으로요."

다른 사람들도 이의가 없음을 확인한 다음, 서기 역할을 맡은 박효병이 옮겨 적을 시간을 주고 화이트보드를 지웠다.

"다음 안건은 회사의 상호 변경에 대한 건입니다."

두 번째 안건이 무엇인지를 들은 사람들은 다소 놀란 표정이었고, 특히 딩관제는 반대 의견을 내세웠다.

"멀쩡한 상호를 왜 바꾼단 말이오? 난 이해할 수가 없소이다."

"그럼 '빈하우스'를 고객들이 어떻게 받아들일까요? 영어니까 일단 번역을 하겠죠? 그럼 떠우지아가 되는데…… 콩집. 어떻습니까? 카페 이름으로 어울리나요?"

"풋!"

말이 끝나기가 무섭게 박효병이 참지 못하고 웃음을 터뜨렸다. 딩관제가 의아한 표정으로 쳐다봤으나, 박효병은 한번 터진 웃음을 주체하지 못했다. 나중에는 배까지 쥐고 한참을 웃더니, 거의 눈물을 흘릴 정도가 됐다. 홍 대리도 처음 그 이름을 들었을 때 어이가 없고 웃음이 나왔지만, 그건 헛웃음에 가까웠다. 이해할 수 없는 개그 코드를 가지고 있다고 생각하며, 홍 대리는 박효병의 웃음이 잦아들 때까지 기다렸다가 물었다.

"자, 웃을 만큼 웃었으면 이제 의견을 말해줘요. 어떤 느낌이 드나요?"

"크큭. 아이고, 배야. 콩집이라니, 세상에! 아, 죄, 죄송합니다. 아무튼 전 무슨 유기농 가게 같습니다. 아니면 콩만 파는 곡물 판매점이거나."

"두부 가게 같아요. 사실은 그래서 처음 지원할 때 좀 망설였어요."

리리가 조용히 의견을 덧붙였다. 딩관제는 고개를 갸웃거렸다.

"흠, 난 괜찮은 것 같은데⋯⋯."

홍 대리는 의견을 정리했다.

"전 리리 씨와 박효병 씨 의견에 동의합니다. 사람들이 뜻을 전혀 다르게 받아들일 수 있어요. 그런 위험은 피해야겠죠."

홍 대리가 네이밍을 회의 안건으로 올린 것은 이 자리에서 회사 이름을 정하자는 것이 아니라, 전반적으로 지금 회사의 이름에 대해 어떻게 생각하고 있는지를 알아보기 위함이었다. 어차피 최종 결정을 하는 것은 한국의 본사이므로, 홍 대리가 할 일은 네이밍을 새로 해야 한다는 당위성을 뒷받침할 만한 근거를 최대한 모으는 것이었다.

"자, 이건 다음 주에 한국 본사에 보고할 예정이니, 다들 지인들에게 물어보세요. 최대한 많은 사람들의 의견을 종합해야 회사를 설득할 수 있을 겁니다. 그럼 다음 안건으로 넘어갈까요?”

홍 대리가 가져온 마지막 안건은 회의라기보다는 ‘공유’의 의미가 큰 것이었다.

“이미 말한 바 있는 것처럼, 우리 회사는 올해 최소 7개 매장을 더 만들어야 합니다. 내년에는 40개 매장을 열어야 하죠. 문제는 베이징에서 목이 좋은 곳은 이미 계약이 완료되었거나 뚫고 들어가기 어려운 진입장벽 같은 것이 존재한다는 점입니다. 이를 타개할 만한 방법은 어떤 게 있을까요?”

질문을 던진 홍 대리도 어떤 답을 기대한 것은 아니었다. 직원들이 그 일에 신경을 쓰게 만드는 것, 혹시 아주 우연한 기회에라도 카페가 입점하기 좋은 곳을 발견하게 된다면 곧장 보고를 해주기를 바란 것뿐이다.

묻는 총경리야 그런 심정이었다 하더라도, 대답하지 못하는 부하직원들 마음은 편치 않았을 것이다. 그중에서도 딩관제의 표정은 다소 심각해 보였다.

“자, 이 문제에 대해서는 아직 아무도 정리된 의견이 없는 것 같으니 오늘 회의는 이만 끝냅시다.”

홍 대리는 더 이상 회의 자리에 직원들을 붙잡아 두는 것은 무의미하게 시간만 뺏는 행동이라 여겨 빨리 회의를 마무리했다. 그런데 자리로 돌아가기가 무섭게 옷을 챙겨 입은 딩관제는 리리에게 다가가 무슨 말인가를 하더니, 홍 대리에게로 왔다.

"총경리, 난 오늘 가볼 데가 있어 먼저 퇴근을 좀 합니다."

인사를 마친 딩관제는 성큼성큼 사무실 문으로 다가가더니, 금세 사라졌다. 어딜 가는 건지도 밝히지 않고 가는 것을 보며, 홍 대리는 다시금 딩관제를 믿어도 되는 것인지 의심이 생겨나기 시작했다.

"근데 총경리님, 내일 또 푸얼에 가세요?"

리리가 자리에서 고개를 돌려 홍 대리를 쳐다보며 물었다. 이미 비행기 티켓까지 끊어놓았음에도 잠시 잊고 있었던 홍 대리는 그제야 생각이 났다는 듯 탄식을 했다. 푸얼까지의 거리를 생각해볼 때, 한 번 다녀오면 에너지 소모가 상당했던 것이다. 그것도 매일 밤늦게까지 일을 하고 주마다 빠짐없이 다녀왔으므로, 벌써 한 달 넘게 강행군을 했다는 뜻이 된다. 정말 이번 주만큼은 건너뛰고 싶다는 생각이 간절했으나, 홍 대리는 나약해지려는 마음을 다잡았다.

"가야죠. 말하지 않았던가요? 거기 동사장이 만나줄 때까지 갈 거라고요."

홍 대리의 말에 리리는 고개를 갸웃했다.

"이렇게 몇 번을 갔는데도 만나주지 않는다면 포기하거나 방법을 바꿔야 하는 거 아닌가요?"

물론 홍 대리도 그러고 싶었다. 포기하고 싶은 마음도 굴뚝같았고, 방법을 바꿔보는 것도 생각해봤다. 하지만 포기한다는 건 생각할 수도 없는 일이었고, 방법을 바꾸려 해도 다른 해결책이 없었다. 그렇다고 장평에게 도움을 요청하기에는 면목이 없었다. 장평의 아버지가 태자당 출신임을 알게 됐으니 부탁만 한다면 또 한 번 자리를 마련해줄 것이다. 하지만 홍 대리는 무슨 일이 있어도 그 방법만은 쓰지 않기로 했다. 한 번의 기회를 준 것만으로도 장평은 홍 대리에게 지켜야 할 의리를 모두 지키고도 남은 것이었다. 그 기회를 살리지 못한 홍 대리 자신이 문제일 뿐.

"방법을 알려주면 바꿔볼게요."

리리는 대꾸할 말이 없어 멋쩍게 웃었다.

"그러다가 건강 상하실 수도 있으니까, 쉴 땐 좀 쉬시라는 뜻이었어요."

결국 홍 대리는 또 푸얼에 도착했다. 오늘로 벌써 6주째 연속 방문.

"안녕하세요?"

홍 대리는 오늘도 씩씩하게 웃으며 차이란에게 인사를 건넸다. 차이란은 여전히 냉랭한 표정이긴 했지만, 그래도 고개를 살짝 숙여 인사를 받아주었다.

"오늘도 왕궈중 동사장님은 외출 중이신가요? 아니면 미팅 중?"

홍 대리는 비꼬는 기색 없이 웃으며 물었고, 차이란은 이번에도 고개를 끄덕였다.

"차이란 경리님, 염치없지만 부탁 하나만 해도 될까요?"

홍 대리가 생글생글 웃으며 다가오자, 차이란도 무턱대고 화를 내거나 거절할 수만은 없었는지, 어디 한번 말이나 해보라는 표정을 지었다.

"먼 길 달려왔는데, 커피 한잔만 주시면 안 될까요?"

차이란은 손가락으로 손님용 소파를 가리켰다. 앉아서 기다리라는 뜻이리라. 사실 이런 식으로 커피를 대접받은 게 처음은 아니었다. 더 정확히는 매번 이렇듯 커피를 부탁했고, 그때마다 대접을 받긴 했다. 하지만 오늘은 왠지 느낌이 좋았다. 차이란의 표정이 지금까지보다 조금은 풀린 것처럼 보였기 때문이다.

쉬타오의 농간 때문에 생긴 오해에 대해 홍 대리는 진심을 다해 사과했지만, 몇 번을 거듭 사과해도 차이란의 표정은 풀릴 줄을 몰랐다. 심지어 목소리를 듣는 것도 불쾌하다는 기색이었다. 하지만 몇 번이나 찾아가자 조금씩 누그러지는 모습을 보였다. 너무 서두르지 않고 천천히 다가서는 것이 성격 급한 홍 대리에게는 무척 어려운 일이었다. 그런데 이제 드디어 인내심을 발휘한 대가를 받게 되는 것 같아 기뻤다.

잠시 앉아서 기다리고 있으려니, 차이란이 다가와서 커피를 건넸다. 잔이 두 개인 것을 본 홍 대리의 기쁨은 두 배가 됐다. 차이란은 싱글벙글해 있는 홍 대리의 맞은편에 앉았다.

차이란이 보기에 홍규태라는 사람은 신기한 면이 있었다. 자신과의 사이에 오해가 생기도록 만든 사람과 함께 처음 찾아왔을 때만 하더라도 뚱한 표정의 거만한 한국 남자였다. 두 번째 만났을 때는 확실한 증거도 없이 자신을 파렴치한으로 몰아가는 몰상식함과 함께, 똑똑하긴 하지만 오만함과 성급함이 앞서 협상을 그르치는 서투름도 보였다. 그리고 처음으로 혼자서 자신을 찾아왔을 때는 비굴하지 않으면서도 정중한 태도로 사과하는 모습이 노련한 사업가 같았다.

이후로 찾아오는 횟수가 거듭될수록 점점 친근하게 다가와, 도저히 화를 내거나 차갑게 내칠 수 없게 만들었다. 그가 건넨 선물들도 마음에 들었다. 작은 인형이나 조그만 장신구, 작은 화분 같은 것들이라 뇌물이라는 느낌이 들지 않아 부담감도 없었고, 하나같이 마음에 쏙 드는 것들이었다. 특히 지난번 방문 때 준 한국 전통복장 열쇠고리 인형은 너무 예쁘고 귀여워서, 그때까지 유지하고 있던 차가운 표정이 순식간에 깨지고 말았다. "아! 너무 예쁘다!"라는 말이 자신도 모르게 입 밖으로 튀어나왔다. 다시 차갑게 굴기도 뭐해서, 멋쩍게 감사 인사를 하고는 일하는 척하느라 고생을 했다. 그리고 오늘은 은근히 방문을 기다리기도 했다. 선물이 문제가 아니라 매번 바람을 맞고 거의 면박을 당하면서도 꿋꿋하게 찾아오는 모습에서 열정이 느껴졌고, 안쓰럽기도 했으며, 저 친근하고 맑은 미소를 보며 기분을 전환하고 싶기도 했다. 마치 이성 관계에서 마음에 안 드는 사람이 쫓아다니면 귀찮아하다가도 막상 안 나타나면 은근히 신경 쓰이고 아쉬워지는, 그런 심리와도 어느 정도 비슷했다.

"이야, 차이란 경리님과 함께 마시니 커피 맛이 두 배는 좋은데요? 하하하!"

홍 대리는 말을 한 후에야 그 말이 거짓이 아니라 자신의 진심이었음을 알았다. 그리고 차이란 역시 그 말이 거짓이 아님을 홍 대리의 표정에서 알았다.

"이번이 몇 번째죠? 다섯 번?"

차이란이 자신에게 인사 외의 말을 먼저 걸어온 것은 처음이다. 여전히 차이란의 표정은 싸늘해 보였지만, 예전처럼 화가 난 기색은 아니었다. 그 변화에 홍 대리는 기쁜 기색을 숨기지 못했다.

"제가 차이란 경리님을 만나러 온 거 말입니까? 그럼 여섯 번째죠. 하하핫!"

"날 보러 온 게 아니라 동사장님을 뵈러 온 거겠죠."

"둘 다입니다. 그러니 다른 농장은 거들떠도 안 보고 여기로만 왔죠. 하하!"

그 말이 진심인지 아닌지는 알 수 없었지만, 차이란으로서도 기분이 나쁘지는 않았다.

"아, 이건 이번에도 '우연히' 선물가게 앞을 지나다가 산 겁니다."

홍 대리는 '우연히'를 강조함으로써 우연이 아니었다는 티를 팍팍 내며, 이번에도 차이란에게 선물을 내밀었다. 이번 선물은 지난번 만남 때 선물한 꼬마 신랑과 신부 캐릭터로 만들어진 연필꽂이였다.

"어머! 예뻐라."

이번에도 차이란은 순간적으로 표정이 풀렸다. 홍 대리는 순수한 마음으로 흐뭇함을 느꼈다. 자신의 사소한 선물로 인해 누군가가 기뻐한다는 것도 좋았고, 그 대상이 몇 주 전까지만 해도 자신과 말을 섞기도 싫어했던 차이란이라는 사실이 더욱 기뻤다.

"얼마 전에 경리님 책상에 보니까 연필꽂이가 너무 낡았더라고요. 그래서 준비했는데, 마음에 드시는 것 같아 다행입니다."

차이란은 홍 대리의 눈썰미와 세심함에 감탄했다.

"그런데, 경리님. 오늘 커피는 지금까지 마신 커피와는 향이 좀 다른데요? 좀 더 향이 강하고 식은 후에도 맛의 변화가 훨씬 덜해요. 아주 좋은 원두를 쓴 것 같군요."

홍 대리의 말에 차이란의 감탄은 더욱 커졌다. 커피 프랜차이즈 회사의 총경리라고는 해도 이렇게 날카롭게 커피 맛을 구분해낼 것이라고는 생각지 못했기 때문이다.

"네, 맞아요. 2기 농장에서 나온 원두로 내린 커피예요. 2월에 수확한 원두죠."

"2기 농장이요?"

차이란은 고개를 끄덕이며, 어디부터 어디까지 설명을 해야 할지 잠시 생각했다.

"우리 농장은 커피와 보이차를 같이 재배하고 있었는데, 이번에 보이차 생산을 줄이고 커피 재배를 늘렸어요. 이번 원두는 거기서 재배된 거고요."

"그렇다면 2기 농장의 수확량은 어느 정도 되나요? 이미 계약은 다 완료된 상태인가요?"

어느새 홍 대리는 빈하우스의 총경리로 돌아와 있었다. 차이란이 그런 모습을 신기하다는 듯이 물끄러미 바라보고 있자, 당황한 홍 대리는 서둘러 사과했다.

"어이쿠, 죄송합니다. 원두 계약이 간절하다 보니 저도 모르게 그만……."

"아니에요, 그럴 수도 있죠."

차이란은 잠시 생각에 잠기더니, 뭔가를 결심한 듯한 표정으로 목소리를 낮추며 말했다.

"사실 2기 농장은 아직 계약이 되지 않은 상황이에요. 벌써 몇 군데에서 이야기가 나오고 있긴 하지만, 양쪽의 조건이 딱 맞는 곳은 아직 나타나지 않았어요. 우리 동사장님은 출하 시기가 늦어지더라도 마음에 맞지 않는 조건으로는 거래할 생각이 없음을 분명히 못 박아뒀으니, 시간이 꽤 걸릴 수도 있겠네요."

홍 대리는 더 조급해지려는 자신을 애써 진정시켰다. 협상에 있어서건 경쟁에 있어서건, 중국 사람들과 사업을 진행하려면 절대로 성급해서는 안 된다는 걸 몇 번의 경험을 통해 깨달았기 때문이다.

'그나저나 이 커피, 정말 맛있는데? 우리 회사 커피와 비교해도 전혀 떨어지는 맛이 아니야.'

그동안 중국 원두에 대해 그다지 긍정적이지 않은 홍 대리였지만, 지금 눈앞에 있는 이 커피만큼은 인정하지 않을 수 없었다. 사실 지금까지 마셨던 커피들도 충분히 질이 좋긴 했다. 하지만 왠지 중국 원두를 사용한 커피를 매장에서 직접 손님들에게 판매하고 싶지는 않았다. 그래서 인스턴트커피용으로만 생각했는데, 이 원두는 오히려 매장에서 직접 판매하고 손님들이 즐거워하는 모습을 보고 싶게 만들었다.

'기필코 계약을 따낸다!'

홍 대리는 다시 한 번 속으로 다짐했다.

1. 지역별 접근법을 달리하라!

중국은 한족과 55개 소수민족으로 구성되어 각 지역마다 언어와 문화가 다르고 좋아하는 음식과 기후 등 많은 차이를 보이는 '다수의 분할 시장'이다. 해당 지역산업을 보호·육성하는 각 지방정부의 지역보호주의도 분할 시장을 형성하는 하나의 이유다. 이를 이해하지 못하면 중국 시장을 공략하기란 요원하다. 대표적인 예로 까르푸를 들 수 있다. 까르푸는 중국에서 성공가도를 달렸지만, 시안(西安)에서는 3년 만에 철수했다. 시안의 유통 라인을 제대로 뚫지 못한 것이 실패 원인이라는 분석이다. 마찬가지로 상하이 이남 지역에는 난방시설이 없는데, 중국 전체를 판매 시장으로 보고 접근한다면 난방시설 업체는 시장 분석에 실패한 것이다.

이렇듯 여러 가지 요인으로 인해 중국은 각 지역별 강자가 다르다. 건설, 유통, 물류 등 거의 모든 분야에서 각 지역마다 해당 지역을 장악하고 있는 기업이 다르다. 따라서 한 지역에서 성공했다고 중국에서 성공했다며 자만해서도 안 되고, 반대로 한 곳에서 실패했다고 중국 전체에서 실패한 것처럼 낙담할 필요도 없다.

이런 중국의 차이를 알아보기 위해 음식을 예로 들어보자. 대한민국은 동서남북 어디를 가도 쌀밥을 주식으로 한다. 그렇다면 중국은 어떨까? 답은 "지역에 따라 다르다"라고 할 수 있다. 실제로 중국 북쪽 지방은 벼농사가 어려워 밀가루를, 삼모작이 가능한 남쪽 지방에서는 쌀을 주식으로 한다.

선호하는 맛도 지역별로 다르다. 남쪽은 달고, 북쪽은 짜며, 동쪽은 맵고, 서쪽은 신맛을 좋아한다(남첨북함 동랄서산 南甛北鹹 東辣西酸). 이에 따라, 중국에서 성공한 프랜차이즈 요식업체들은 대부분 지역별로 다른 메뉴를 팔거나, 같은 메뉴라도 조금씩 차이를 둔다. 쓰촨성의 KFC에서 프라이드치킨을 주문하면 매콤한 고춧가루 소스가 나온다. 매운맛을 좋아하는 현지인들의 기호를 고려한 것이다. 또한 남쪽 광저우에서는 다른 지역에 없는 밀크티가 메뉴에 있다.

이러한 '지역별로 차별화된 접근법'은 비단 요식업체에만 국한되지 않는다. 화장품 회사들도 춥고 건조한 북방에서는 보습 관련 크림 제품을, 반대로 덥고 습한 남방에서는 기초 화장품을 판매 주력 상품군으로 한다.

사람 위에 사람 없고,
사람 밑에 사람 없다

"오늘부터 우리와 함께 일하게 된 마오랑입니다. 모두들 인사하세요."

새로운 직원을 뽑고 이렇게 인사를 시킨 지도 벌써 1주일이 넘게 흘렀다. 그동안 홍 대리는 매출이 떨어지는 것을 지켜봤고, 어떻게든 끌어올리려고 새로운 메뉴 개발에 힘썼으며, 푸얼에서 차이란을 여덟 번째로 만나고 왔다. 계절은 겨울에서 봄으로 넘어가는 시기였고, 홍 대리는 또 한 번 이준서로부터 커피 원두 계약에 대한 압력을 받았다. 한국의 본사에서 소위 '밀고 있는' 인스턴드 원두커피는 우선 소량을 제작해 매장에서 이벤트성 증정을 시행한 이후 매우 좋은 반응을 얻은 상황이었다. 더군다나 홍 대리가 푸얼커피농장을 방문했을 때 2기 농장에서 얻어 온 원두를 본사에 보내자, 생산부서에서는 원두의 질을 매우 높게 평가해 반드시 계약할 것을 강력히 요청해왔다. 이런 답변이 올 경우 푸얼 커피 농장과의 계약 압박이 심해질 것을 알고 있었음에도 홍 대리는 본사에 샘플을 보냈다. 홍 대리가 원한 것이 바로 그런 압박이었다. 배수의 진을 치려는 것이었다. 왕궈중 동사장을 찾아갔다가 차이란만 만나고 오는 일이 거듭될수록 홍 대리는 지쳐갔고, 점차 포기하고 싶은 생각이 간절해졌기 때문이다.

정진중에게서 전화가 온 그날도 홍 대리는 포기하고 다른 일을 찾아봐야 하는 것인지를 진지하게 고민하고 있었다. 하지만 전화를 끊었을 때, 홍 대리는 다시 의욕을 불태웠다.

"그래, 아우. 공기청정기 만든다더니 어떻게 됐어?"

"기억하고 계셨군요. 지난달에 출시했습니다."

"오, 그래? 축하해! 반응은 어때?"

"한 500대 정도 출고했습니다. 아직 제대로 홍보가 되질 않아서 영 시원찮았네요. 지금은 중저가 시장을 겨냥한 저렴한 제품만 출시했고, 이번 달에는 사무실이나 공공장소용으로 새로 출시합니다."

얼마 전에 2013년 한 해에만 공기청정기 240만 대가 판매됐다는 기사를 본 홍 대리로서는 500대가 많은 건지 적은 건지 쉽게 감이 잡히질 않았다. 전체 판매량에 비해 너무 적다는 생각도 들었지만, 한편으로는 상당한 성과가 아닌가 싶기도 했다. 정진중의 회사는 중소기업 중에서도 상당히 작은 편이었고, 공기청정기를 출고하기 시작한 지 1개월밖에 되질 않아 홍보가 거의 되지 않은 상황이었다는 점을 고려한다면 500대는 놀라운 판매량 같기도 했다. 그리고 정진중의 선전은 홍 대리에게 있어 묘한 자극이 됐다. 얼마 전까지 자신의 부하직원이었던 사람이 지금은 기업체의 사장이 되어 회사를 이끌고 있다. 그것도 언제 쓰러져도 이상할 게 없을 정도로 어려워진 회사를 되살리는 힘든 작업이었는데, 벌써 성과를 거두기 시작한 것이다.

객관적으로 볼 때, 홍 대리는 정진중보다 훨씬 나은 환경에서 시작했다. 더 많은 공부를 했고, 오승진 상무라는 든든한 후원자가 있으며, 자금을 지원해주는 본사가 있다. 책임감과 부담감만 따져봐도 그렇다. 정진중은 아버지로부터 회사를 넘겨받은, 온전한 총경리다. 반면 홍 대리는 비록 중국에서의 모든 책임을 안고는 있지만 어쨌든 한국에서 파견 나온 전문경영인에 가까웠다. 정진중은 모든 일을 직접 결정하고 직접 책임져야 하지만, 홍 대리는 어느 정도 범위를 넘어선 일은 본사의 허가를 받아야만 했다. 이는 뭔가 일이 터졌을 때 책임질 일이 적어진다는 뜻이고, 그만큼 부담도 덜할 수밖에 없다.

정진중이 홍 대리보다 유리했던 점은 단 두 가지였다. 우선 회사에 대한 직원들의 충성심이 빈하우스에 비해 더 높았다. 빈하우스는 중국에 진출한 지 1년을 조금 넘긴 곳에 불과했고, 처음부터 한국식 경영 방식을 도입하고 한국인이 경영했기에 중국인들에게서 애사심을 끌어내기가 쉽지 않았다. 반면 정진중의 회사, 정확히는 정진중의 아버지가 창업한 회사에는 짧게는 4~5년, 길게는 한국에서부터 20년 이상 함께한 직원들이 많았다. 그렇기에 회사에 대한 충성도가 높았고, 애사심이 컸으며, 단결이 잘될 수밖에 없었다. 또한 정진중은 중국에서 10년을 훌쩍 넘게 살아오면서 중국인과 중국 전반에 대해 일찍부터 이해할 수 있었다. 이 차이는 생각보다 컸다.

"원래는 가정용 중저가 제품만을 생산하려 했는데, 형님이 항상 말씀하신 고급화와 차별화 전략이 필요하다는 생각에 고성능의 고급 제품과 사무실용 제품도 생산하려고요. 둘 다 디자인에 엄청 신경을 써서 단순 기계가 아니라 인테리어용품이라는 콘셉트로 만드는 중인데, 벌써 예약이 들어오네요."

정진중은 빈하우스의 상황이 썩 좋지 않다는 것을 알기에, 너무 자랑하는 것처럼 보이지 않으려 애쓰며 말했다. 홍 대리는 그 배려심이 고마웠다.

"축하해. 앞날이 밝네, 정 사장."

"다 홍규태 총경리에게 잘 배워서 그런 거 아니겠습니까?"

빈말이 아니라, 정진중은 진심으로 고마워하고 있었다. 그가 총경리로 모셨던 홍규태는 틈틈이 경영전략에 대해 이야기해주었고, 중국 시장에서 점차 커져가는 중산층 인구를 고려한 고급화 전략의 중요성을 알게 해주었으며, 기능에 디자인을 더하는 것이 중요하다는 것을 인테리어 과정에서 알려주었다. 물론 자신의 총경리는 그런 전략들로 성공하지는 못했지만, 정진중이 보기에 이는 중국 내 커피 산업의 특징 때문이었다. 그리고 커피 산업에서도 궁극적 방향은 그쪽이 옳다는 데 의견을 같이했다. 다만 아직 그런 전략을 밀어붙이기에는 시기상조일 뿐.

"진심입니다. 아버지의 뒤를 잇게 된다면 공기청정기 사업을 시작하겠다는 계획은 예전부터 세웠지만, 중저가 상품만을 생각하고 있었거든요."

낯이 간지러워진 홍 대리는 대충 말을 얼버무리고 바쁜 척하며 전화를 끊었다. 그리고 정진중의 선전을 마음속으로 축하하면서 동시에 전의를 불태웠다. 특히 정진중이 진심으로 고마워하고 있고, 심지어 자신에게서 배운 게 많다고 생각한다는 것만으로도 용기가 났다. 그리고 정진중에게 부끄럽지 않은 사람이 되어야겠다는 생각도 들었다.

하지만 그러려면 당장 해결해야 할 문제가 있었다. 바로 매장 확장과 원두 확보였다. 둘 다 좀처럼 출구가 보이지 않았다. 금탄영 박사를 만나 뭔가 답을 들어보려 했지만, 아직 출장에서 돌아오지 않은 상황이었다. 게다가 이 문제는 어차피 누가 풀어줄 수 있는 것도 아니었다. 다만 믿을 사람이 금탄영 박사뿐이고, 이런 이야기를 누군가에게 하는 것만으로도 답답함이 좀 가시지 않을까 해서 든 생각이었다. 결국 답답함을 참지 못하고 전화를 했을 때, 금탄영 박사가 들려준 답은 간단했다.

"사람을 얻어야 한다고, 사람에게 답이 있다고 이미 말하지 않았던가? 이 말을 명심하게."

그 말을 곰곰 되새기던 홍 대리는, 그래도 끝내 답이 나오질 않자 답답한 마음에 술 생각이 간절했다. 하지만 함께 마실 만한 사람이 없었다. 정진중이 있을 때는 그리 돈독한 관계가 아니었음에도 둘이 종종 한잔 기울였다. 김동준이 있을 때는 언제든 찾아가면 술친구가 되어주었다. 하지만 이제 둘 다 곁에 없다. 원래 소중한 사람은 곁에 없을 때 그 빈자리가 더 크게 느껴지는 탓인지, 그들을 생각할 때마다 가슴속에서 아주 크고 중요한 무언가가 빠져나간 것처럼 허전했다. 한편으로는 그래도 중국에서 생활한 지 꽤 됐는데 부담 없이 술 한잔할 수 있는 중국인 친구가 없다는 게 서글펐다. 더군다나 지금 사무실에는 그 혼자였다. 박효병은 회사에서 지원해준 바리스타 교육을 받으러 가서 아마 퇴근시간이나 돼야 수업이 끝날 거고, 전년도 세금 신고금액이 잘못됐다는 연락을 받고 세무국에 방문한 리리 역시 비슷한 시간에 일이 마무리될 것이다. 매장을 둘러보러 간 마오랑은 시간이 시간인 만큼 매장에서 바로 퇴근할 가능성이 컸다. 그리고 딩관제는…….

"하아, 딩관제 경리를 믿은 내가 잘못이지."

딩관제는 지난주 회의 때 이후로 사무실에 좀처럼 모습을 드러내지 않았다. 출근은 꼬박꼬박했지만, 점심시간 전에 사라져서는 다시 사무실에 들어오지 않는 하루하루가 반복됐다. 그리고 다음날이면 어김없이 영수증을 내밀었다. 예전처럼 과도한 비용을 청구하지는 않지만, 홍 대리 입장에서는 오십보백보였다.

"젠장, 술 한잔이 너무 간절하니 딩관제 경리라도 보고 싶군."

혼자 투덜대고 있던 그때, 문이 열리더니 누군가가 들어섰다. 혹시나 딩관제인가 해서 봤더니, 새로 뽑은 마오랑이었다.

"안녕하세요, 총경리님? 매장 다 돌아보고 왔습니다."

마오랑은 서글서글한 미소를 지으며 깍듯하게 인사를 건넸다. 그런 마오랑을 볼 때마다 홍 대리는 흐뭇했다. 사람을 뽑아놓고 이렇게까지 만족스러웠던 적이 있던가 싶었다. 딩관제가 원하는 붙임성 있고 싹싹한 사람이자, 리리가 원하는 잘 웃고 잘생긴 데다 매너가 좋은 남자였고, 홍 대리가 원하는 빠릿빠릿한 직원이었다.

"왕푸징점 손님들 몇 명에게 신메뉴를 서비스로 제공하고 반응을 살폈는데, 다들 그 메뉴를 돈 내고 사 먹을 용의가 있다고 했습니다. 그런데 가격이 조금만 더 싸면 좋겠다고 하네요."

신메뉴를 '무료로' 제공했다는 것 역시 지금까지 홍 대리가 생각했던 중국인들과는 달리 매우 융통성 있는 행동이었다. 홍 대리가 본 중국인들은 사업에 있어서는 매우 유연한 편이었는데, 그러면서도 정작 '직원'의 위치에 있을 때는 시키는 일만 했다.

"수고했어요. 그 사안에 대해서는 다음 회의 때 안건으로 올립시다."

홍 대리는 시키지도 않은 일에 적극적으로 나선 마오랑이 너무 마음에 들었다. 문득 마오랑을 뽑을 때의 일이 생각났다. 금탄영 박사와 정진중의 말대로 직원들을 수평적으로 대해보자는 생각에, 홍 대리는 전 직원이 함께 면접을 보는 방식을 택했다. 그리고 면접 후 의견이 갈렸다. 딩관제와 리리는 세 명의 면접자들

중 마오랑을 뽑고 싶어 했고, 홍 대리와 박효병은 또 각각 다른 사람을 택했다. 홍 대리도 마오랑이 마음에 들지 않았던 것은 아니었기에 직원들의 눈을 믿어보기로 했다. 그리고 지금은 그 선택이 얼마나 잘된 것이었는지를 알게 됐다.

'직원들 말 안 듣고 내 마음대로 했으면 마오랑은 놓쳤겠구나.'

물론 다른 후보자 둘이 오히려 마오랑보다 더 일을 잘하는 사람이었을지도 모른다. 하지만 홍 대리는 그럴 가능성은 거의 없다고 생각했다. 마룽의 얼굴에 김동준의 서글서글함과 정진중의 능력을 갖춘 사람이라고나 할까? 홍 대리가 본 마오랑은 그런 사람이었다.

'그러고 보니 최근에 회식을 안 했네.'

마침 술도 한잔하고 싶었겠다, 마오랑과 박효병의 입사 기념 파티도 해야겠다, 겸사겸사 회식을 해야겠다는 생각이 들었다. 생각해 보니 처음 중국에 와서 삼겹살 회식을 하다가 시답잖은 반응에 실망한 이후로는 직원들과 제대로 회식다운 회식을 해본 적이 없었다.

'그래, 오늘이 날이다!'

홍 대리는 회식비용 한도를 초과한 금액은 자신이 월급 대부분을 집으로 보내면서도 틈틈이 모은 비상금에서 충당할 마음으로,

거의 호화롭다고 할 만한 식당에 예약을 잡았다. 박효병도 수업이 끝나자마자 달려와 시간이 절묘하게 맞아떨어졌고, 리리 역시 세무국 업무를 마무리하고 시간 맞춰 참석했다. 딩관제는 전화를 받지 않아 메시지로 장소와 시간을 알렸다. 예약한 시간이 가까워졌을 무렵, 30분 후쯤 도착할 것이라는 딩관제의 답장이 왔다.

"이런 자리엔 빠지지 않는군."

못마땅한 홍 대리가 투덜대며 직원들과 함께 식당으로 들어섰다. 장평과 상하이에서 갔던 식당보다 규모도 작고 조촐해 보였지만, 요리 종류는 만만찮게 다양했다. 종류가 너무 많아 일일이 요리를 주문하기 힘들었던 홍 대리는 당시 장평이 알려준 노하우를 활용하기로 했다.

"주문을 자주 해본 사람이 아니면 뭘 어떻게 해야 할지 모르는 게 당연해. 그래서 어느 정도 규모가 있는 회사는 이런 자리에서 주문하는 사람을 따로 둘 정도지. 그러니 잘 모르겠으면 괜히 실수하지 말고, 그냥 원하는 가격대를 말하고 거기에 맞춰서 달라고 하면 식당 쪽에서 알아서 해줘."

대학생이었을 때 친구들을 잔뜩 초대해놓고 직접 주문을 하다가 탕 종류만 여덟 가지를 시켰다는 장평의 에피소드를 듣고 홍 대리는 한참을 웃었던 기억이 났다.

"1인당 200위안에서 적당히 맞춰주세요."

다들 자리에 앉자, 홍 대리는 그날 했던 일들이 잘 처리됐는지를 먼저 간략하게 물었다. 박효병은 바리스타 수업에서 배운 이야기를 신이 나서 설명했다. 홍 대리가 보기에는 기초적인 내용이었지만, 박효병은 새로 무언가를 배웠다는 사실이 기쁜 듯했다.

"아참, 리리 씨는 어떻게 됐어요? 세무국에서 뭐래요?"

"아, 작년 우리 회사 매출액이 누락됐다고 해서 확인해봤는데, 아니에요. 그쪽 직원이 실수한 거니까 신경 안 쓰셔도 돼요."

"다행이네요. 수고했어요."

본래 회식 자리에서 업무 이야기 늘어놓는 것만큼 꼴불견인 상사도 없다는 생각에, 홍 대리는 회사 이야기는 그쯤에서 마무리하기로 했다.

막 음식이 나오기 시작했을 때, 누군가가 문을 벌컥 열고 들어섰다.

"어이쿠, 내가 늦었습니다. 미안합니다, 총경리. 하던 일이 있어서 마무리하느라 좀 늦었소이다."

"딩관제 경리님! 어휴, 요즘 왜 이렇게 안 보이셨어요? 보고 싶었습니다. 하하! 어서 와서 앉으세요."

마오랑은 이제 고작 열흘 남짓 알고 지냈을 뿐인 데다가 딩관제나 그 자신이나 사무실을 자주 비워서 서로 대화를 나눌 시간도 부족했을 텐데도 딩관제를 격하게 반겼다. 딩관제가 처음부터 붙임성 있는 사람을 뽑고 싶어 했다는 점을 감안한다면 이보다 더 잘 뽑을 수도 없을 정도로 마오랑은 적합한 사람이었다.

"허허! 잘들 지냈나?"

딩관제를 본 홍 대리는 기분이 좋지만은 않았다. 회사 사정이 썩 좋지 않은 것도 이유였지만, 회사에 복귀한 후로 한동안 성실하게 일했던 딩관제가 다시 예전으로 돌아가는 듯한 모습을 보이는 것 같았기 때문이다.

"오셨군요. 일단 앉으시죠."

최대한 자제했지만, 홍 대리의 목소리는 다소 퉁명스러웠다. 하지만 딩관제는 전혀 개의치 않는 듯했다. 배가 고팠는지, 딩관제는 자리에 앉기 무섭게 허겁지겁 음식을 입으로 밀어 넣었다.

"딩관제 경리님, 식사 못 하셨어요?"

"응, 점심 때 국수 한 그릇 먹고 아직까지 아무것도 못 먹었지 뭐야."

"어딜 그렇게 바쁘게 다니시느라 식사도 제대로 못 챙겨 드셨습니까?"

좋은 마음으로 마련한 자리인 만큼 즐겁게 식사를 하고 싶어서, 홍 대리는 조금 전보다 많이 누그러진 목소리로 물었다. 하지만 듣는 사람들은 모두 말에 뼈가 있다는 걸 느낀 듯했다. 딩관제는 씩 웃더니, 뜨거운 국물을 후루룩 마셨다.

"일단 좀 먹고 나서 얘기합시다. 배가 고파 죽을 것 같소이다."

아버지 연배의 어르신이 이렇게까지 말하는데 타박을 하는 건 너무 심한 것 같아, 홍 대리는 일단 참기로 했다. 대신 짧게 한마디 덧붙였다.

"걱정돼서 그러죠. 연락이라도 해주시면 좀 좋습니까?"

걱정된다는 말에 딩관제는 기분이 좋은 듯 흐뭇하게 웃었다. 홍 대리의 말에서 진심이 어느 정도 느껴졌기 때문이다. 딩관제는 가벼운 빈혈 증세가 있어서 가끔 어지럼증에 고생을 하곤 했다. 이를 아는 총경리가 자신을 걱정해준다 생각하자 절로 웃음이 나왔다. 가끔 친구를 만나면 가족을 데리고 나올 때가 있는데, 친구의 아들이 대부분 자신의 총경리 또래였다. 아들을 가져본 적 없는 딩관제는 예전엔 정진중을 아들처럼 여겼다면, 이제 총경리에게도 그런 감정을 느끼고 있었다. 더군다나 자기 입으로 '직원은 가족'이라고 말하지 않았는가.

"핸드폰이 가방에 있어서 몰랐소이다. 요즘 중요한 미팅이 많아 무음으로 해놨더니……. 허헛! 미안하게 됐소, 총경리. 이해해주시오."

더 이상 무슨 말을 꺼내기 어색해진 홍 대리가 음식을 먹으려는데, 옆에 앉은 리리가 눈을 동그랗게 뜨며 물었다.

"총경리님! 조심……."

"뭘요?"

'요'자가 미처 끝나기도 전에 홍 대리의 표정이 팍 구겨졌다. 샹차이(香菜)의 향 때문이었다.

"그거 조심하시라고요."

샹차이는 향이 강한 허브 식물로, 중국에서는 우리나라의 깻잎만큼 즐겨 먹는 채소였다. 그런데 특유의 강한 향 때문에 중국인이 아니면 먹기 어려워했다. 그동안 음식을 두고 인상을 쓰면 접

대하는 사람에게 예의가 아니라는 이야기를 귀에 못이 박히도록
들은 홍 대리는 어떻게든 표정관리를 하려고 했지만, 맘처럼 되질
않았다.

"와! 거의 홍어 수준이네."

홍 대리는 혼자 중얼거리며 샹차이를 입에 댔다가 다시 놓았다.
사실 음식을 주문할 때 샹차이를 빼달라고 말할까 했지만, 중국인

을 이해하려면 그들의 문화를 이해해야 한다는 생각에 참고 먹어 보기로 했다. 식습관도 한 나라의 문화가 아니겠는가.

"비위가 약한 건지 고집이 센 건지 모르겠네요."

리리가 갖은 인상을 쓰고 있는 홍 대리를 놀렸다.

"그럼 코를 이렇게 막고 한번 먹어보세요."

박효병이 손가락으로 집게를 만들어 코를 막는 동작을 했다. 정 진중은 중학교 때 아버지를 따라 중국에 건너왔기에 거의 중국인에 가까웠다면, 박효병은 대학에서 중문학과를 졸업하고 유학을 온 사람이었기에 홍 대리의 어려움을 더 잘 이해했다.

"허헛! 애쓸 거 없소. 나중엔 샹차이만 골라서 먹게 될 테니까."

느긋하게 보고 있던 딩관제가 빙그레 웃으며 말했다.

"그럴 일은 절대 없을 것 같은데요."

홍 대리는 또 다시 샹차이를 입에 조금 넣고 오물오물 씹었지만, 역시 참지 못하고 인상이 구겨졌다. 홍 대리에게 이건 거의 도전과제 수준이었다.

"그래도 먹어보려고 애는 쓰시네요. 호호."

리리는 달라진 혹은 달라지려고 애쓰는 총경리의 모습을 보며 빙긋이 웃었다. 예전엔 한없이 까칠하기만 하고, 깍듯한 척하면서 은근히 사람을 깔보는, 자기 잘난 맛에 살았던 총경리를 도저히 좋게 볼 수 없었다. 하지만 언제부터인지는 정확히 알 수 없어도 최근 홍규태 총경리는 짜증내는 일이 줄었고, 자신을 낮췄으며, 사람들의 말에 조금씩 귀를 기울이기 시작했다. 덩달아 더 잘 웃고 농담도 곧잘 했다. 좋게 보려니 좋은 모습이 보이기 시작해서, 은근 귀여운 면도 보였다.

본격적으로 음식이 테이블을 채우기 시작했고, 그들은 신 나게 먹고 마셨다. 홍 대리도 회사 일에 대한 고민이나 딩관제에게 생겼던 의심과 불만 등은 미뤄두고 직원들과 즐겁게 대화하려 애썼다. 그리고 실제로 즐거웠다. 딩관제는 오랜 인생 경험에서 나온 재미있는 에피소드들을 끊임없이 끄집어냈고, 리리는 깔깔대고 웃어주는 것만으로도 분위기를 띄웠다. 마오랑은 노래도 잘한다는 걸 증명했고, 박효병은 바리스타 수업을 듣다가 만난 여자 회원에게 관심이 생겼다며 연애 상담을 신청해 한창 분위기를 달아오르게 만들었다. 대충 봐도 여성들에게 인기가 많게 생긴 마오랑은 자신의 연애사를 낱낱이 까발리며 열정적으로 상담을 해줬고, 그 와중에 현재 결혼을 약속한 여자친구가 있음을 고백했다.

"그거 다행이네요."

홍 대리의 입에서 툭 튀어나온 말에 다들 눈을 동그랗게 떴다.

"다행이라뇨?"

"응? 내가 다행이라고 했나?"

홍 대리는 당황하며 왠지 모르게 리리의 눈치를 살폈다.

"아, 다행이라는 게 아니라, 결혼 축하한다고요."

"아직 날짜도 안 잡혔는데 벌써 축하해주시다니, 총경리님은 항상 한 발 앞서 가시는 것 같습니다. 하하!"

"어이쿠! 총경리, 너무 앞서 가다가 이 늙은이보다 먼저 가는 거 아닌지 모르겠소이다. 허허허!"

딩관제의 농담에 다들 웃음을 터뜨렸다. 즐거운 시간이었다.

하지만 항상 술이 원수다. 모처럼 가진 술자리에 기분이 좋아진 홍 대리는 술을 따라주는 족족 마셨고, 어느새 슬슬 자제력을 잃기 시작했다. 홍 대리는 고등학교를 졸업하던 날부터 아버지에게서 주도(酒道)를 배웠기에, 술에 취한다고 해서 큰 실수를 하는 사람은 아니었다. 하지만 이따금 자제력을 잃기도 하는데, 이번에는 '일 이야기는 하지 않겠다'는 다짐이 무너지고 말았다.

"어휴, 올해 안에 10호점까지 열어야 하는데, 마음에 드는 곳이 없네요."

홍 대리는 술을 마셔도 혀가 꼬이는 법이 없어, 어지간히 친하지 않고서는 그가 취했는지 안 취했는지를 알지 못했다. 지금도 사람들은 자신들의 총경리가 갑자기 회사 이야기를 꺼내자 당황했다. 분위기가 급격히 가라앉았다.

"남은 기간 계산하면 거의 한 달에 한 곳 꼴로 계약해야 하는데……."

홍 대리의 푸념에 다들 마땅히 할 말을 찾지 못해 술잔만 기울이고 있었다. 그때 딩관제가 가방을 열더니 서류봉투를 하나 꺼내 홍 대리에게 내밀었다.

"이게 뭡니까?"

"총경리에게 주는 선물이오."

딩관제는 '어떻게 저게 다 들어갈까'라는 생각이 절로 들 정도로 또 뭔가를 먹어대기 시작했고, 홍 대리는 서류봉투를 열었다.

"아니, 이건?!"

홍 대리는 찬물을 한 바가지 뒤집어쓴 것처럼 술이 확 깼다. 봉투에서는 건물 사진과 함께 매장의 평수와 가격, 위치가 나타나 있는 서류들이 나왔다. 천천히 살펴보니, 가격이나 위치 등에서 모두 홍 대리가 원하는 입지 조건을 고루 갖춘 곳들이었다. 인터넷으로는 찾아볼 수 없었던 자료들이었다. 특히나 홍 대리가 그토록 입점을 희망하던 쏘우쿨 쇼핑몰도 자리가 두 군데나 있었다. 언제고 반드시 입점하고야 말겠다고 다짐에 다짐을 거듭했던 곳, 중국 내에서 회사의 인지도를 단번에 끌어올리게 만들어줄 수 있는 곳. 홍 대리의 머릿속에서 그렇게 자리 잡은 쏘우쿨이다. 어떻게든 입점을 해보겠다고 팔방으로 뛰어다녔지만 가능성조차 보이지 않았는데 이렇게 기회가 나타난 것이다. 홍 대리는 가슴이 먹먹해졌다.

"딩관제 경리, 이런 걸 어떻게 찾아낸 겁니까?"

홍 대리는 흥분해서 물었다. 거의 로또 1등 당첨된 사람 같은 표정이었다.

"놀랄 거 없소이다. 그냥 그동안 뿌려둔 씨앗이 열매를 맺은 거니까."

딩관제가 별일 아니라는 듯 말했다. 하지만 표정은 내심 뿌듯해 보였다.

"그동안 뿌려둔 씨앗이요?"

"내가 그동안 돈만 쓰고 다니지 않았소? 그때 쓴 돈들이 돌아오는 거지. 명절 때 보낸 선물카드, 집안 행사 때 보낸 선물과 축의금 등등……."

"아! 이게 그때 그분들이 도와준 겁니까?"

딩관제는 만족스런 표정으로 고개를 끄덕였다.

"그렇소이다. 내 친구들 도움을 좀 받았지. 그러니 지금까지 돈 들인 거 아깝다고 생각 마시오. 원래 그런 비용은 이자를 쳐서 돌아오게 마련이니까."

딩관제의 말에 홍대리는 미안한 마음이 들었다. 꽌시 관리한다고 비용을 청구할 때마다 '버리는 돈'이라고 생각했다. 그런데 딩관제의 말마따나 넉넉하게 이자까지 붙어서 돌아왔다. 아마도 자신의 꽌시를 총동원해 홍 대리가 원하는 점포를 구하려고 지난 회의가 끝나자마자 뛰쳐나가서는 요즘도 매일같이 외근을 한 것일 게다. 그것도 모르고 홍 대리는 '옛날 버릇 나왔다'며 의심하고 원망했다. 그 미안함이 한꺼번에 몰려왔다.

"딩관제 경리!"

감동한 홍 대리는 더 이상 말을 잇지 못했다. 그런 자신의 총경리를 보며 딩관제는 말없이 고개를 끄덕였다. 얼마나 마음고생이 심했을지 다 안다, 말하지 않아도 내게 고마워한다는 것도 다 안다, 그런 의미의 고갯짓이었다.

홍 대리는 정진중이 했던 말이 떠올랐다.

"중국에서는 거래 관계가 회사 대 회사가 아니라 개인 대 개인의 꽌시로 형성되는 경우가 많습니다. 그런 면을 어느 정도 인정해주는 것이 좋습니다."

이제야 그 말의 의미가 제대로 이해가 됐다.

딤섬(點心)으로 유명한 왕푸징의 한 식당, 홍 대리는 출장에서 돌아온 금탄영 박사와 마주보고 앉았다.

"박사님, 출장은 잘 다녀오셨습니까?"

"자네가 걱정해준 덕분인지 무사히 일을 마치고 왔네. 자네는 어떤가? 답을 좀 구했나?"

"정답인지는 모르겠지만, 제 나름의 답은 구한 것 같습니다."

홍 대리를 빤히 쳐다보던 금탄영 박사는 아주 천천히 고개를 끄덕였다.

"그 짧은 시간에 득도(得道)라도 한 건가? 얼굴은 핼쑥해졌는데 눈빛은 맑아졌군."

"몸은 피곤하지만 정신적으로는 한결 편해졌으니까요."

"그래, 무슨 일이 있었는지 들어볼까?"

주문한 음식이 나오는 동안, 홍 대리는 그간의 일을 설명했다. 금탄영 박사는 신입을 뽑는 과정에서 직원들의 도움을 받아 마음에 드는 인재를 찾았다는 말에 흐뭇한 듯 고개를 끄덕였고, 직원들과 회식 자리를 가졌다는 말에 잘했다며 맞장구를 쳐줬다. 그리고 딩관제의 꽌시를 통해 마음에 드는 장소를 16군데나 찾고, 몇 군데는 만나서 계약 조건을 조율 중이라는 말에 홍 대리 본인보다도 더 기뻐했다.

"그동안 저 혼자 모든 것을 판단하고 결정하려 했다는 사실이 못내 부끄럽습니다."

"전에도 말하지 않았는가. 사람은 그렇게 성장하는 걸세."

"저는 제가 상당히 열린 마음을 가졌다고 생각했는데, 사실은 그렇지 않았던 것 같습니다. 특히 중국인들을 깔보고 무시했다는 사실을 부정할 수 없겠네요."

금탄영 박사는 고개를 끄덕였다.

"중국에서 사업하는 한국인들 다수가 겪는 실수지. 자신들이 무슨 실수를 했는지도 모르고 끝나는 경우가 많은데, 자네에게는 시행착오가 된 것 같군."

"박사님이 아니었다면 저 역시 그랬을 겁니다. 아직 가야 할 길이 멀지만, 그래도 방향은 알게 된 것 같습니다."

금탄영 박사는 홍 대리의 어깨를 두드렸다.

"내가 한 건 아무것도 없네. 자넨 원래 사람들의 말에 귀를 기울이고 그들을 자네 편으로 만들 재능을 가지고 있었던 거야. 다만 수직적인 구조가 분명한 한국 사회와 기업에서 지내다 보니 직원을 아랫사람으로만 여기는 습관이 몸에 밴 거지. 중국을 우습게 보는 한국 사회의 편견도 그런 잘못된 생각에 일조를 했을 걸세."

홍 대리는 그 이야기에 크게 공감했다.

“그런데 중국 사람들은, 특히 비즈니스에 있어서는 서로 수평적인 관계를 유지하는 것 같더군요.”

“그게 바로 분공(分工)이라는 걸세.”

“분공이요?”

금탄영 박사는 대답 대신 손가락을 들어 주방 쪽을 가리켰다.

“저 요리사를 보게. 칼 솜씨가 썩 훌륭하지 않은가!”

“네, 아주 능숙해 보이네요.”

“그럼 저기 서빙을 하고 있는 종업원과 저 요리사 중에 누가 더 높을까?”

홍 대리는 별로 고민도 하지 않고 대답했다.

“요리사가 더 높겠죠.”

“왜 그렇게 생각하지?”

“그야 뭐, 식당에서는 음식이 가장 중요하잖아요. 그러니 그 음식을 요리하는 사람이 식당에서는 더 중요하겠죠. 서빙이야 특별한 기술이 아니니까 가르치기 쉽지만, 요리는 같은 맛을 내게 하기 어려우니까요.”

금탄영 박사는 그 말이 맞다는 듯 고개를 끄덕였다.

“자네 말이 맞아. 하지만 답은 틀렸네. 저 둘은 누가 높다 낮다 따질 수 없어. 사실상 같은 위치라고 볼 수 있지.”

홍 대리로서는 이해할 수 없는 이야기였다. 단순 서빙 직원과 그 식당의 핵심인 요리사의 위치가 같다니, 어떻게 그럴 수가 있단 말인가?

"그게 바로 분공일세. 각자 하는 일이 다를 뿐, 한 조직 내에서는 모두 동등하다는 거지. 한국처럼 서열이 낮다고 해서 무시하지 않는다네."

부끄러운 이야기지만, 한국에서는 계급이 낮으면 인간적 대우도 제대로 받지 못하고 무시당하는 일이 다반사임을 부정할 수 없었다.

"한국의 대기업 사장이 중국 지방정부 간부에게 식사를 초대받았는데, 식사 테이블에 중국 측 운전기사가 동석을 하지 않았겠나. 중국에서는 '하는 일이 다를 뿐 모두가 동등하다'고 생각하기 때문에 자연스런 일이었지만, 그런 문화를 이해하지 못한 한국 기업 사장은 몹시 불쾌해했지. 당연히 일은 꼬여버렸다네."

홍 대리는 아직 중국을 이해하려면 멀었다는 걸 인정해야만 했다. 직원들과 마음을 터놓기로 결심하고 소기의 성과를 거두었다고 생각했지만, 금탄영 박사가 말한 분공의 개념을 마음으로 받아들이기에는 아직 어려움이 있었던 것이다.

"아, 정말 중국이란 나라 참 어렵네요."

홍 대리는 푸념 비슷하게 한숨을 섞어 내뱉었다. 금탄영 박사는 공감한다는 듯 고개를 끄덕이며 웃었다.

"나도 처음 중국에서 사업을 시작할 때는 많은 고생을 했다네. 실수도 많이 했지. 지금도 이런저런 실수를 하고 있다네."

"박사님이 실수를요?"

홍 대리는 화들짝 놀라며 물었다. 그가 본 금탄영 박사는 실

수 같은 걸 할 사람이 아니었다. 금탄영 박사와 가장 거리가 먼 단어 세 개를 고르라고 한다면 홍 대리는 주저 없이 '실수' '실패' '부패'를 꼽을 것이다. 그런 금탄영 박사가 아직도 실수를 하고 있다고 말한다.

"당연하지. 나도 사람인데 실수가 없을 리 있나. 아니면 날 사람으로도 안 본 건가? 하하하!"

유쾌하게 웃은 금탄영 박사는 잠시 무슨 생각엔가 잠겨 있다가 살며시 고개를 저었다.

"중국은 내게도 어렵다네. 아니, 오히려 알면 알수록 어려운 나라야."

그 말을 끝으로 둘은 다시 이런저런 이야기를 나누며 음식을 먹었고, 식사가 거의 끝나갈 무렵에 금탄영 박사가 넌지시 물었다.

"자네, 매장을 확장한다면 직원들을 더 뽑아야겠군?"

"네, 안 그래도 걱정입니다. 맘에 드는 사람 뽑는 것도 문제지만, 뽑아놔도 자꾸 나가버리니 어떻게 해야 할지……."

"직원들 이직 때문에 고생이 심했던 모양이군. 그래, 문제가 뭐라고 생각하나?"

잠시 생각에 잠겨 있던 홍 대리는 정진중에게서 들었던 이야기와 자신의 생각을 합쳐 대답했다.

"아무래도 제가 직원들을 인격적으로 대하기보다는 말 그대로 '부하' 대하듯이, 좀 심하게 말하면 일하는 '도구'처럼 여겼다는 게 문제였겠죠. 사실 회사 규모에 비해 급여는 좋은 편이거든요."

금탄영 박사는 무릎을 쳤다.

"핵심을 잘 알고 있군. 그렇다면 금방 바로잡을 수 있을 걸세."

금탄영 박사는 일전에 말했던 훠궈 전문점인 하이디라오의 사례를 다시 간략하게 이야기했다.

"작은 시골 마을 출신의 가난한 사람에서 지금은 중국의 대표 음식점 사장이 된 하이디라오 창업주 장용에게 어떤 기자가 성공의 비결을 물었네. 그랬더니 장용은 아주 간단하게 대답했어. '사람을 인격적으로 대우해주는 것이 전부'라고."

중국 음식을 좋아하지 않는 홍 대리에게도 몇 가지 음식은 입맛에 잘 맞았는데, 그중 하나가 바로 하이디라오의 훠궈였다. 그래서인지 그 사장 일화는 더 가슴에 박혔다. 좋아하는 선생님의 수업에는 더 집중하게 되는 것과 비슷한 심리였다.

"자, 여기까진 원론적인 이야기였고, 이제 바로 써먹을 수 있는 노하우를 알려줘야겠지?"

"그럼 감사하죠!"

역시 금탄영 박사는 홍 대리의 마음을 너무 잘 알았다.

1. 직원들과의 감정싸움은 그만!

중국 직원과 갈등이 있다고 해서 절대로 감정적으로 대처해서는 안 된다. 자신들의 비리가 적발돼 해고 통보를 한 경우에도 오히려 회사의 비리를 정부에 고발하겠다며 협박하거나, 퇴직금을 당장 내놓으라고 소동을 피우기도 한다. 회사에 불만을 품고 퇴사하는 경우 노동법 규정을 어겼다며 노동부에 신고하기도 하는데, 털어서 먼지 안 나오는 사람 없다고 노동부에서 마음먹고 조사를 시작하면 어긴 줄도 몰랐던 규정에서 걸리는 경우도 많다. 또 어떤 이들은 급여 문제로 싸우고는 엉뚱하게도 노동부가 아니라 위생국, 세무국, 환경보호국, 소방국 등 다른 부서에 신고하기도 한다. 설령 신고 내용이 허위사실이라 하더라도 신고를 받은 관련 부처에서는 형식적으로라도 조사를 나와야 하고, 회사 입장에서는 시간적, 물리적으로 여간 피곤한 일이 아니다. 특히 중국인 직원들의 감정을 잘 이해하지 못하는 외국 기업들이 여러모로 손해를 보는 경우가 많다.

만약 중국 직원과 감정적인 문제가 발생했다면 중국인 관리자가 중간에서 중재하고 설득하도록 하는 것이 훨씬 효과적이다. 한국인 관리자가 나설 경우 더욱 감정적으로 악화될 수 있고, 더 많은 것을 요구할 수도 있기 때문이다.

2. 칭찬은 매출과 직결된다

세상 어디에도 칭찬을 싫어하는 사람은 없을 것이다. 특히 칭찬에 인색한 중국에서 칭찬은 더 빛을 발한다. 화장품 방문판매업체를 운영하는 한 한국인 사장은 중국 직원들의 장점을 칭찬하고 사기를 북돋았더니 매출이 두 배로 늘었다며 칭찬의 중요성에 대해 강조했다. 칭찬은 인정받고 있다는 증거로 자존감을 높인다. 특히 자존심 상하는 걸 죽기보다 싫어하는 중국인들은 상사에게 인정받고 존중받는 것을 좋아한다. 단, 한국에서의 칭찬은 격려 차원에서 이뤄지지만, 중국에서는 일정 성과가 있기 때문에 칭찬하는 것이라고 믿기 때문에 보상을 요구하는 경우도 있으니 사람과 상황을 봐가며 적절한 수준으로 칭찬해야 한다.

진심에는
국경이 없다

- 중국 만두 회사, 미국 커피 프렌차이즈 인수

- 환경문제 개선을 위한 전기자동차 5개년 계획

- 산아제한 정책 완화, 두 자녀 허용

- 스타벅스, 중국 내 1500개 매장 확대 계획

홍 대리는 푸얼에 갔다가 돌아오는 비행기 안에서 그동안 밀린 신문과 비즈니스 잡지를 읽어 내려갔다. 인터넷에서 보고 싶은 기사만 선택적으로 볼 때와는 달리 모든 기사를 꼼꼼히 보니 몰랐던 사실들에 눈을 뜨게 된 듯했다. 금탄영 박사가 왜 신문을 보라고 했는지 알 것 같았다.

'와! 1500개 매장이라니, 멀리도 앞서 가는군. 빈하우스는 언제 그렇게 되나?'

갑자기 기운이 쏙 빠졌다.

지금까지 그렇게 여러 번을 찾아가도 반응이 없던 왕귀중 동사장은 오늘 처음으로 홍 대리에게 메시지를 남겼다. 차이란이 전해준 메시지는 간단했다. 앞으로는 찾아오지 말라는 것이었다. 홍 대리는 이 상황을 좋게 생각해보려 했다. 아무런 반응도 보이지 않는 것은 무관심이지만 뭔가 메시지를 남겼다는 건 신경을 쓰고 있다는 뜻일 수도 있다. 그렇게 생각하니 좀 기운이 났다. 하지만 직접적으로 오지 말라고 말했다는 건 귀찮다는 뜻일 수도 있다. 아무리 긍정적으로 생각을 한다 해도, 결국 오지 말라고 했다는 건 변함이 없었다. 이래저래 답답한 하루였다.

푸얼에서 돌아온 다음 날, 홍 대리는 오후에 회의를 소집했다. 밤새 잠 못 이루고 뒤척이며 고민한 것들에 대해 직원들의 의견을 들어보고 싶어서였다. 이럴 때면 스스로가 많이 변했음을 느꼈다. 불과 두어 달 전만 하더라도, 홍 대리는 자신이 생각한 바가 있으면 그대로 밀어붙였다. 여러 사람의 이견을 듣다보면 배가 산으로 가게 될 거라는 생각도 있었고, 자신의 능력을 믿는 만큼 다른 사람을 믿지 못한 것도 있었다. 하지만 계속된 실패를 통해 절실히 깨달았다. 자신의 능력에는 분명한 한계가 있고, 이를 보완하려면 다른 사람들의 힘을 빌려야 한다는 것을……

“총경리님, 괜찮으세요?”

회의 시작 전, 잠시 책상 앞에 앉아 생각에 잠겨 있다가 깜빡 잠든 홍 대리는 리리의 목소리에 정신을 차렸다. 중국에 온 후로 매일 야근에 철야까지 마다하지 않았고, 두어 달 전부터는 매주 푸얼에 다녀오는 것이 일상이 되어 몸이 열 개라도 부족할 지경이었다. 게다가 이런저런 고민으로 밤새 뒤척였더니 생각보다 피곤했다.

“아, 괜찮아요. 어서 회의합시다.”

“아직 20분 남았어요.”

“아……, 그래요?”

홍 대리는 자리에서 일어서다가 잠시 어지러움을 느끼고 책상을 짚었다. 깜짝 놀란 리리가 다가와 부축했다.

“총경리님, 안 되겠어요. 오늘은 이만 들어가서 쉬세요.”

“괜찮아요.”

“괜찮긴요! 지금 거울을 보세요! 무슨 환자 같다고요!”

리리는 자신도 모르게 언성을 높였다가 자기 목소리에 스스로 놀라 얼굴을 붉혔다. 뒤에서는 다른 직원들이 일을 하다 말고 무슨 일인가 싶어 돌아다봤다.

“진짜 괜찮아요, 리리 씨.”

홍 대리는 빙긋이 웃으며 리리를 안심시켰다. 하지만 리리는 좀처럼 쉽게 물러서지 않았다.

“총경리님이 쓰러지면 빈하우스도 끝이에요. 그러니까 이번에는 제 말 좀 들어요.”

리리의 고집스런 표정을 보며, 홍 대리는 좀 전보다 더 밝게 웃었다.

“리리 씨, 나 홍규태예요. 이 정도로 안 쓰러져요. 정진중 씨랑도 약속했거든요. 절대 안 쓰러진다고…….”

홍 대리는 말끝에 살짝 윙크까지 날리며 여유를 부렸지만, 리리의 표정은 밝지 않았다. 언뜻 눈가에 눈물이 고인 것을 본 듯했지만, 이내 리리가 고개를 돌리고 사무실을 나가버리는 바람에 확신할 수는 없었다. 홍 대리는 예상치 못한 리리의 반응에 당황해 멍하니 서 있었다.

사무실을 나선 리리는 화장실로 들어가 거울로 자신의 얼굴을 살폈다. 바보처럼 눈물을 보일 뻔했다.

“이게 무슨 꼴이람.”

리리는 거울 속의 자신을 한참이나 바라보다가 시간을 확인했다. 회의 시작까지는 아직 10여 분이 남았다. 그 안에 마음을 다잡아야 했다.

사실 리리는 총경리가 약한 모습을 보였다고 해서 자신이 왜 이렇게 울컥했는지, 스스로도 도무지 자기 마음을 알 수 없었다. 최근 들어 총경리가 힘들어하는 모습을 자주 보였고, 그때마다 힘이 되어주지 못하는 게 못내 안타까웠다. 하지만 그렇다고 눈물을 보이려 하다니!

"에이, 몰라!"

리리는 거울 속의 자신에게 인상을 쓰고는 다시 사무실로 돌아갔다.

회의 시작 직전까지 홍 대리와 리리 사이에는 미묘하고도 어색한 분위기가 감돌았다. 하지만 홍 대리는 자칭 '프로페셔널의 살아 있는 표본'이었다.

"오늘 회의 안건은 두 가지입니다."

홍 대리는 아주 프로페셔널하게 '목소리에 힘을 잔뜩 주고' '시선을 리리 쪽으로 돌리지 않으려 애쓰며' 말했다.

"우선 회사의 상호에 대한 건입니다."

"상호 변경은 아직 본사에서 승인이 안 된 거 아닙니까?"

박효병이 물었다. 홍 대리는 고개를 끄덕였다.

"맞습니다. 하지만 이미 확정된 것이나 다름없어요."

홍 대리는 며칠 전에 본사에 올린 제안서를 떠올렸다. 오승진 상무에게 전해 들은 바로는 본사 임원진들 중 상당수는 여전히 회의적인 반응이지만, 몇몇은 상호 변경의 당위성을 인정했다고 한다. 특히 이준서는 적극 찬성이었다. 어제 저녁에도 직접 전화를 걸어, 자신이 어떻게든 성사시키겠노라고 호언장담을 하고는 끊었다. 물론 그건 전화를 건 표면적인 이유였고, 원두 계약 진행을 확인하는 것이 본래의 목적이었음을 홍 대리도 알지만, 어쨌든 힘을 실어 주겠다니 고맙긴 했다.

"그래도 기껏 정했는데 승인 안 되면 괜한 짓을 하는 거잖아요."

박효병의 볼멘소리에 딩관제도 고개를 끄덕였다. 하지만 홍 대리는 그렇게 생각하지 않았다.

"아니요, 괜한 짓이란 건 없어요. 우리끼리 의견을 나누면서 서로의 생각을 알게 되는 것만으로도 큰 수확이 될 수 있죠."

직원들을 한번 둘러본 후, 홍 대리는 말을 이었다.

"우리는 함께 일하면서도 서로를 너무 모릅니다. 이런 회의를 통해 서로를 이해하게 될 거예요. 그게 당장은 아니더라도 언젠가는 빛을 볼 거고요."

좋은 말이었다. 그 자리에 있는 사람들 모두 그 말이 옳다는 건 알고 있었다. 하지만 좋은 말이라고 해서 항상 좋은 건 아니다. 지금처럼 바쁠 때, 자칫하면 헛수고가 될 수도 있는 회의를 왜 한단 말인가? 게다가 어디까지나 원론적인 이야기일 뿐, 회의를 통해 상대방을 파악하는 데는 명확한 한계가 있게 마련이다. 아무리 자유로운 분위기에서의 회의라 하더라도, 회의의 특성상 누구든 마음속에 있는 의견을 다 말하기란 어렵다. 다른 사람들에게 바보 취급을 당할까 봐 우려하는 마음도 있고, 윗사람의 의견에 반대 했다가 눈밖에 날까 두려워하기 때문이기도 하다. 심지어는 '이떤 의견이든 허용된다'는 브레인스토밍에서도 그렇다는 실험 결과가 있다. 즉, 직원들 입장에서는 지금 홍 대리의 말이 '경영학 교과서 에나 나올 법한 그럴싸한 이야기'처럼 들렸다.

"자, 이쯤이면 다들 '그런 이상적이지만 현실적이진 않은 이야기나 하다니’ 하고 나를 원망하고 있겠죠?”

홍 대리가 정확히 꼬집자, 공연히 민망해진 직원들은 헛기침을 하거나 손으로 부채질을 했다.

“이제 현실적인 이유를 말해줄게요. 지금 빈하우스 중국 법인에는 변화가 필요해요. 그것도 최대한 빨리, 최대한 큰 성과를 낼 수 있는 변화가요. 지금 본사에서 승인이 나려면 며칠 걸릴 겁니다. 그때 상호를 정하려면 또 며칠이 지나겠죠. 하지만 미리 상호를 정해두면, 본사 승인이 떨어졌을 때 곧바로 실행할 수 있습니다. 비즈니스에서 며칠 차이는 천양지차라는 거, 다들 아시죠?”

모두들 그제야 좀 수긍하는 표정이었다. 요컨대 승인이 날 가능성이 높으니 미리 준비해뒀다가 승인이 떨어지면 곧바로 행동에 나서자는 것 아닌가? 평소 추진력과 행동력 하나는 누구에게도 뒤지지 않았던 총경리다웠다.

“자, 이제 의견들을 말해보시죠. 떠우지아보다는 나은 의견들을 내주시기 바랍니다.”

홍 대리의 말에 다들 웃음을 터뜨릴 정도의 여유를 되찾았다.

“잘나가는 회사 이름을 벤치마킹하는 건 어떨까요?”

홍 대리가 본 중국인들 중 적극적으로 회사 일에 나서는 걸로는 챔피언급인 마오랑이 의견을 개진했다. 다른 사람도 아니고 마오랑의 의견이라니, 홍 대리는 내심 기대가 컸다. 하지만…….

“예를 들면, 스타벅스를 벤치마킹해서 스타북스(Star Books) 어떻습니까? 책도 읽을 수 있게 해놓으면 이름이랑 딱 맞죠.”

홍 대리가 경악할 틈도 없이, 이번에는 박효병이 덧붙였다.

"아니면 85도씨가 잘나가니까, 우린 좀 더 써서 86도씨 어때요?"

"자네들, 장난하는 건가?"

딩관제가 꾸짖듯 한마디 하자, 홍 대리는 기운이 좀 났다. 역시 딩관제는 경력이 있어서 뭐가 달라도 다른 모양이다.

"그렇게 이미 유명한 곳을 따라 하는 것보다는 인기가 높아지는 곳을 따라 하는 게 좋지. 파리바게트가 점점 인기를 얻고 있으니, 뉴욕바게트 어떤가? 아니면 베이징바게트라던가. 좀 더 머리를 쓰면 파리월병도 좋겠군. 총경리는 어찌 생각하시오?"

홍 대리는 대답을 해야 할지 말아야 할지 고민이 됐다.

'이건 중국인들 특징인가? 아니야, 중국인들이 저작권이나 지식재산권에 무감각하고 이런 황당한 행동을 자주하는 편이긴 하지만, 꼭 중국인만 그런 건 아닐 거야. 봐, 박효병 씨도 똑같은 말을 하잖아. 그래, 그냥 좋게 생각하자. 브레인스토밍이잖아.'

그렇게 생각해도 한숨이 나오는 건 어쩔 수 없었지만, 화를 내거나 타박하지 않고 넘어갔다.

이어진 의견들은 대체로 처음의 그 황당함에서 크게 벗어난 수준은 아니었지만, 그래도 점차 나아지고 있었다. 물론 그렇다고는 해도 홍 대리의 마음에 들 만한 아이디어는 나오지 않았다. 이대로 놔뒀다가는 하루 종일 '쓸모없는' 아이디어만 한가득 나오겠다 싶었던 홍 대리는, 결국 직원들을 제지했다.

"좋은 의견 많이들 내주셔서 감사합니다. 이대로 가다가는 아이디어에 깔려 죽겠네요. 자, 이쯤에서 기본으로 돌아가 다시 시작해 봅시다. 우리가 상호를 변경하려는 이유가 뭐죠?"

홍 대리의 질문에 다들 흥이 끊긴 듯 말이 없었다. 그러자 지금 껏 의견을 내지 않고 조용히 있던 리리가 대답했다.

"그거야 '빈하우스'라고 하면 사람들이 잘 이해하지 못하기 때문 아닌가요?"

"맞아요! 바로 거기서 시작해야 합니다."

홍 대리는 손가락을 퉁긴 후 검지로 리리 쪽을 가리키며 유쾌하게 대답했다. 홍 대리의 손가락과 시선이 자신 쪽으로 향하자 리리는 당황했지만, 내색하지는 않았다.

"한국에서 빈하우스는 좋은 이름이지만 중국에서는 그렇지 않다는 게 문제죠. 난 이 이름이 좋다, 그러니 당신들도 이 이름을 좋아해라. 이건 문제가 있다는 겁니다. 개인의 이름이 아닌 상호라면, 당사자들만이 아니라 고객에게도 좋아야죠."

직원들에게 설명을 하면서 홍 대리 스스로도 상호 변경에 대한 당위성을 더더욱 이해하게 된 느낌이었다. 홍 대리는 중국 오경(伍經) 중 하나인 『예기(禮記)』의 「학기(學記)」편에 나오는 교학상장(敎學相長)을 떠올렸다. 가르치고 배우면서 서로 성장한다는 뜻으로, 비록 자신과 직원들이 스승과 제자는 아니었지만 서로가 서로에게 가르치고 배우면서 성장할 수 있음을 깨달았다. 지금도 자신조차 확신하지 못했던 방향에 대해 오히려 설명하는 도중에 그 길이 옳다는 걸 알게 된 것이다.

"중요한 건, 듣기에도 좋고 의미도 좋아야 한다는 겁니다. 누구에게?"

홍 대리는 갑작스레 질문을 던지면서 마오랑을 가리켰고, 당황한 마오랑은 거의 반사적으로 대답했다.

"고, 고객에게요!"

"빙고! 정답입니다. 그렇다면 우리 고객이 좋아하는 게 뭔지 생각해보죠."

홍 대리의 제안에 사람들은 각자 생각에 잠겼다. 그리고 하나씩 의견이 나오기 시작했다. 딩관제와 마오랑, 리리, 박효병은 각자 자신이 좋아하는 것에 대해 마구 쏟아냈는데, 홍 대리가 듣기에는 '중국인들이' 좋아할 만한 것이 아니라 각자 '자신이' 좋아하는 것들을 말했다. 딩관제는 돈과 딸, 유자차, 리리는 초콜릿케이크와 김수현, 마오랑은 예쁜 여자, 박효병은 낮잠, 대강 그런 식이었다.

"그만! 다들 이제 충분해요. 상호로 쓰기 힘든 건 빼죠. 김수현 카페, 유자차 카페, 이렇게 지을 수는 없잖아요. 그런 거 말고, 중국인들이 '대체로' 좋아하는 거, '특히' 중국인들이 좋아하는 거, '유독' 중국인들이 좋아하는 기. 그런 걸 찾아보자고요. 예를 들면 한국인들은 유럽이나 서양 스타일을 좋아해요. 그래서 카페 이름이 대체로 영어죠."

직접 말을 해놓고 나니, 정말 한국어로 된 카페는 거의 본 적이 없다는 생각이 들었다. 자기 입으로 한국인들이 사대주의적 성향이 강하다고 말한 것 같아 씁쓸했지만, 이는 홍 대리가 항상 느껴왔던 바이기도 하다. 모 TV 프로그램에서 출연자들의 체질을 분석하는 장면이 나왔는데, '중국인들에게서 많이 보이는 체질'이라는 말을 들은 사람들은 실망한 표정이었고, '유럽인들에게서 많이 나타나는 체질'이라는 평을 들은 출연자들은 방방 뛰며 환호했다. 그 장면을 보면서 홍 대리는 사대주의라며 혀를 차고 눈살을 찌푸렸다. 하지만 돌이켜보니 자신 역시 그들과 다르긴커녕 오히려 그들보다 더 심한 사대주의에 빠져 있었다는 생각이 들었다. 그들이 체질이라는 '물리적' 요소에서 사대주의를 보였다면, 홍 대리 자신은 '정신적' 측면에서 사대주의를 가졌다는 차이뿐이었다. 미국에서 공부한 이후로 이런 면이 더욱 강해져, 오로지 미국식 경영 기법만으로 모든 것을 해결하려 하지 않았던가. 게다가 겉으로는 예의를 차리는 척하면서 속으로는 중국 사람들을 무시하기 일쑤였다. 그런 자신이 다른 사람들을 사대주의자라 욕했다는 사실이 무척 부끄럽게 느껴졌다.

"그렇게 따지면 역시 돈이지."

딩관제는 다시 한 번 돈 이야기를 꺼냈다. 그러자 다른 직원들이 그 말을 받아 덧붙인다.

"그럼 카페 머니? 머니 카페? 뭐라고 하죠?"

홍 대리는 직원들이 자신의 말을 이해하지 못한 것 같아 한 소리 하려다가 생각을 바꿨다. 자신이 원한 것은 특정 물건이나 물질적인 것이라기보다는 성향을 자극할 만한 무엇이었는데, 그렇다고 꼭 물성을 갖춘 것들을 제할 것이 아니라 거기서부터 발전시켜나가는 편이 오히려 낫겠다는 생각도 들었다.

"자, 그럼 돈을 왜 좋아하죠?"

"왜긴? 돈 싫어하는 사람 있나?"

맞는 말이었다. 더 좋아하느냐 덜 좋아하느냐의 차이는 있을지언정, 홍 대리가 본 그 누구도 돈을 싫어하지는 않았다. 그리고 홍 대리가 본 사람들 중 돈 좋아하기로는 중국인을 따라갈 사람이 없었다. 그런 의미에서 '돈'을 잘만 활용한다면 괜찮은 상호가 나올 것도 같았다. 문제는 '돈 카페'라고 지을 수는 없지 않느냐는 것이었다.

"네, 좋습니다. 다들 돈을 좋아한다는 것에는 아무도 이견이 없는 것 같군요. 문제는 돈과 카페 이름을 어떻게 연결시키느냐 하는 거겠죠. 이제 그쪽으로 생각의 방향을 틀어봅시다."

회의는 잠시 정체됐다. 다들 쉽사리 의견을 내놓지 못할 정도로, 상호를 만든다는 것은 어려운 일이었다.

"다시 생각해봅시다. 돈을 왜 벌까요?"

"그야 부자가 되려는 거죠."

리리의 의견이었다. 홍 대리는 좀 더 근본적인 무언가를 끄집어내려다가, 불현듯 생각이 미치는 부분이 있었다.

"부자가 되려면 돈을 모아야죠? 돈을 모은다, 부자가 된다."

"카페 파차이?"

마오랑이 묻는 건지 혼잣말을 하는 건지 모르게끔 한마디를 던졌다. 파차이(發財)란 '재산을 모은다'라는 뜻으로, 결국 부자가 된다는 뜻이기도 하다.

"그건 너무 직설적이라 조금 그런데……."

그때 리리가 지나가듯 조용히 말했다.

"그럼 빠(八)를 넣는 게 좋겠네요."

순간 홍 대리의 머릿속에 번쩍 하고 지나가는 것이 있었다. 중국 사람들의 '8 사랑'이 떠오른 것이다. 8의 중국 발음인 '빠'가 파차이의 '파'와 비슷하다는 것만으로 8자에 대한 중국인들의 사랑은 어마어마할 정도였다. 2008년 8월 8일 8시에 베이징올림픽 개막식을 열었고, 로고가 8을 옆으로 누인 것 같다는 이유로 자동차 중 아우디의 인기가 엄청났으며, 거금을 들여 8자가 많이 들어간 핸드폰 번호를 사기도 한다.

"카페88!"

홍 대리가 외치듯 말했다. 처음에는 무슨 말인가 싶었던 직원들도 이내 고개를 끄덕였다.

홍 대리가 생각하는 카페88에는 여러 가지 의미가 담길 수 있었다. 8을 두 번이나 사용함으로써 8을 좋아하는 중국인들에게 어필할 수 있다. 또한 발음은 '카페빠빠'에 가까운데, 파파(papa)는 어디서든 '아빠'를 떠올리게 한다. 실제로 어느 나라든 아기들이 대부분 엄마를 '맘마', 아빠를 '파파'에 가깝게 발음한다는 연구결과도 있었기에, '아빠가 자식들을 위해 만든 정성스럽고 건강한 음식'의 이미지를 살려 홍 대리가 항상 꿈꾸던 고급화 전략의 발

판으로 사용할 수도 있다. 또한 8과 관련된 여러 가지 이벤트를 시행할 수도 있다. 이를테면 8번째와 88번째 방문 손님에게 소정의 선물을 준다거나, 보통 10잔을 마시면 1잔 무료인 쿠폰을 8잔에 1잔 무료 쿠폰으로 바꿀 수도 있다. 8월 8일에는 더욱 큰 이벤트를 진행할 수도 있을 것이다.

마치 막혀 있던 둑이 터진 듯, 홍 대리의 머릿속에서는 온갖 아이디어들이 샘솟기 시작했다.

"카페88이라……. 내 생각엔 괜찮은 것 같소이다."

"네, 저도 좋아요."

딩관제와 리리가 고개를 끄덕였다. 마오랑도 씩 웃으면서 손으로 OK를 그렸다. 박효병은 썩 마음에 들지는 않는 듯했으나, 그렇다고 딱히 마음에 안 들어하는 것도 아니었다. 어차피 중국인들을 겨냥한 이름이라면, 지금 상황은 괜찮아 보였다. 박효병도 결국 한국인 아닌가? 홍 대리도 한국에서라면 카페88이라는 이름을 쓰지는 않았을 것이다.

"좋습니다. 카페88로 이름을 바꿀 경우의 이점에 대해 본사에 알리면 상호 변경에 대해 더 긍정적인 답이 올 겁니다."

회의가 너무 길어지면 효율이 떨어질 수 있다는 생각에, 홍 대리는 다음 안건으로 넘어갔다.

"자, 우리에게는 총 16개의 적당한 매장 후보가 있어요. 이 중에 7개 이상은 올해 안으로 계약해서 오픈을 해야 합니다. 오픈 준비를 서두르면 1개월 반에서 2개월이라 잡고, 늦어도 10월 전까지는

7개 점포 이상 계약해야 한다는 거죠. 어디를 먼저 계약하는 것이 좋을지, 다 같이 논의해봅시다.”

딩관제가 가져다 준 자료를 보며 16군데를 모두 돌아다닌 홍 대리로서는 모든 곳이 마음에 들었다. 만약 혼자 알아보려 했다면 이렇게 적절한 위치에 이 정도 가격으로 나온 매장을 찾기도 어려웠을 것이고, 찾았다 하더라도 계약하지 못했을 가능성도 컸다. 새삼 고마워, 홍 대리는 딩관제를 일견했다. 한데 딩관제의 표정이 썩 좋질 않았다. 하지만 개인 사정 때문일 수도 있기에 공적인 회의자리에서 무슨 일인지 물을 수는 없었다. 다행이라면, 딩관제가 곧 그 궁금증을 풀어줬다는 것이다.

“그런데 총경리, 조금 문제가 있는 것 같소.”

“문제요?”

홍 대리는 ‘문제’라는 말에 신경이 예민해졌다. 딩관제는 돌려서 말하는 성격이 아니었다.

“아마 빨리 계약 안 하면 다 날아가 버릴 거요. 이번에 놓치면 그렇게 좋은 곳이 언제 또 나오겠소? 그리고 몇 군데는 아직 정식으로 내놓은 게 아니라서 시간을 끌다 보면 곧 매물로 등록될 거요. 그럼 여기저기서 달려들어 가격이 치솟을 테니, 그 전에 계약을 싹 맺어놓는 것이 회사에도 이득이고 정보 준 친구들에게 내 체면도 서지 않겠소?”

딩관제의 체면 생각하느라 안 되는 일을 되게 할 수는 없지만, 회사를 위해서라면 이야기가 달라진다. 더군다나 딩관제 말대로 아직 정식 물건으로 등록되지 않은 곳이라면 빨리 진행하는 것이 좋았다.

"아니, 아직 물건 등록이 안 된 곳이라는 얘기를 왜 이제 해주는 겁니까?"

홍 대리는 황당하다는 듯이 물었다. 그리고 곧 더 황당한 답변이 돌아왔다.

"총경리가 물어본 적이 없지 않소?"

"……"

드라마나 코미디 프로그램에서만 들었던 대사를 직접 듣게 되니 어이가 없긴 했지만, 사실은 사실이었다. 물은 적이 없지 않은가? 게다가 홍 대리가 본 중국인들이라면 충분히 그런 식의 사고를 하고도 남았다. 테이블 닦으라고 지시하면 의자에는 뭐가 묻어 있든 말든 내버려 둔 채 정말 테이블만 닦는 직원도 있는 곳이 바로 중국이었다. 아무리 중요한 일이라도 묻지 않았으니 먼저 말하지 않았다는 것도 상식에 어긋나지 않는 게 중국식 사고방식인 것이다. 불과 두어 달 전까지만 하더라도 이런 상황이었다면 거의 미친 듯이 날뛰었을 홍 대리지만, 이제 덤덤하게 받아들일 수 있었다. 오히려 다음 단계가 무엇인지를 생각할 정도로 마음이 평온해졌다.

"딩관제 경리, 각 후보지별로 우리가 계약 제시해야 할 데드라인을 좀 알아봐줘요. 나도 좋은 점포 싸게 잡고 싶고 딩관제 경리 체면도 세워주고 싶지만, 너무 과한 걸 본사에 요구했다가는 단

하나도 안 들어줄 수도 있어요. 그러니 최대한 우리에게 유리한 방향으로 알아봐줘요. 부탁할게요. 딩관제 경리만 믿습니다.”

홍 대리가 진심을 담아 부탁하자, 딩관제의 표정도 덩달아 진지해졌다.

“걱정 마시오, 총경리. 내 빨리 알아 오겠소.”

딩관제는 곧바로 핸드폰을 챙겨들고 일어섰다.

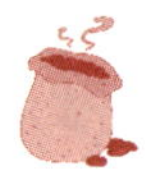

전화벨이 울린다. 네 번, 다섯 번……. 바쁜 건지, 상대는 전화를 받지 않는다. 여섯 번, 일곱 번……. 여전히 받지 않는다. ‘높은 분은 항상 바쁜 건가?’ 홍 대리는 생각했다. 여덟 번, 아홉 번……. 드디어 받는다.

“여보세요?”

“홍 대리입니다, 이준서 실장님.”

홍 대리는 다소 사무적인 목소리로 인사했다. 이준서는 홍 대리가 예상했던 두 가지 반응인 당황 또는 반김 중 어느 쪽도 아닌 반응을 보였다. 아니, 어쩌면 양쪽 반응을 다 보인 것일 수도 있다.

“어……. 어, 그래, 규태야! 어쩐 일이야? 중국은 해가 서쪽에서 뜨나? 천하의 홍규태가 먼저 나한테 전화를 다 하고……. 하하!”

‘당황하면서 반기기’에 가까운 반응을 보며, 홍 대리는 웃음이 나오려 했다. 먼저 이준서에게 전화를 걸 일이 생길 거라고는 스스로도 생각지 못했으니, 상대방은 오죽 당황스럽겠는가.

"긴 말은 하지 않겠습니다. 부탁드릴 게 있습니다."

"그래, 홍 대리. 뭔지 몰라도 일단 들어볼까? 미리 말하는데, 부탁 들어줄 수 없을지도 몰라."

이준서는 어느새 '고등학교 동창'에서 '빈하우스 전략기획실장'으로 모드를 변경했다. 그동안 원두 계약하라, 매장 수를 늘려라, 이거 해라, 저거 해라…… 항상 닦달하던 이준서에게 이가 갈릴 지경이었지만, 순식간에 이렇게 자기 위치를 찾아가는 프로페셔널한 모습은 인정하지 않을 수가 없었다. 이준서는 능력 없으면서 단지 부모 잘 만나 사업 물려받아 떵떵거리고 살다가 그 사업마저 말아먹는 흔한 후계자와는 질적으로 달랐다. 빈하우스는 더 번창할 것이다. 홍 대리는 그렇게 생각했다.

"제가 오후 4시경에 보내드린 메일 보셨습니까?"

홍 대리는 서울과 베이징의 시차를 계산해 물었다.

"아, 내가 회의 끝나고 막 나온 참이라……. 지금 확인할게."

이준서가 메일함을 열고 확인하는 동안, 홍 대리는 마음을 다잡으며 기다렸다. 지금부터 하려는 이야기는 결코 가벼운 마음으로 해서도, 들어서도 안 되는 것이기 때문이다. 자신이 원하는 방향으로 이야기가 마무리되건 그 반대가 되건 홍 대리로서는 승부수를 띄운 것이 된다. 긴장감이 목을 옥죄어온다. 심장은 평소보다 빠르고 힘차게 뜨거운 피를 내뿜는다.

"홍 대리, 이거 말이지……."

과연 이어질 말은 무엇일까? 머리끝부터 발끝까지 곤두선 신경은 이준서의 다음 말로 쏠린다.

"좋은데? 아주 좋아."

홍 대리의 긴장감이 탁 풀리려는 순간, 마음 한구석에서 '신중한 홍 대리'가 말한다. 아직은 아니야……. 어째서일까? 분명 좋다고 하는데, 그것도 아주 좋다고 하는데, 어째서 아직은 아니라는 생각이 드는 걸까?

"좋긴 한데, 자신은 있는 거야?"

이거다. '신중한 홍 대리'는 이걸 염려한 거다. 홍 대리는 평정심을 유지하려 애쓰며 말했다.

"자신이 없으면 그런 보고서를 쓰지도, 이렇게 연락하지도 않았을 겁니다."

"근데 다른 사람들이 이걸 믿어줄까?"

"믿게 만들어달라고, 믿지 않는다면 실장님만은 절 믿고 밀어붙여달라고 부탁을 드리는 겁니다."

"하, 이거 참……. 쉬운 문제가 아닌데……."

홍 대리는 이준서의 입장을 십분 이해했다. 자신이 그 입장이었다 하더라도 엄청난 고민에 휩싸였을 것이다. 자신이 보낸 보고서의 내용을 떠올려보니, 자신이 너무 무리한 요구를 한 게 아닐까 싶기도 했다.

"회사 이름 변경이야 그렇다고 쳐. 거의 확정된 분위기니까. 문제는……."

이준서는 혀를 끌끌 찼다.

"매장 계약 건 말인데, 이거 꼭 올해 안에 16군데를 다 계약해야 되는 거야?"

딩관제가 발품을 팔고 여기저기 전화를 해서 알아낸 바로는, 16개의 후보지 중 8군데는 특히 서둘러서 계약을 하지 않으면 다른 곳과 계약이 진행될 우려가 있는 곳이었다. 최소한 '우리 당신들에게 관심이 있소'라는, 소위 '밑밥'이라도 던져둬야 건물주가 다른 곳과 계약해버리는 걸 막을 수 있다.

사실 당장 오픈하지도 않을 곳까지 미리 계약을 해두는 것은 홍 대리 스타일은 아니었다. 그런 행태는 마트에 갔다가 단지 할인 판매나 1+1 이벤트를 진행한다는 이유만으로 자신에게 필요하지도 않은 물건들을 잔뜩 사는 것처럼 비합리적인 행동이라는 것이 홍 대리의 지론이었다. 하지만 이번만은 그렇게 하고 싶었다. 한번 놓치면 다시 올 수 없는 매장들이기에 최대한 많은 곳을 계약해두고 싶었다. 이준서의 지시대로라면 올해 안에 7개 점포만 더 개장하면 되지만, 기왕 '빡세게' 해야 한다면 최대한 빡세게 하는 게 낫다는 심정이었다. 7개나 16개나 힘든 건 마찬가지라면, 더 힘든 대신 성공했을 때 돌아올 것이 훨씬 큰 쪽을 택한다는 단순한 생각이었다. 특히 다른 곳은 몰라도 쏘우쿨 두 개 매장만은 반드시 입점해야 했다.

비록 생각은 단순했지만, 이는 필수적인 전략이기도 했다. 어차피 세계 유수의 커피전문점들을 비롯해 최근에는 직접적으로 자신들을 겨냥하고 있는 판다커피에게 순식간에 짓밟히지 않으려면 반격은 강력할수록 좋았다. 그렇게 좋은 위치에 그토록 많은 숫자의 매장이 한꺼번에 들어온다면 인지도 측면에서도 확실히 순식간에 몇 단계는 올라설 것이다. 문제는 이를 뒷받침할 정도의 자금을 회사에서 지원해줄 수 있느냐는 것, 또 하나는 매장을 확장한 후에 어느 정도의 매출을 올리고 유지할 수 있느냐는 것. 바로 이 두 가지 문제가 홍 대리가 이준서에게 전화를 건 이유였다.

"보고서를 보시면 알겠지만, 어느 곳 하나 놓치기 싫은 곳들뿐입니다. 이번 기회가 지나면 그런 좋은 위치를 찾기 힘듭니다."

홍 대리는 출력해놓은 보고서를 펼쳐서는 페이지를 짚어가며 설명했다. 전화로 프레젠테이션을 하고 있는 셈이었다.

"또한 상호 변경과 이벤트 방안에 대한 보고서를 보시면, 상호가 매출에 미치는 영향에 대한 사례분석과 우리 회사의 상호를 변경할 경우 예상되는 효과가 나타나 있습니다. 이와 연계해 매출을 올릴 수 있는 아이디어들이 정리되어 있으니, 읽어보시기 바랍니다."

홍 대리는 잠시 시간을 줬고, 이준서는 재빨리 보고서를 훑었다. 그리고 이내 결심한 듯 말했다.

"이걸 내가 거절하면 어떻게 되는 거지?"

"그럼 둘 다 망하는 거지. 한국 시장에서 아무리 커봐야 한계는 명확하잖아. 2020년이면 중국의 중산층 인구는 전체의 51퍼센트에 이를 거라는 예측 조사가 있어. 14억 명의 51퍼센트면 7억 명이 넘어. 이 사람들만 타깃으로 삼아도 한국 전체 인구의 10배가 훌쩍 넘는다고. 그리고 지금이야말로 중국에 진출할 수 있는 최적의 기회고. 현재에 만족해 미래를 버릴 생각은 아니겠지? 어머니가 잘 차려놓은 회사를 망친 못난 아들이 되고 싶은 거야?"

홍 대리는 어느새 존대를 생략했다. 거기다 신경을 자극할 만한 말도 서슴지 않았다. 지금 홍 대리에게 이 상황은 모 아니면 도였다. 어차피 자신의 제안이 완전히 받아들여질 거라고는 생각지 않았다. 다만 이준서가 최대한 자신의 의견을 지지하게 만들어 둬야 다음 단계로 넘어갈 수가 있다는 계산이었다. 그리고 이를 위해서라면 홍 대리는 모든 수단을 총동원할 각오가 돼 있었다.

하지만 의외로 이준서는 흥분하지 않았다.

"날 좀 더 설득시켜봐. 지금은 아직 뭔가 부족해. 콕 찍어 말은 못 하겠지만, 뭔가가 부족하다고. 그 '뭔가'가 뭔지 알아내서 나한테 말해봐."

어려운 문제였다. 하지만 이준서가 호락호락하지도 경솔하지도 않으면서, 그렇다고 너무 소심하거나 소극적이지도 않다는 증거였다. 홍 대리는 안심했다. 만약 단번에 덜컥 자신의 제안을 받아들였다면, 그건 또 나름대로 문제였을 것이다. 시간이 촉박하기에 우선 제안을 던지긴 했지만, 자신이 보기에도 지금 보낸 아이디어들은 상당한 도박이 될 수도 있기 때문이다.

홍 대리는 자신이 준비한 카드 하나를 내밀기로 했다.

"매장 확장 전에 윈난성의 커피농장과 계약을 맺겠다면?"

“그것도 좋지. 하지만 그건 이미 기존에 지시가 내려간 거니까 성사시킨다고 해도 이런 제안을 받아들일 사유는 안 돼. 더 없어?”

이번에도 홍 대리는 이준서가 만만한 사람이 아님을 깨달았다. 왠지 기분이 묘했다. 친해지려면 충분히 친해질 수 있었던 고등학교 3년간 대화다운 대화 한 번 제대로 나눠본 적 없건만, 지금 이렇게 중요한 문제로 통화를 하고 있다는 게 신기하기도 했고 재미있기도 했다.

이준서의 대답이 썩 긍정적이진 않았지만, 원난성 커피농장 계약이라는 카드가 어느 정도 효과가 있다는 느낌이 들었다. 원난성 원두 확보라면 비용 절감을 통해 직접적으로 순매출을 올릴 수 있는 것이다. 즉, 자신이 낸 아이디어들과 조합할 경우 확장한 매장들의 매출을 기대할 수 있는 근거로 제시하기에 충분했다. 물론 이준서의 말대로 이는 매장 확장과 별도로 어차피 지시가 내려온 것이긴 하지만 말이다.

더 생각해봐야 딱히 내밀 카드가 없었으므로, 홍 대리는 소기의 성과에 만족하기로 했다.

“알겠습니다, 실장님. 나흘 내로 말씀드리지요.”

홍 대리의 말투는 어느덧 다시 이준서 ‘실장’을 대하는 홍규태 ‘대리’의 자리로 돌아와 있었다.

“나흘? 그걸로 되겠어?”

“한 달 같은 나흘을 보내야죠.”

“엄청 힘들 텐데?”

“그 정도 각오도 없이 이런 황당한 제안을 했겠습니까?”

“황당한 줄은 아나보네?”

멋쩍어진 홍 대리는 그냥 웃었다. 이준서도 따라 웃다가, 이내 목소리를 가다듬었다.

“규태야. 솔직히 말하자면, 네 말대로 난 내가 어머니 회사를 말아먹은 아들이 될까 봐 걱정돼. 그러지 않으려면 뭔가 획기적인 방안이 필요해.”

이런 대화를 나눌 정도로 가까운 사이는 아니라고 느꼈기에, 홍 대리는 괜히 좀 어색해졌다. 그렇다고 딱 잘라버릴 수도 없어 그냥 듣고만 있었다.

“네가 말하지 않아도 중국이 중요하다는 건 나도 알아. 회사를 물려받게 된다면 중국 사업부터 밀어붙일 계획이었고.”

물론 아직 회사를 물려받은 것은 아니었기 때문에 밀어붙이는 데 한계가 있을 것이다. 이 부분이 바로 홍 대리가 파고들어야 할 곳이었다. 적당한 선까지 밀어주기만 하면 자신이 성과를 보여주고, 이를 바탕으로 더 밀어붙일 수 있게 되는 선순환 구조를 만들 수 있음을 증명해야 했다.

“그리고 난 널 믿는다, 규태야. 너무 잘난 척을 해서 좀 재수 없는 놈이긴 해도, 잘난 놈이 잘난 척하는데 뭐라고 할 수도 없고……. 어쨌든 너 잘난 건 내가 알아. 그래서 난 널 믿어.”

홍 대리는 닭살이 쫙쫙 돋았다. 얼마 전에도 이런 비슷한 느낌이 든 적이 두 번 있었다. 장펑이 “네 덕분이야”라고 했을 때, 그리고 정진중이 자신을 존경한다고 했을 때. 그때도 멍해지면서 손발이 오그라드는 느낌에 낯간지러움까지, 지금과 비슷했다.

"그 잘난 능력, 이번에 좀 보여봐."

"걱정 마라, 이준서. 나 홍규태야!"

"짜식, 좀 띄워줬다고 또 우쭐해서는……."

둘은 마치 '친구'처럼 농담을 주고받았다.

"진짜 걱정하지 마라. 나 이번엔 말만이 아니라 정말 목숨 걸고 한다. 내가 목숨 걸고 하면 무슨 일이 일어나는지 알아?"

"아니, 몰라. 무슨 일이 일어나는데?"

"나도 몰라. 목숨 걸고 뭐 해본 적이 없거든."

홍 대리의 반전 있는 대답에 이준서는 유쾌하게 웃었다.

"그래서 이번에 처음으로 목숨 걸고 해보려고. 나도 궁금해졌거든. 내가 목숨 걸고 하면 뭘 얼마나 할 수 있을지……."

"그래, 그 잘난 홍규태가 목숨 걸고 일하면 얼마나 잘하는지 나도 좀 보자. 그거 보고 싶어서라도 내가 밀어줄 수 있는 만큼 밀어줄 테니까, 아까 말한 '뭔가'를 좀 물어 와."

"오케이, 나흘만 기다려."

"그래, 나흘."

그 말을 끝으로 홍 대리는 전화를 끊었다.

1. 상표권 등록

중국은 상표를 먼저 등록한 사람에게 권리를 주는 선등록제를 시행 중이라, 이를 악용하는 경우가 있다. 예를 들어, 2012년 애플은 중국 회사에게 6000만 달러를 주고 아이패드(iPad) 상표권을 샀다. 이처럼 외국의 유명 상표들을 다수 등록해놓고 연락이 오기를 앉아서 기다리는 중국인들이 더러 있다.

중국의 상표권 분쟁은 비단 대기업만의 일이 아니다. 거래업체나 경쟁업체에서 상표를 등록하는 경우도 있다. 중국에 부품을 수출하던 한국의 한 중소업체는 중국에 진출하면서 상표 등록을 진행했는데, 2년 전에 어떤 중국인이 상표 등록을 마친 상태였다. 알고 보니 거래하던 중국 업체에서 등록한 것이었다.

온라인 진출도 마찬가지다. 중국 온라인 쇼핑몰인 티몰에 입점하려면 상표권 등록이 필수인데, 일부 업체들은 이미 중국인이 선등록했다는 이유로 본래의 브랜드를 버리고 새로운 브랜드를 만들어 진출하는 경우도 있다. 먼저 등록한 중국 업체에서 '짝퉁'을 판매하는 것을 보고만 있어야 하는 것이다. 따라서 중국에 진출할 계획이 있다면 미리 중국에서 상표를 출원하여 상표권을 확보해두어야 한다. 한 가지 더 주의할 것은 반드시 외국어 상표와 중문 상표 모두 출원해두어야 한다는 것이다. 명품 에르메스는 영문만 출원하여 중문 상표를 출원한 중국 기업을 상대로 소송을 제기했으나 패소했다. 중국은 지식재산권에 대한 개념이 부족하므로 상표권뿐만 아니라 특허권, 저작권 등에 대한 문제도 반드시 살펴봐야 한다.

꽌시도 인수인계하라

중국은 기업이 아니라 사람을 보고 거래한다

예전에 중국 업체에 기계 부품들을 납품하던 칭다오의 한국 업체 사장이 "단가를 더 낮게 조정하지 않으면 거래를 끊겠다고 하니 손 털고 나가라는 건지……"라며 하소연을 한 적이 있다. 중국 거래처들을 관리해오던 영업 직원이 그만두면서 아예 거래를 끊는 기업마저 생겨난 것이다. 그렇다고 그만둔 직원이 회사에 원한을 품고 나가거나 인수인계를 안 한 것도 아니었다. 거래처 명단과 담당자 연락처까지 모두 파일로 남겨놓고 갔지만 거래가 하나둘씩 떨어져나갔다. 한국인 사장은 부족한 중국어 실력과 문화적 차이 때문에 거래처 관리를 중국인 영업 담당자에게 전적으로 의지할 수밖에 없는 상황이었다. 그런 상황에서 담당자가 퇴사하자 거래처들이 거래 조건을 변경하거나 아예 거래 중지를 통보해온 것이다.

한국은 회사를 신뢰하기 때문에 회사를 보고 거래하지만, 중국은 사람을 더 신뢰하기 때문에 사람을 보고 거래하는 경향이 강하다. 그래서 중국에서는 직원이 떠나면 관련된 꽌시도 함께 떠나는 경향이 있는 것이다.

꽌시의 조직적 승계: 종적·횡적 그물망 꽌시를 만들라

중국에서는 직원들이 갑작스럽게 퇴사를 통보하는 경우가 많은데, 이런 경우 업무 인수인계는 물론이고 꽌시의 인수인계가 되지 않아 기업이 치명적인 손해를 보는 경우가 많다. 이러한 불상사를 방지하기 위해 꽌시를 개인이 아닌 회사 차원에서 조직적으로 관리할 필요가 있다. 기본적인 전략은 '개인의 꽌시를 조직의 꽌시로 확대'하고, 그물망식 관리를 통해 회사 차원에서 강한 유대감을 형성하는 것이다. 즉, 사람이 떠난다고 사라지는 파트너십이 아니라, 유대감이 제대로 인수인계되도록 하여 꽌시를 자산화해야 한다. 꽌시의 조직적 승계에 기업의 성패가 달렸다 해도 과언이 아니다. 그러므로 각 기업의 상황에 맞게 꽌시를 조직적으로 잘 승계할 수 있도록 많은 연구가 필요하다.

다음은 지금까지 사업체를 운영하면서 깨달은 꽌시 관리 방법과 주의점이다.

- 중간에서 거래처를 소개해준 사람도 인수인계한다

빌딩 전기설비업체 선정 때의 일이다. 선정 방법에는 공개입찰과 지인을 통해 소개받는 방법이 있었다. 공개입찰을 하면 다양한 업체의 참여로 선택의 폭을 넓힐 수 있지만, 경험상 공사 완료 후 하자가 발생할 때 업체들이 잘 협조하지 않고 때로는 연락조차 힘들어, 지인을 통해 소개받기로 했다. 그래서 회사 고문변호사의 소개를 받아 공사를 했는데, 공사 후 문제가 생겨 업체에 연락했지만 역시나 회피하며 연락이 두절됐다. 결국 업체를 소개해준 고문변호사의 도움으로 문제를 해결했다. 이렇게 중국에서는 공개입찰보다 꽌시를 통해 소개받아야 사업 리스크가 줄어드는 경우가 많다. 문제는 만약 사업 중간에 관리자가 바뀌어 중국 거래 업체를 소개해준 사람이 누군지도 모르고 연락처도 없는 경우에 발생한다. 따라서 거래 업체와 연을 맺게 된 과정, 중간 소개자와 그 연락처 등에 대해 회사 문건으로 함께 보관해야 한다. 그리고 사후 문제 발생을 대비해 중간 소개자에 대한 관리와 보고도 철저히 기록해둬야 한다. 이렇게 해야 꽌시의 인수인계가 가능해진다.

- 거래처는 공동으로 관리한다

거래처를 만날 때 한 사람이 아닌 여러 사람이 함께 미팅을 하고, 사후 보고도 공유한다. 담당자가 미팅에 참석할 때 상사나 관련 있는 다른 부서 사람들과 동행하여 친분을 쌓도록 하는 것이다. 그리고 정부와의 꽌시 또는 회사 차원의 꽌시처럼 조직관리가 필요한 경우 각 직급별 관리가 필요하다. 대리급은 대리급끼리, 과장급은 과장급끼리, 최고 관리자는 최고 관리자끼리 각 직급별로 꽌시를 형성해야 소통이 잘돼 일의 진행이 빨라진다. 이러한 종적·횡적 그물망식 꽌시 관리로 소통 창구를 다양화해야 담당자가 바뀌더라도 업무에 차질이 없다. 또한 선물이나 접대는 관리자급이 동행하여 회사 차원에서 상대방을 관리하고 있음을 알린다. 그리고 회사 행사에 초청하여 직원들과 자연스럽게 교류할 기회를 준다.

3장

맞춤 전략

Mr. Hong
Mr. Hong

운명이 걸린 나흘

　홍 대리에게 운명이 걸린 며칠이 시작된 그날, 빈하우스 아니 카페88 사무실에서는 또 회의가 소집됐다. 이준서와 통화한 바로 그다음 날, 본사에서는 상호 변경 허가가 내려왔다. 본사의 지시사항을 공유하고 각자에게 해야 할 일을 알려주는 것이 이번 회의의 목적이었다. 하지만 더 중요한 사안이 있었으니, 바로 이준서가 말한 '뭔가'를 찾아내는 것이었다.

　"다들 뭐 좋은 방법을 생각해줘요. 상호 이야기가 나왔을 때처럼 자유롭게 이야기를 풀어나가 봅시다."

　홍 대리는 내심 번득이는 아이디어를 기대했지만, 직원들의 반응은 밋밋했다. 이는 열의가 없어서라기보다는 마땅한 아이디어가 없었기 때문이다. 사실 홍 대리가 이준서를 설득하기 위해 보낸 보고서에는 이미 직원들이 제시한 수많은 아이디어들이 들어가 있었다. 이를 위해 얼마나 머리를 쥐어짰던가. 그런데 단 며칠 만에 그 모든 것들을 뛰어넘을 '뭔가'를 내놓으란다. 직원들 입장에서는 기운이 빠질 법도 했다.

"제 잿빛 뇌세포는 품절입니다."

박효병이 고개를 절레절레 저으며, 애거사 크리스티(Agatha Christie)의 소설에 나오는 명탐정 포와로를 패러디한 대사를 내뱉었다.

"저도 더 이상 생각이 안 나요."

그렇게 말하는 리리는 무척 피곤해 보였다. 홍 대리는 자신이 직원들을 너무 닦달하고 있는 게 아닌가 싶어 미안해졌다.

"자, 그럼 오늘은 각자 할 일을 하고 내일 다시 회의를 합시다. 그동안 틈틈이 아이디어를 좀 생각해주면 고맙겠어요."

홍 대리는 미안함에 공연히 더 쾌활한 목소리로 말했다. 그리고 마지막으로 각자에게 할 일들을 지시했다.

"마오랑은 매장 돌면서 매출 체크와 손님들 설문조사 계속해서 진행해주세요. 설문조사 참여해준 분들께 인스턴트 원두커피 하나씩 드리는 거 잊지 말고요. 딩관제 경리는 괜찮은 인테리어 업체 좀 찾아봐주세요. 예전 왕푸징점 같은 문제 일으키지 않으면서, 최대한 저렴하고 실력 있는 곳으로……. 비용이 필요하면 청구하시고요. 박효병 씨는 상표 등록 부탁해요. 카페88만 등록할 게 아니라, 비슷한 이름 다른 사람들이 못 쓰게 여러 개 등록할 수 있는지 알아봐요. 카페8, 카페888, 카페8888, 카페88888, 커피88, 88

카페……. 아무튼 비슷한 이름 목록 뽑아서 나한테 보여주시고요. 세 분은 먼저 가보세요. 아, 리리 씨는 잠깐 남아 있고요.”

세 사람이 자리에서 일어섰다. 리리는 왜 자신만 남긴 것인지 궁금하다는 표정으로 자리에 앉아 있었다. 지시를 받은 직원들이 각자의 일을 하러 사무실을 나간 후에야 홍 대리는 리리에게 말을 건넸다.

“일단 나갈까요?”

웃으면서 말하는 홍 대리를 보며, 리리는 고개를 끄덕였다. 달리 무슨 반응을 보이겠는가?

밖으로 나온 홍 대리는 한동안 말없이 걷기만 했다. 리리도 옆에서 조용히 따라 걸었다. 그렇게 얼마를 걸었을까. 홍 대리는 으리으리한 건물 앞에 섰다.

“여긴……?”

“얼마 전에 오픈한 카페예요. 들어오시죠, 리리 씨.”

홍 대리는 문을 열어주며 말했다.

“손님이 많네요, 역시.”

“그렇죠?”

홍 대리는 한쪽에 대기하고 있는 손님들을 보며, 뒤에 가서 줄을 섰다. 리리는 여전히 뭔가 찜찜한 표정으로 따라왔다. 그러거나 말거나 관심이 없는 것인지, 홍 대리는 콧노래까지 흥얼거리며 줄을 서 있었다. 이른 시간이라 그런지 그리 오래 기다리지 않아서 그들의 차례가 됐다.

"캐러멜마키아토 스몰 하나, 라지 하나 주세요."

리리는 두 가지에 놀랐다. 하나는 홍규태 총경리가 이번에도 달디 단 음료를 주문했다는 것, 다른 하나는 리리 자신이 마시는 메뉴와 사이즈까지 홍 대리가 알고 있다는 것.

"캐러멜마키아토 라지 사이즈 나왔습니다."

홍 대리는 먼저 자리를 잡고 앉아 있는 리리 앞에 음료를 내려놓으면서 직원 톤으로 말했다. 리리는 그제야 싱긋 웃었다. 어째서 자신의 총경리가 이 시간에, 회사에서 제법 떨어진 곳의 카페까지 와서, 잘 마시지도 못하는 캐러멜마키아토에 '도전'하는지 모르겠지만, 어쨌든 기분이 나쁠 이유는 없었다. 그래도 이유를 알긴 알아야 했다.

"근데 총경리님, 이 시간에 여긴 어쩐 일로 오신 거예요?"

"경쟁사 분석이죠. 막혔을 땐 경쟁사를 살펴보면 도움이 되니까요."

"그런데 저는 왜 데려오신 거예요? 사무실 비워둬도 돼요? 전화라도 오면 어쩌시려고……."

"전화는 핸드폰이랑 연동시켜뒀어요. 그리고 나 혼자 보는 것보다 한 사람이라도 같이 보고 머리를 맞대는 게 좋죠."

그렇게 말해놓고도 홍 대리는 뭔가 좀 부족하다고 생각했는지 무슨 말인가를 덧붙이려는 듯 몇 번인가 입을 열었다가 닫았다. 그러더니 이내 포기한 것처럼 찬찬히 주변을 둘러보며 커피를 마셨다. 모르겠다는 듯, 리리도 어깨를 으쓱이고는 조용히 커피를 마셨다.

커피를 반쯤 마실 때까지 둘 사이에는 말이 없었다. 며칠 전의 '눈물 사건' 이후로 둘 사이에는 조금 어색함이 감돌았다. 홍 대리가 굳이 리리와 함께 온 데는 그런 이유도 있었던 것이다.

"리리 씨, 여기 어때 보여요?"

"뭐…… 나쁘진 않네요. 커피도 맛있는 것 같고, 인테리어도 화려하고……."

"그래요?"

홍 대리는 리리의 말을 듣더니 수첩을 꺼내 뭔가를 적었다. 다른 직원과 함께 올 수도 있는데 굳이 자신을 콕 집어서 동행을 시킨 데는 뭔가 이유가 있을 거라 생각했는데, 아무런 설명도 없이 정말 '일'만 하고 있는 총경리를 보자 리리는 왠지 서운했다. 정확히 어떤 부분이, 왜 서운한 건지는 몰랐다. 아니, 이 감정이 정말 '서운함'인 건지 아니면 비슷하지만 다른 무언가가 있는 감정인 건지도 헷갈렸다.

"인테리어의 어떤 부분이 좋아 보여요?"

"글쎄요. 카페는 바닥에 아무것도 안 까는 경우가 많던데, 여긴 붉은 카펫이 깔려 있어서 예쁘잖아요. 잔 받침도 금색이라 눈에 띄고……."

홍 대리는 또 수첩에 받아 적었다. 그리고 핸드폰 카메라로 카페의 구석구석을 몰래 촬영했다. 그러다가 한 종업원과 눈이 마주

쳤지만, 종업원은 시선을 돌리며 나른하게 하품을 했다. 어쩌면 이 카페는 촬영을 허용하는 곳일 수도 있고, 아니면 저 직원이 그냥 넘어가는 것일 수도 있다. 홍 대리는 후자일 가능성도 꽤 크다고 생각했다. 이럴 때를 대비해, 자신은 그냥 내부 촬영을 허용하는 게 낫겠다는 생각이 들었다. 직원들이 자신의 지시를 어겨서 몰래 촬영이 되게 하느니, 차라리 공개적으로 누구든 촬영할 수 있게 함으로써 SNS를 활용한 자동 홍보 효과가 생길 수도 있겠다는 생각이 든 것이다. 이 부분에 대해서는 아직 명확하게 결정을 내릴 수는 없었으나, 그가 알기에 중국은 한국 못지않게, 아니 어쩌면 그 이상으로 IT가 발달해 있고 SNS 활용도가 높은 나라이므로, 좋은 방법일 수도 있겠다 싶었다.

수첩에 뭔가를 적다가 갑자기 자기만의 생각에 빠진 홍 대리를 보며, 리리 역시 딴생각에 빠져들었다.

'역시 총경리님은 저렇게 뭔가에 빠져서 일할 때 가장 빛이 나는구나.'

여성들이 남자에게 매력을 느끼는 순간 중 하나가 '자기 일에 열심인 모습을 봤을 때'라더니, 그 말이 맞는 것 같다는 생각이 들었다. 여기까지 생각이 미치자 리리는 화들짝 놀랐다.

'어머, 내가 미쳤나 봐. 지금 무슨 생각을 하는 거야?'

정신을 차리려고 두 눈을 질끈 감고 고개를 도리도리 젓다가 눈을 떠보니, 홍 대리가 재미있다는 듯이 자신을 쳐다보고 있었다. 눈이 마주치자 홍 대리는 빙긋 웃었고, 리리는 얼굴이 빨개지며 인상을 구겼다.

"왜요? 제 얼굴에 뭐 묻었어요?"

괜스레 심통을 부려봤지만, 홍 대리는 전혀 신경 쓰지 않는 듯했다.

"아니에요. 리리 씨를 보면 가끔 아이 같을 때가 있어서, 이럴 때 보면 참 귀엽구나 하고 있었어요."

이번엔 홍 대리 차례였다.

'아니, 내가 지금 무슨 소릴? 홍규태, 너 미친 거 아냐?'

당황한 홍 대리가 헛기침을 하며 힐끗 쳐다보니, 리리는 얼굴이 새빨개져서는 고개를 푹 숙이고 있었다. 기분이 상한 건 아닌지 내심 걱정이 돼, 홍 대리는 재빨리 말을 돌렸다.

"여, 여기서 만약…… 뭐, 뭔가를 좀…… 고친다면, 뭘 고치고 싶어요? 이 가게…….”

대답을 안 하면 더 어색해질 것 같아, 리리도 재빨리 머리를 굴려 대답을 덧붙였다.

"테이블 간격이 너무 좁아요. 옆 테이블이랑 대화가 섞이잖아요."

순간적으로 나온 대답이었지만, 리리의 진심이었다. 리리 본인도 지금 자신의 얼굴이 잘 익은 딸기처럼 빨개졌다는 건 알고 있었고, 둘의 대화를 옆 테이블에서 들었을까 봐 괜히 신경이 쓰이던 참이었기 때문이다.

"아, 그래요. 그건 나도 항상 신경 쓰던 부분이죠. 그래서 우리 빈하우스…… 아니, 카페88은 테이블 간격이 넓은 편이잖아요. 조금 더 넓히는 게 좋을까요?”

홍 대리의 질문에, 리리는 고개를 끄덕였다. 평소에 새침하고 도도한 표정이 익숙한 리리였기에, 재빨리 그 표정을 되찾는 건 어렵지 않았다. 문제라면 여전히 화끈하게 달아오른 얼굴과, 왠지 총경리와 눈을 마주치기 어색한 분위기가 됐다는 것. 하지만 홍 대리는 좀 더 금방 자신의 페이스를 되찾았다.

“테이블 간격을 얼마나 넓혀야 서로 대화가 잘 안 들릴까? 옆 테이블 신경 쓰지 않고 편하게 이야기할 수 있어야 진짜 카페인데…….”

홍 대리가 생각하는 카페란 그랬다. 지금 이곳처럼 탁 트인 공간에서 여유를 찾고 자유를 누리는 것도 물론 좋다. 노천 음식점이나 포장마차의 편안함과 같은, 무장해제 된 편안함을 느낄 수 있는 분위기도 나쁘지 않다. 하지만 아늑함과 ‘자신들만의 대화’에 집중할 수 있는 분위기를 좋아하거나 아무런 방해도 받지 않고 혼자 조용히 쉬면서 커피 한잔의 여유를 부리고 싶은 사람도 많을 것이다. 홍 대리는 후자 쪽이 카페의 본질에 가깝다고 느꼈다. 물론 세계 최초의 카페는 토론장의 성격을 가졌다고 한다지만, 그긴 그때의 이야기일 뿐 지금은 다르다고 생각했다. 그리고 리리의 의견 역시 그와 비슷한 맥락이었던 것이다.

“아예 막아버리면 안 들리겠죠.”

아직 충격(?)에서 벗어나지 못한 리리는 새침한 목소리로 말했다. 아무 대답도 안 하면 어색해질까 봐 둘러대듯 내뱉은 말이었지만, 이번에도 홍 대리의 표정을 보니 뭔가 답을 찾아낸 모양이다. 홍 대리의 표정은 흡사 영감을 얻은 음악가 같았다.

"맞다! 그거야!"

홍 대리는 수첩 한 장을 쭉 찢었다. 그리고 뭔가를 슥슥 그리기 시작하는데, 딱 봐도 엉성한 그림이었다. 도대체 저 남자는 평소에 그렇게 똑똑해 보이면서도 막상 잘하는 게 뭘까 싶을 정도로 서툰 모습을 많이 보였다. 그림 역시 그런 것들 중 하나였다.

"자, 이게 왕푸징점이라고 쳐요. 이건 1층이에요. 지금보다 주방을 좀 넓게 만들어서 파티셰가 요리하는 모습을 모두 볼 수 있게 공개하는 거죠. 좋은 재료를 써서 정성껏 만든다는 걸 보여줄 수 있을 거예요. 그리고 1층은 널찍하게 간격을 둔 테이블들로 채워놓고……."

홍 대리는 옆에 또 네모를 하나 그리더니, 그 위에 뭔가 선을 몇 개 그었다.

"자, 이건 2층. 중간중간 벽을 만들어서, 아예 차단을 시키는 거예요. 자기들만의 대화에 집중할 수 있게!"

리리는 잠깐 그 그림을 들여다보다가, 총경리가 한 말과 연결시키고 나서야 무슨 뜻인지 이해할 수 있었다.

"그러니까 일종의 룸(room)형 카페인 거네요?"

"그렇죠!"

홍 대리는 한국에서 '룸'이라고 했을 때 느껴지는 왠지 모를 퇴폐성 때문에 떨떠름하면서도, 개념상은 맞는 말이라 딱히 뭐라고 할 수도 없었다.

예전에 한국에 룸카페가 생겼다는 말을 듣고 가봤더니 단순히 칸막이를 쳐놓고 문을 달아놓은 정도에 그쳤다. 하지만 홍 대리가 생각하는 '룸카페'라면 그 이상의 무엇이 있어야 했다.

"룸카페를 만들면 다양한 쓰임새가 있을 거예요. 이걸 내일 회의에 올려야겠어요. 일어나요, 리리 씨."

말을 마친 홍 대리는 먼저 벌떡 일어났고, 당황한 리리가 뒤를 따랐다.

밖으로 나와서도 홍 대리는 성큼성큼 걸음을 옮기다가 느닷없이 멈춰 서서 혼잣말을 했고, 고개를 갸웃거리고는 다시 걷기를 반복했다. 뒤따르던 리리는 홍 대리가 멈출 때마다 등에 부딪칠 뻔한 위기(?)를 몇 번이나 넘겼지만, 네 번째쯤에는 기어코 피하지 못하고 부딪치고야 말았다.

"어라? 리리 씨? 왜 여기 있어요?"

"무슨 소리예요! 아, 아파라."

리리는 코를 문지르며 인상을 구겼다. 홍 대리는 잠시 멍한 얼굴로 리리를 바라보다가, 다시 물었다.

"코는 또 왜 그래요?"

리리는 누군가가 '어이없다'는 말의 뜻을 물으면, 지금 이 상황을 그대로 이야기해주리라 다짐했다.

"총경리님이 갑자기 멈추니까 부딪힌 거잖아요!"

리리는 결국 소리를 빽 질렀다. 홍 대리는 그제야 상황이 이해가 됐는지, 재빨리 사과했다.

"아, 미안해요. 괜찮아요? 정말 미안해요."

홍 대리가 고개까지 숙여가며 사과하자, 진심으로 걱정하는 그 표정을 본 리리는 화를 낼 수가 없었다.

"괜찮아요. 좀 지나면 낫겠죠. 그런데 총경리님……."

"네? 뭔데요? 말해봐요."

미안한 마음에 홍 대리는 평소보다 훨씬 저자세로 나왔고, 리리는 그런 총경리의 눈을 빤히 들여다보다가 물었다.

"오늘 왜 하필 저를 데리고 오신 거예요? 운전 잘하는 박효병 씨도 있고, 저보다 눈치 빠른 마오랑 씨도 있잖아요."

홍 대리는 대답 대신 고개를 숙였다. 잠시 생각에 잠긴 듯하더니, 고개를 들어 말없이 리리의 눈을 들여다봤다. 리리는 총경리가 자신의 얼굴을 빤히 쳐다보고 있자, 부끄러운 듯 얼굴에 홍조를 띠었다. 그럼에도 잠시 동안 리리의 얼굴에서 시선을 떼지 않던 홍 대리는, 갑자기 등을 돌리며 들릴 듯 말 듯하게 말했다.

"그냥…… 리리 씨랑 오고 싶었으니까."

그게 무슨 뜻인지 잠시 생각하고 있던 리리는, 어느새 몇 걸음 앞서 가고 있는 홍 대리를 잰걸음으로 따라갔다.

"같이 가요, 총경리님!"

다음 날 오전, 카페88 사무실. 다시 회의가 소집됐다. 한여름에 에어컨 고장 난 만원 전철에 타는 것만큼이나 회의를 싫어하는 홍 대리였지만, 어쩔 수 없었다. 지금은 한 사람의 의견이라도 더 들어보고 머리를 맞대야만 하는 상황이었다. 홍 대리는 당장 모레면 이준서에게 답을 줘야 한다. 시간이 부족했다. 이는 비단 홍 대리 자신만을 위한 것이 아니었다. 지금이야말로 카페88이 승부수를 띄워야 할 시기라고 느꼈다. 더 지나면 수많은 경쟁업체들에게 눌릴 것이고, 특히 판다커피에게 완전히 봉쇄당할 수밖에 없다. 그 반격의 첫 걸음은 홍 대리가 누누이 강조하던 '차별화'에 정진중과 금탄영 박사가 중요성을 일깨워준 '현지화'를 더하는 것이다.

이를 위해서는 본사의 지원이 필수적이다. 문제는 처음 이준서가 약속한 지원만 해도 파격적인데, 이를 넘어서는 지원을 받아야 판다커피와의 경쟁에서 가능성이 있다는 것이다. 물론 홍 대리가 구상하고 있는 정도의 지원도 판다커피의 자금력에 비하면 조족지혈(鳥足之血)이요, 둘의 경쟁은 다윗과 골리앗의 싸움 수준이었다. 한국 본사 전체의 자금력이라면 판다커피와 비교해 크게 밀릴 수준은 아니었지만, 그 수익을 모두 중국에 투자하기란 불가능했다. 한국 내에서도 진행되고 있는 사업이 많은 데다기, 자금이란 것이 국경을 넘어가려면 여러 모로 복잡한 법이다. 결국 한국 본사의 재투자금액 중 최대한 많은 부분을 끌어오는 것이 홍 대리의 목적이었다.

"자, 다들 아이디어는 생각을 해오셨나요?"

질문을 던진 홍 대리는 3초간 기다렸다가 웃으며 말했다.

"회의 시작하면서 이런 질문하는 상사가 제일 싫죠?"

그 한마디에 분위기가 조금 풀어졌다.

"자, 내가 먼저 아이디어를 말할게요. 한국 본사에서 인스턴트 스틱커피가 나오는 건 다들 알고 있죠? 그걸 중국에서도 유통시키는 게 어떨까 합니다. 마트에서 유통시키기 전까지는 매장 내에서 시판매를 해보면 반응도 살펴볼 수 있고, 또 스틱커피를 사러 온 사람들이 매장에서 커피를 마시고 가게 유도할 수도 있겠죠."

홍 대리의 이 아이디어에는 복안이 깔려 있었다. 만약 중국에서 스틱커피의 반응이 좋고 푸얼커피농장 계약이 성사될 경우, 중국에서 직접 생산할 수 있는 방안을 찾아보는 것이다. 그럼 유통비와 제조비를 모두 절감할 수 있을 것이라는 생각이었다.

그런 생각까지는 알지 못했겠지만, 어쨌든 딩관제는 홍 대리의 말에 격하게 고개를 끄덕였다.

"그거 아주 좋은 생각이오. 내 입에는 스틱커피가 딱이거든. 나처럼 나이 든 사람한테는 집에서 먹기 편하고 적당히 달기도 한 게, 그냥 커피보다 훨씬 낫소이다. 내가 하도 좋아하니까 얼마 전에 딸이 한국에서 스틱커피를 큰 통으로 사서 보냈지 뭡니까? 빈하우스 커피가 아니라서 한 소리 해줬다오. 허허허!"

딩관제는 너털웃음을 터뜨렸다. 집에 잔뜩 있다는 커피 생각에 흐뭇해서 웃은 건지, 딸 생각에 기분이 좋아 웃은 건지, 그것도 아니라면 딸이 보낸 커피가 빈하우스 커피가 아니라서 민망해 웃은 건지 알 수 없었다. 아무튼 스틱커피 아이디어에 대해서는 아무런 반론도 없었다.

홍 대리가 먼저 아이디어를 내놓자, 직원들도 하나씩 아이디어를 이야기하기 시작했다. 일단 기록을 해놓고 옥석은 나중에 가리기로 했다.

그렇게 한참 아이디어를 주고받은 후에, 홍 대리는 화이트보드에 적힌 내용을 옮겨 적을 것을 박효병에게 지시했다. 박효병은 일일이 쓰는 대신 핸드폰 카메라로 화이트보드를 찍었다.

"일단 찍어두고 이따가 정리해서 올리겠습니다."

홍 대리는 고개를 끄덕이고는 중대 발표를 하는 사람처럼 목소리를 가다듬고는 화이트보드에 적힌 내용을 모두 지웠다.

"자, 여러분. 제가 지금부터 말씀드릴 아이디어는 정말 치밀한 논의가 필요합니다. 쉽게 결정할 수 있는 문제가 아니거든요."

총경리의 분위기에서 심상찮은 무엇을 느꼈는지, 직원들은 내심 긴장하며 자세를 고쳐 앉았다. 직원들이 집중하는 모습을 확인한 홍 대리는 화이트보드에 파란색으로 큼지막하게 세 글자를 썼다. 그리고 직원들의 표정은 제각각으로 변해갔다.

"룸……카페?"

마오랑이 평소의 쾌활한 모습과는 달리 진지한 표정으로 고개를 갸웃했다. 박효병은 고개를 절레절레 저었고, 딩관제는 흥미롭다는 듯 눈을 반짝였다. 리리는 평온한 표정이었다.

홍 대리는 전날 리리와 이야기하다가 나온 룸형 카페 아이디어에 밤새 더 생각한 것들을 덧붙여가며 설명했다. 1인실, 2인실, 4~6인실, 8인 이상 등으로 룸의 크기를 다양하게 구분하는 방안, 자연친화적 또는 세련된 도회적 이미지 등 인테리어를 다변화하는 방안, 룸을 예약제로 운영하고 이벤트를 진행하는 방안 등 홍 대리는 수많은 아이디어를 쏟아냈다. 그것만 보더라도 홍 대리가 얼마나 많은 고민을 했는지 직원들은 알 수 있었다.

"자, 제가 생각한 것은 이 정도입니다. 이렇게 했을 때 효과가 있을까요? 여러분 생각은 어떤가요? 만약 효과가 없을 것 같다면 어째서 그렇게 생각하는지, 뭔가 덧붙일 아이디어가 있는지 등 여러분들의 의견을 허심탄회하게 말씀해주세요."

가장 먼저 말을 꺼낸 것은 박효병이었다. 아까부터 표정이 좋지 않더니, 역시 긍정적인 답은 나오지 않았다.

"룸카페라니, 사람들이 좀 퇴폐적인 곳이라고 생각하지 않을까요?"

홍 대리 역시 걱정했던 부분이었다. 하지만 한국인들이 '룸'이라는 말에 가진 안 좋은 인식 때문일 가능성이 크다고 생각했다.

"한국에서도 룸카페가 점점 늘고 있는 추세입니다. 그중에는 프랜차이즈도 있고요. 그리고 내가 가본 곳들은 모두 건전한 카페였습니다."

홍 대리의 대답에 박효병도 수긍하는 듯했지만, 여전히 뭔가 찜찜한 표정이었다.

"만약 인식이 안 좋을 것이 걱정된다면, 어떻게 해결할 수 있을까요?"

"그건……."

박효병은 막상 대안을 가진 것은 아니라서 대답하지 못했다. 하지만 홍 대리는 전혀 타박하는 기색이 없었기에 박효병도 마음이 편했다.

"다른 분들 의견은 어떤가요? 어떤 의견이든 좋습니다."

홍 대리는 계속해서 어떤 의견을 말해도 좋다며 직원들을 북돋았고, 리리가 먼저 말을 꺼냈다.

"저는 좋은 아이디어라고 생각해요. 룸카페라는 말을 퇴폐적이라고 생각한다는 것부터가 이해가 안 돼요. 어떻게 그렇게 생각할 수가 있는 거죠?"

"그러게요. 룸이면 방이잖아요. 방이 왜 퇴폐적이죠?"

마오랑도 맞장구를 쳤다. 딩관제는 아무 말도 하지 않았지만, 고개를 끄덕이는 걸로 봐서는 그들의 의견에 동조하는 듯했다. 단 세 명의 의견을 들어봤을 뿐이지만, 중국인들은 '룸'이라는 용어에 그다지 부정적인 인식을 가지고 있지 않은 것 같다는 생각이 들었다. 더 조사를 해보고 싶지만, 그러기에는 시간이 너무 부족했다.

"아, 그리고 보니까 말하기 어려운 비밀 같은 거 상담할 때는 옆 테이블 사람들이 너무 신경 쓰이고 그러긴 해요. 그럴 때면 어디 막힌 곳이 없나 찾게 되는데, 카페에서 커피 한잔 마시면서 얘기하면 좋겠네요."

마오랑의 대답이었다.

"친구들 만나 생일 파티도 하고 놀고 싶은데 그럴 만한 장소가 없는 것도 아쉬워요. 음식점에서 파티하는 것도 좋지만 어수선하니까요. 케이크도 주문하면 바로 만들어주고 축하 이벤트도 해주는, 깔끔한 카페가 있으면 좋겠다는 생각이 가끔 들어요. 근데 그게 룸으로 돼 있으면 더 좋겠네요."

리리의 말에 홍 대리는 손가락을 퉁겼다.

"케이크 주문제작! 축하 이벤트! 좋은 아이디어네요."

홍 대리는 화이트보드에 쓱쓱 적어나갔다. 알아보기 힘든 글씨에 박효병이 눈살을 찌푸렸고, 리리는 다시 한 번 '저 남자는 똑똑하긴 한데 잘하는 건 뭘까?'를 생각하게 됐다. 그들이 무슨 생각을 하는지도 모른 채, 홍 대리는 회의를 계속 진행했다.

"그렇다면 케이크에 이름을 새겨주는 것도 좋겠고, 미리 예약하면 축하파티를 할 수 있게 룸을 꾸며주는 것도 좋겠네요."

홍 대리가 계속해서 아이디어를 덧붙여나가자, 이번엔 마오랑이 말했다.

"그럼 영화도 틀어주고, 노래도 들을 수 있게 꾸미는 건 어떨까요?"

"오, 그것도 좋은 생각이에요. 뮤직룸, 스크린룸 같은 식으로 콘셉트를 잡으면 좋겠어요."

이번에도 홍 대리가 눈을 빛내며 칭찬하자, 박효병이 자신도 뭔가 아이디어를 내야겠다고 생각했는지 슬그머니 손을 들어올렸다. 방금 전만 해도 룸카페 아이디어에 회의적인 반응을 보여 놓고 갑자기 아이디어를 낸다는 것이 조금은 민망했던 모양이다. 하지만 홍 대리는 전혀 개의치 않았다.

"네, 박효병 씨. 말해보세요."

기대감에 가득한 홍 대리의 눈빛을 보며 박효병은 부담감을 느꼈다. 괜히 손을 들었나 싶기도 했지만, 이제 와서 다시 손을 내려놓기도 그랬다.

"저…… 유학 와서 제일…… 좀 고생스러웠던 게……."

홍 대리는 재촉하지 않고 가만히 기다렸다.

"공부할 곳이 필요했습니다. 기숙사는 공기가 너무 탁하고, 오래 있으면 머리 아프고, 도서관은 사람들이 너무 많고……. 공부할 수 있는 공간도 있으면 좋겠습니다!"

결심한 듯이 말을 내뱉은 박효병은 괜한 말을 했나 가슴을 졸였다. 자신이 소심한 편인 건 알았지만, 이 정도일 줄은 몰랐다. "못 들은 걸로 해주세요"라는 말을 덧붙이려는 순간, 홍 대리가 또 손가락을 퉁겼다.

"맞아요! 공부를 할 수 있게 만듭시다! 나도 동생이 학교에서 팀플레이(team play)할 공간 찾는다고 고생하는 걸 본 적이 있어요. 조용히 공부할 수 있는 공간과, 같이 토론하면서 공부할 수 있는 공간을 만드는 거예요. 이미 한국에서는 스터디카페(study cafe)가 자리 잡고 있어요. 중국에서도 그런 공간을 원하는 사람이 많을 거예요. 특히 대학 근처는 더 그럴 거고요."

홍 대리는 큼지막한 글씨로 '스터디카페'라고 적었고, 자신의 아이디어가 받아들여지자 박효병은 활짝 웃으며 노트에 받아 적었다. 지금까지 회의 때마다 서기 역할을 했지만, 오늘처럼 그 역할이 기분 좋았던 적은 없었다.

몇 가지 의견이 더 오간 후에, 회의는 마무리를 향했다. 화이트보드는 벌써 두 번을 지웠고, 세 바닥 째를 거의 다 채워가고 있었다.

홍 대리는 내심 흐뭇했다. 중국에도 어딘가에는 룸카페가 있겠지만, 일단 홍 대리는 본 적이 없었다. 그건 최소한 흔하지는 않다는 뜻이고, 이를 잘 파고든다면 카페88이 그 시장을 선점할 수 있다는 뜻도 된다. 다만 지금은 매장 수를 늘려야 하는 상황인데, 룸카페로 가려면 지금 있는 매장도 룸 형식으로 개조하는 시간과 비용이 필요하다는 점이 문제였다.

홍 대리가 회사를 어떻게 설득할까 고민하고 있는데, 딩관제가 슬쩍 입을 열었다.

"나도 아이디어를 하나 낼까 하는데……."

"오, 딩관제 경리! 그래요, 말해보세요."

"그게 사실 말이오, 내가 사람들을 만나서 얘기하다 보면서 느낀 건데, 중요한 회의를 할 공간이 없지 않나 싶소. 예전에 내가 정부에서 일했을 때 있었던 일인데……."

딩관제는 관료로 일하던 시절의 일화를 떠올리며 말했다. 얘기가 제법 길어졌지만, 요약하자면 무척 간단했다. 외국에서

투자자가 찾아와서 협상을 하려고 두 번의 미팅을 가졌는데, 두 번 다 술자리에서 이야기를 나누는 바람에 외국 투자자들이 너무 힘들어했다는 이야기였다. 꼭 외국인이 아니더라도 조용히 커피 한잔 마시면서 비즈니스 관련 대화를 나눌 수 있는 곳이 있다면 편할 것 같다는 말도 덧붙였다.

"그것도 좋은 아이디어네요!"

홍 대리는 화이트보드의 빈 칸에 딩관제의 아이디어를 받아 적었다. 이로써 뭔가 회사에 말해볼 수 있는 아이디어가 취합됐다는 생각이 들었다. 이제 중국에서 룸카페가 어느 정도의 가능성이 있는지를 조사하고, 이를 잘 정리해 보고하여 본사를 설득하는 것은 홍 대리의 몫이었다.

"그나저나 룸카페라니, 총경리는 어떻게 그런 생각을 다 하셨소?"

질문은 딩관제가 했건만, 홍 대리는 리리를 쳐다보고 활짝 웃었다.

"룸카페는 리리 씨가 낸 아이디어였어요."

사실 자신은 "막아버리면 되잖아요"라고 말했을 뿐이고, 그걸 룸카페 아이디어로 발전시킨 것은 총경리였다. 그래서 좀 민망하긴 했지만, 그렇다고 또 반박을 하기도 그래서 리리는 그냥 모르는 척 고개를 돌려 외면했다.

"히야! 리리 씨가 아이디어 뱅크였네?"

마오랑이 호들갑을 떨었고, 리리는 또 다시 얼굴이 빨개졌다. 참 얼굴 빨개질 일도 많은 며칠이었다.

　이준서에게 호언장담한 나흘 중 마지막 날, 룸카페 아이디어의 화룡점정(畫龍點睛)이 되어줄 마지막 한 수를 위해 홍 대리는 금탄영 박사를 찾아갔다. 오늘 안에 이준서에게 아이디어를 내놓아야만 하는 상황에서, 만약 금탄영 박사가 룸카페 아이디어에 회의적인 반응을 보인다면 어떻게 해야 할지 홍 대리로서는 알 수 없었다. 남은 시간 안에 그런 아이디어를 뚝딱뚝딱 만들어낼 수도 없는 노릇이다. 어쩌면 처음부터 금탄영 박사를 찾아왔어야 했는데 싶었다가도, 이내 그건 아니라는 생각이 들었다. 금탄영 박사의 의견을 먼저 들었더라면 다른 의견에 귀를 닫아버릴 위험이 있었던 것이다. 그만큼 홍 대리에게 있어 금탄영 박사의 의견은 의미가 컸다. 첫 만남은 그다지 좋지 않았지만, 그 뒤로 만남이 거듭되면서 홍 대리는 점점 금탄영 박사에게 의지하게 됐고, 지금은 멘토로 여기고 있었다.

　하지만 홍 대리는 모든 걸 한 사람에게 의존해서는 안 된다는 것을 이미 경험으로 알고 있었다. 그렇기에 여러 사람들의 의견을 들어 아이디어를 종합한 후, 금탄영 박사에게는 검토를 부탁하려는 것이다.

　"어서 오게."

금탄영 박사가 며칠 만에 찾아온 홍 대리를 반갑게 맞았다. 캐주얼한 복장의 금탄영 박사는 홍 대리보다도 날렵해 보였다.

"박사님, 어디 운동 가실 건가요?"

"하하, 그러려고 했지. 자전거도 좀 타고 운동이나 할까 했는데, 그걸 못 참고 오승진 상무가 전화를 했더군."

"오 상무님이 원래 남이 노는 꼴은 못 보십니다."

"그 친구한테 그렇게 고약한 취미가 있는 줄 몰랐네."

"취미이자 특기죠."

"사실은 옛날부터 그랬다네. 하하하!"

홍 대리와 금탄영 박사는 유쾌하게 웃었다.

"그나저나 오 상무님은 무슨 일로 전화를 하신 건가요?"

"자네가 곧 찾아올 것 같으니 잘 부탁한다더군."

"하여간 오 상무님은 못 당한다니까요. 말한 적도 없는데 어찌 그리 제 속을 잘 아시는지……."

홍 대리는 오승진 상무를 생각하며 웃었다. 자신을 배려해준 상사에게 무한한 고마움을 느꼈다.

"그래, 오늘은 무슨 일인가?"

"사실은, 획기적인 변화를 주지 않고서는 중국에서 살아남을 수 없다는 생각에 얼마 전에 본사로 보고서를 하나 올렸습니다."

그 말을 시작으로, 홍 대리는 이준서에게 보낸 메일과 통화 내용, 어제 직원들과의 회의에서 나온 아이디어들을 차분히 정리해서 말했다. 마치 큰 계약이 걸린 프레젠테이션을 하는 기분이었다. "그런 아이디어는 중국에서 안 통할 거라고 보네"라는 말이 나온다면, 며칠간의 치열한 고민과 회의뿐만 아니라 카페88의 장 밋빛 미래를 꿈꾸며 세워둔 모든 계획이 물거품이 되고 마는 것 이다.

이야기를 끝까지 들은 금탄영 박사는 홍 대리가 작성한 보고서 를 꼼꼼히 살폈다. 그 표정이 진지하다 못해 심각하기까지 해서, 홍 대리는 긴장감에 위가 다 아플 지경이었다. 홍 대리는 자신도 모르게 손톱을 물어뜯고 있었다.

"흠……."

다 읽은 보고서를 내려놓으며, 금탄영 박사는 눈을 감고 장탄 식(長歎息)을 했다. 그럴수록 홍 대리의 속은 바싹 타들어갔다. 예 감이 좋지 않다. 좀 전에 확인했을 때까지만 해도 기가 막힌 아이 디어 같았는데, 아닌가보다. 갑자기 자기가 생각해도 너무 엉성한 생각이었던 것 같다. 룸카페를 만든다면 1~3호점까지도 인테리어 를 바꿔야 할 텐데, 그 기간 동안 영업을 하지 못함으로써 일어날 손실은 어쩔 것인가? 모든 변화들이 하나같이 검증되지 않은 전 략들인데, 단 하나도 홍 대리가 예상한 정도의 효과를 거두지 못 한다면 그로 인한 손해는 어떻게 메울 것인가?

이런 의문들은 사실 처음 아이디어를 내기 전부터 있었던 것들 이지만, 철저히 검증을 거칠 시간이 없었기에 애써 외면했는지도 모른다. 하지만 결과가 좋지 않다면 결국 시간 부족이었다는 말은 한낱 핑계에 지나지 않게 된다. 비즈니스에서는 결국 결과가 모든 것을 말해주는 법이다.

생각에 잠겨 있던 금탄영 박사가 감은 눈을 떴다.

"이 아이디어들은 다 어디서 나온 건가?"

"카페를 찾아가보기도 하고, 저와 직원들이 머리를 맞대고 회의를 거듭했습니다."

금탄영 박사는 다시 보고서를 들고 대충 넘기면서 훑어보더니, 고개를 끄덕이며 짧게 내뱉었다.

"이름이 카페88이라……. 좋군."

홍 대리는 그 말을 제대로 듣지 못했는지, 눈을 동그랗게 뜨며 금탄영 박사를 바라다봤다.

"좋다고 했네. 아주 좋아."

금탄영 박사는 특유의 온화한 미소를 입가에 걸며 말했고, 여전히 얼떨떨해 있던 홍 대리의 표정에도 서서히 미소가 번졌다.

"저, 정말입니까?"

"그렇다네. 카페88이라니, 괜히 어려운 이름을 만들어내는 것보다야 이렇게 단순하면서 사람들이 좋아할 만한 '느낌'을 살리는 게 오히려 더 좋을 수 있지. 게다가 최고급 원두를 사용하는 빈하우스가 용도를 다양화한 룸카페를 운영하겠다니……. 이게 사업제안서였다면 투자를 하고 싶을 정도야."

홍 대리로서는 기대했던 것 이상의 극찬이었다.

"가, 감사합니다!"

"나에게 감사할 게 뭐가 있나. 다 자네와 직원들이 찾아내고 발견한 아이디어인데.”

“아닙니다! 박사님이 저를 일깨워주시지 않았더라면 저는 직원들과 대화조차 제대로 나누지 않았을 거고, 이런 아이디어들을 결코 찾아내지 못했을 겁니다!”

홍 대리는 벌떡 일어나 만세를 부르는 듯한 자세를 취했고, 금탄영 박사는 그런 홍 대리를 흐뭇하게 보고 있었다. 처음에는 단지 친구인 오승진 상무의 부탁으로 만났고, 중국인을 무시하는 태도가 마음에 들지 않아 내치려 했다. 하지만 ‘중국에 진출하려는 한국인들이 성공하도록 돕는다’는 자신의 사명감 때문에 그러지 못했고, 나중에는 점점 변해가는 모습을 보며 마치 가르치는 대로 쑥쑥 자라는 제자를 바라보는 스승의 심정으로 홍 대리를 지켜보게 됐다. 그리고 지금, 이 청년은 자신이 기대했던 것 이상으로 역할을 잘해내고 있었다. 다만 아직 기뻐하기에는 이르다는 것이 금탄영 박사의 생각이었다.

“초를 치는 것 같아 미안하지만, 아직 기뻐하긴 이르네.”

그 한마디에, 거의 만세를 부르다시피 하고 있던 홍 대리의 머리는 급격히 차갑게 식었다. 금탄영 박사의 말이 맞다. 좋은 아이디어를 찾는 것과 이를 실행으로 옮겨 성과를 내는 것은 전혀 별개의 일이기 때문이다. 실행 과정에서 수많은 어려움이 있을 것이고, 특히 홍 대리가 예상했던 것 이상으로 집요한 제임스 장이 가만히 있을 리가 없다. 어떤 방해를 해올지 알 수 없는 상황이었다. 진부한 표현이지만, 샴페인을 터뜨리긴 아직 이르다.

"제가 좀 성급했네요. 이 아이디어를 실행하는 데 있어 자금과 인력 외에 어떤 문제가 있을까요? 혹시 이를 보완할 수 있는 방안이 있을까요?"

단 한마디에 저토록 빨리 흥분을 가라앉히고 현실을 파악하다니, 홍규태는 금탄영 박사가 기대했던 것 이상으로 똑똑하고 이해가 빠른 친구였다. 이런 사람에게 무언가를 가르치고 도움을 줄 수 있다는 것은 그 자체로 즐거운 일이었기에, 금탄영 박사는 흡족했다.

"지금부터 같이 생각해보세."

홍 대리는 노트를 펼치고 펜을 꺼냈다. 지금부터 금탄영 박사가 해줄 조언들이야말로 홍 대리가 이준서를 비롯해 한국의 본사를 설득하는 데 핵심이 되어줄 것이다.

금탄영 박사는 각 아이디어들의 장단점을 분석하여, 장점을 극대화할 방법과 단점을 보완할 수 있는 방안들을 차근차근 짚어주었다. 특히 이번 아이디어들 중 여러 모로 핵심이 되어줄 룸형 카페 아이디어에 대해서는 여러 각도에서 접근하여, 홍 대리가 미처 생각지 못했던 부분들을 찾아내기도 했다.

"예를 들자면, 번거롭더라도 룸 손님들에게는 셀프서비스가 아닌 서빙을 제공할 수도 있겠지. 그럼 손님들은 일반적으로 카페에서 기대하는 것 이상의 서비스를 받았다고 느낄 걸세."

홍 대리는 열심히 받아 적었고, 때로는 질문을 하거나 금탄영 박사의 의견을 보완하기도 했다. 드물긴 해도 둘의 의견이 갈리는 경우도 있었다.

각 아이디어들에 대한 논의가 끝나자, 금탄영 박사는 마무리하는 말을 덧붙였다.

"마지막으로 해줄 말은, 어쩌면 이제 너무 진부한 이야기가 됐을지도 모르지만 여전히 유효한 이야기라네. 바로, '제품에 문화를 입혀야 한다'는 걸세."

홍 대리는 펜과 노트를 내려놓고 진지하게 금탄영 박사의 이야기에 집중했다. 금탄영 박사는 설명에 앞서 질문을 던졌다.

"자네는 '제품'과 '상품'의 차이가 무엇이라고 생각하는가?"

"제품이란 생산된 물건 그 자체라면, 그 제품에 '가치'를 입힌 것이 상품이라고 생각합니다."

홍 대리는 큰 고민 없이 대답했고, 금탄영 박사는 동감의 뜻으로 고개를 끄덕였다.

"그렇다네. 어떤 제품이든 부가가치가 있어야만 상품으로 기능할 수 있지. 그리고 이런 가치를 드러내는 슬로건, 달리 말하자면 콘셉트(concept)가 필요하다네."

금탄영 박사는 한국 식품업체인 풀무원과 중국 음료업체 와하하를 예로 들었다. 풀무원은 '바른 먹거리 풀무원'이라는 슬로건으로 기업의 가치를 높였고, 한때 한국 포장두부 시장의 75퍼센트를 점유하기에 이르렀다. 와하하는 "와하하 음료를 마시면 아이들 밥맛이 좋아져요"라는 슬로건으로 부모들의 마음을 움직여 중국 최대의 음료업체로 거듭났고, 와하하그룹의 회장은 중국 최대 갑부 순위에서 1, 2위를 다툴 정도가 됐다.

"스타벅스 역시 마찬가지지. 중국에서 스타벅스의 가격이 무척 비싸다는 건 자네도 알고 있을 걸세. 하지만 스타벅스는 단순히 커피를 파는 것이 아니라 커피에 문화적 가치를 더해 팔고 있네. 뉴욕에 가지 않아도 뉴요커가 되어 세련되고 고급스런 라이프 스타일을 즐긴다는 느낌, 세계적 브랜드의 커피를 마시고 있는 자신의 가치도 높아지는 느낌. 소비자들에게 스타벅스의 커피는 단순한 커피 이상의 가치를 갖는다는 말이지. 비싼 가격이 폭리나 거품이 아니라 수용할 만한 값어치가 있다고 고객들이 인정한다는 뜻이기도 하네."

홍 대리는 고개를 끄덕였다. 한국에서 스타벅스의 커피 가격이 유독 높다는 이야기가 있는데, 사실 중국에서는 더 비싸다. 그런데도 가격을 중시하는 걸로 유명한 중국에서 스타벅스가 그렇게 인기를 끄는 이유가 뭘까 홍 대리도 생각해본 적이 있는데, 금탄영 박사의 말과 비슷한 결론을 내렸던 것이다. 물론 홍 대리는 이를 '중국인들의 허세'라고 표현하긴 했지만 말이다.

"룸카페가 중국에서는 흔치 않으니 그 자체로도 차별화가 될 수는 있겠지만, 카페88만이 '문화'가 없다면 사람들은 금방 질릴 수도 있고, 또 다른 업체들에서 쉽게 모방할 걸세."

이는 사실 홍 대리의 가장 큰 고민이기도 했다. 홍 대리가 아는 중국이라면, 만약 카페88이 룸카페로 성공할 경우 아마도 한두 달 후면 근처는 룸카페로 득시글할 것이다. 그리고 이에 대한 답으로 금탄영 박사는 쉽게 모방할 수 없는 콘셉트, 즉 '카페88만의 문화'를 처음부터 확고히 해야 한다고 말하는 것이다.

"물론 지금 당장 정하라는 게 아닐세. 자넨 이번에 빈하우스에서 카페88로 변화하는 과정에서 직원들의 아이디어를 이끌어 내고 이를 잘 활용하는 것이 얼마나 중요한지와 그 방법을 배웠을 거야. 문화를 만들어가는 데에도 그 방법이 효과적일 걸세."

"그 말씀, 가슴 깊이 새기겠습니다."

이미 노트를 치워둔 홍 대리는 정말 가슴에 새기기라도 하듯 금탄영 박사의 말을 머릿속으로 되뇌었다.

1. 현지화

현지화에는 그들의 라이프 스타일에 대한 이해와 문화에 대한 존중이 포함되어야 한다. 중국에서 철저한 현지화로 프랜차이즈 사업에 성공한 대표적 외국계 기업은 KFC다. 대부분의 외국 기업들이 자국민 관리자들을 파견할 때 KFC는 중국 진출 초기부터 총경리와 임원진 대부분을 중화권 인사들로 구성했고, 현재는 전 직원의 90퍼센트 이상이 중국인이다. 그렇다 보니 중국을 잘 아는 사람들답게 현지화 전략을 성공적으로 수행할 수 있었다. 중국인들은 아침식사를 주로 사먹는데, 이를 고려한 죽과 두유(콩국), 중국식 꽈배기 도넛인 요우탸오(油條) 등 아침 메뉴를 강화해 매출을 높였다. 또한 중국인의 입맛을 고려한 팥 아이스크림, 건강차, 오리구이 햄버거 등도 인기 메뉴로 자리 잡았다. 중국 최대 명절인 춘제 때는 KFC의 마스코트인 할아버지 캐릭터에게 양복 대신 중국 전통복장을 입혀 중국 문화를 존중하는 기업이라는 평가를 받기도 했다.

또한 무조건 선진화된 것이 좋다는 착각을 버려야 한다. 한국 게임제작 업체인 스마일게이트는 게임 〈크로스파이어〉로 중국에 진출할 때 캐릭터와 콘텐츠를 중국에 맞게 변형하고, 저사양 PC에도 적합하도록 기술을 개발하여 큰 인기를 끌었다.

2. 중국, 새로운 IT 강국

중국이 IT 강국이라고 한다면 아마도 많은 사람들이 고개를 갸웃거릴 것이다. 하지만 중국의 IT 산업은 이미 세계적인 수준이다. 세계 인터넷 기업 10위 안에 중국의 알리바바(阿里巴巴), 텐센트(騰訊), 바이두(百度)가 포함된다는 사실을 아는 사람은 많지 않다. 그중 텐센트는 대한민국 국민 대다수가 사용하는 메신저 카카오톡을 만든 회사 카카오의 2대 주주이자 CJ E&M넷마블의 3대 주주이기도 하다.

중국의 실리콘밸리라 불리는 중관춘에는 HP, 마이크로소프트, 구글, IBM 등 2300여 개 글로벌 기업의 R&D센터가 있다. 중관춘은 중국 정부가 적극 지원하는 IT 창업단지로, HP를 제치고 세계 1위 PC업체가 된 레노버와 2000년 10명의 직원으로 창업해 현재 직원 수 1만 명이 넘는 기업으로 성장한 바이두도 이곳에서 창업했다.

중국의 IT 발달에는 온라인 시장의 발달과 SNS 사용자의 폭발적 증가가 큰 역할을 했다. 중국 진출을 노린다면 중국의 발달한 IT를 활용하는 것도 좋은 방법이 될 수 있다.

반격의 시작

"빈하우스, 무엇을 꾸미고 있는가?"

제임스 장은 간만에 왕푸징의 매장을 방문했다가 빈하우스가 인테리어 공사에 들어갔다는 소식이 사실임을 두 눈으로 확인할 수 있었다. 판다커피가 베이징 20호점을 넘어간 이후로 제임스 장은 좀처럼 매장들을 다 돌아볼 수 없었다. 요즘은 원두 확보를 위해 왕귀중 동사장과의 꽌시 유지에 더 힘을 기울이고 있었다.

교활한 왕귀중은 여러 커피업체들을 2기 농장의 생두 계약 후보로 두고 저울질을 하고 있었다. 이번 2기 농장 계약 여부에 따라 3년 안에 재배를 목표로 하고 있는 3기 농장 계약의 행방도 갈릴 가능성이 높았다. 농장 측이든 커피전문점 측이든, 같은 곳과 지속적으로 거래하는 편이 유리하기 때문에, 만약 2기 농장 계약을 따낸다면 3기 농장 계약까지 성사될 가능성도 커지는 것이다.

현재 2기 농장 계약 후보자들 중 가장 앞서 있는 것은 판다커피가 아니었다. 하지만 제임스 장은 머지않아 왕궈중을 구워삶을 자신이 있었다. 이를 위해 틈틈이 푸얼을 방문하고 왕궈중에게 선물을 보내는 것 아닌가. 물론 다른 프랜차이즈 업체에서도 같은 방식으로 접근하고 있을 것이다. 하지만 제임스 장과 판다커피에게는 다른 업체들이 가지지 못한 두 개의 카드가 있다. 하나는 200개가 넘는 상하이의 매장 원두 공급 계약 건이고, 또 하나는 아직 왕궈중에게 말하지 않은 것으로, 결정적인 순간 내밀 생각이었다. 상당한 자금이 필요한 계획인 만큼 가능하다면 마지막 카드를 쓰지 않고 계약을 성사시키는 데 주력하고, 여의치 않을 경우 모든 것을 뒤집을 패(牌)인 셈이다.

"본격적으로 해보자는 것인가?"

쉬타오를 내친 것이 처음으로 아쉬워졌다. 하지만 결코 후회하지는 않았다. 토끼를 잡았으면 사냥개는 할 일을 다한 것이다. 더 이상 쓸모가 없어진 사냥개는 데리고 있으면 짐이 될 뿐이다. 더군다나 언제 자신을 배신할지 알 수 없을 정도로 비열하고 분수를 모르는 사냥개라면 말이다.

빈하우스가 살아남기 위해 몸부림치는 모습을 지켜보는 것은 나름 즐거웠지만, 크게 위협적이라고 느낀 적은 없었다. 여러 카페들의 장점을 벤치마킹함으로써 어느 정도 성과를 거둔 듯했지만, 여전히 위협적이지는 않았다. 게다가 왕궈중 동사장과의 협상이나 베이징 공략 등 워낙 여러 가지로 신경 쓸 일도 많고 바쁘다 보니 한동안 빈하우스는 제임스 장의 머릿속에서 구석으로 밀려나 있었다. 쉬타오를 버리듯 내팽개친 후로 빈하우스의 내부 정보를 빼내려면 상당한 수고가 필요했는데, 그럴 여력도 없었고 그래야 할 필요성도 느끼지 못했던 것이다.

하지만 이렇게 대대적인 인테리어 공사에 들어갔다는 것은 제대로 무언가를 해보겠다는 게 분명하므로, 강한 호기심이 일었다. 마음속 저 깊은 곳, 맨 밑바닥에서는 이유를 알 수 없는 불길함이 미약하게 감지됐지만, 그마저도 지금까지 빈하우스와 홍규태 총경리가 베이징에서 보인 실망스러울 정도의 행적들을 떠올리자 순식간에 사라졌다.

문득, 저런 구석진 곳에서 암만 인테리어를 바꿔봐야 무슨 소용일까 싶었다. 만약 자신의 부하직원이 저런 위치에 매장 임대 계약을 해 왔다면, 자신은 당장 그 직원을 해고했을 것이다. 그 위치는 실로 절묘해서, 사람들의 발길이 딱 끊기기 시작하는 곳이었다. 거기서 한 블록만 더 번화가로 나왔더라면 결과는 전혀 달라졌을 것이다. 아마도 단지 왕푸징이라는 이유만으로 상당한 임대료를 들여서 저곳에 덜컥 계약을 해버렸을 텐데, 제임스 장이 보기에는 그것이 바로 빈하우스 왕푸징점의 결정적인 패착이었다. 더군다나 판다커피가 그 바로 한 블록 앞에 오픈함으로써 그나마 있던 손님들마저 발길을 거의 끊었을 것이다.

그럼에도 아직까지 버티고 있는 게 놀라울 지경이었다. 그렇게 본다면 홍규태는 확실히 능력 있는 사람일지도 모른다. 하지만 듣기로는 홍규태가 매주 왕궈중을 방문한다고 하던데, 그런 면을 본다면 아직 중국을 잘 모르는 듯했다. 제임스 장이 보기에 왕궈중은 그런 식으로 찾아간다고 해서 결코 만날 수 있는 사람이 아니다. 자신에게 실제로 이득이 될 무언가를 보여줘야만 만날 기회도 줄 것이다. 그게 왕궈중과 같은 장사꾼의 습성이다.

제임스 장의 생각은 다시 왕궈중과의 계약 건으로 돌아갔다. 아마도 쉽게 결정이 되지는 않을 것이다. 왕궈중 입장에서는 결코 서두를 이유가 없기 때문이다. 2기 농장에서 생산된 생두의 품질은 최상급이었다. 그런 품질의 생두를, 그 정도 양만큼, 그렇게 안정적으로 보급할 수 있는 곳은 많지 않다. 당연히 경쟁이 심해질 수밖에 없다. 더군다나 경쟁은 점점 심화되는 양상을 보이고 있으므로, 제임스 장은 아마도 결판이 나려면 최소 2개월 이상은 걸릴 것이라 예상했다. 그리고 장기전으로 갈수록 자신에게도 유리했다. 본래 장기전이란 자금력과 인내심에서 승패가 갈리게 마련이고, 제임스 장은 두 가지 모두에서 자신이 있었다.

자신의 전략을 점검한 제임스 장은, 빈하우스를 다시 한 번 쳐다보고는 매장 안으로 들어갔다.

홍 대리는 눈코 뜰 새 없이 바쁜 나날을 보냈다. 이준서를 통해 본사를 설득하는 데 상당한 기력을 소모했건만, 그 이후로는 하루

하루가 전쟁에 가까웠다. 기존 세 군데 매장의 인테리어 업체를 구하면서 동시에 신규 매장 확보를 위한 부동산 계약을 따내느라 하루에도 수십에서 수백 킬로미터씩 차를 타고 다녀야 했다. 그 와중에 매주 푸얼커피농장을 방문하는 것도 빠뜨리지 않았다.

마치 드라마에 나오는 대기업 총수처럼 차 뒷좌석에 앉아 노트북으로 자료를 정리하고 기획서를 읽다 보면, 어느새 목적지에 도착해 있었다. 차를 운전한 박효병도 무척 피곤할 게 분명했기에, 계약 진행은 홍 대리 혼자 했다. 자신이 건물을 둘러보고 계약 조건을 조율하는 동안 박효병은 뒷좌석에서 늘어지게 잠을 잘 수 있었다. 그때마다 홍 대리는 차라리 자신이 운전을 하고 박효병에게 총경리 역할을 맡기고 싶다는 생각이 들 정도로 바쁘고 힘들었다.

"총경리님, 계약은 어떻게 됐습니까?"

막 건물을 둘러보고 나온 홍 대리가 차에 올라타자, 잠에서 깬 박효병이 정신을 차리고는 물었다. 홍 대리는 대답 대신 씩 웃으며 오른손 엄지를 치켜세웠다. 딩관제가 가져다 준 부동산 목록 중에서도 가장 홍 대리 마음에 드는 곳이었는데, 다행히 이야기가 아주 잘 풀려갔다. 아마도 딩관제의 꽌시 덕분이리라.

최근 딩관제를 통해 꽌시의 힘을 느낄 때마다, 홍 대리는 언젠가 금탄영 박사가 해준 말이 떠올랐다.

"꽌시라고 해서 다 같은 꽌시가 아닐세. 굳이 표현을 하자면 '얕은 꽌시'와 '깊은 꽌시'가 있다고 할 수 있지."

'얕은 꽌시'란 뇌물이나 금전적 이득을 주고받는 그런 단순한 관계로도 형성이 가능하지만, 서로 도움을 주고받는 범위에도 한계가 있고 그 관계가 깨지기도 쉽다. 반면 오랜 시간을 두고 신뢰를 바탕으로 만들어진 '깊은 꽌시'는 어지간해서는 깨지지 않을 뿐만 아니라 어려운 부탁을 하더라도 발 벗고 나서서 도우려 한다.

말로만 들었을 때는 쉽게 이해가 가지 않았지만, 막상 겪고 보니 꽌시가 깊이에 따라 발휘하는 힘이 다르다는 걸 알 수 있었다. 쉬타오도 많은 꽌시를 자랑했지만 정작 큰일에는 도움을 받지 못했다. 딩관제의 꽌시는 그보다는 깊은 것이라 더 큰 도움을 받을 수 있었다. 둘의 나이와 경력 때문에라도 꽌시의 깊이에 차이가 더 있을 것이었고, 쉬타오가 딩관제에 비해 철저히 금전적 이득만을 따졌기에 꽌시가 깊어지기 어려운 탓도 있었을 것이다. 쉬타오의 꽌시는 철저히 '얕은 꽌시'였다.

하지만 홍 대리가 생각하기에는 딩관제가 보여준 꽌시도 금탄영 박사가 말한 깊은 꽌시에는 미치지 못하는 것 같았다. 딩관제는 꽌시를 '투자'라 여기고 관리하고 있으니 상대에게 많은 도움을 주고 호감을 살 수는 있지만 진정한 신뢰관계가 형성되기는 어려울 것이기 때문이다.

홍 대리를 태운 차는 룸카페로 리모델링 중인 매장들로 향했다. 궈마오점은 규모가 워낙 작아 왕푸징점처럼 다양한 용도의 룸들을 만들기보다는 주요 고객층을 겨냥해 세 가지에 집중하기로 했다. 화이트칼라 직장인들을 겨냥한 회의 또는 중요한 미팅용

룸은 가장 안쪽의 조용한 곳으로, 관광객들을 위한 조망용 룸은 창가에, 커플룸은 창가의 조망용과 마주보는 가장 아늑한 곳으로 배치했다. 후에 카페88의 입지가 확실해진다면 그땐 귀마오점도 확장을 고려해볼 생각이었다.

매장을 둘러본 홍 대리는 사무실로 복귀했다. 이미 퇴근 시간이 지난 후라 사무실에는 아무도 없었다. 한국과는 달리 야근이 많은 분위기도 아니었고, 홍 대리도 직원들에게 야근을 시키고 싶지는 않았다. 시차까지 따지면 한국은 퇴근 시간이 더 전에 지났겠지만, 지금 본사에 전화를 걸면 받을 사람이 꽤 많을 것이다.

홍 대리는 전화기를 들어 오승진 상무에게 전화를 걸었다.

"그래, 홍 대리. 매장 확장은 잘 돼가고 있나?"

오승진 상무의 인자한 목소리를 듣자, 홍 대리는 날카롭게 곤두섰던 신경이 조금씩 안정되는 듯했다. 사실 해외사업부 업무는 오승진 상무가 관리하고 있었지만, 그는 홍 대리에게 이준서와 직접 연락할 것을 권했다.

"이제 나의 시대는 갔네. 실세는 이준서 실장이야. 그리고 중국 사업과 커피농장 계약은 전략기획실 업무와도 깊은 연관이 있으니, 나보다는 이준서 실장을 직접 설득하는 편이 더 효과적이고 빠를 걸세."

매장 확장과 상호 변경, 룸카페로의 변경 방안 등에 대해 보고했을 당시 오승진 상무가 한 말이었다. 홍 대리는 그 안에 담긴 오승진 상무의 쓸쓸함을 느낄 수 있었다.

빈하우스는 오승진 상무의 젊음과 열정이, 피와 땀이 서린 곳이다. 20대의 끝자락부터 30대 전체를 지나 40대가 된 현재까지, 인생의 절반 가까이를 바친 곳이다. 그에게 빈하우스는 단순한 직장이 아니라 집이고, 학교이며, 국가였다. 빈하우스의 직원들은 직장 동료를 넘어 친구였고, 형제였으며, 자식이었다.

그런 곳에서 이제 점점 설 자리를 잃어가고 있다. 물론 아직도 오승진 상무는 충분히 대접을 받고 있고, 많은 사람들의 지지를 얻고 있으며, 최목단 사장의 큰 신임을 얻고 있다. 하지만 그의 힘이 닿는 범위가 점점 좁아지고 있는 것도 사실이고, 이미 영향력 면에서 이준서에게 밀리고 있는 것도 사실이었다. 자녀들이 커가면서 점점 자신의 품에서 멀어져가는 것을 지켜보는 가장의 심정과 비슷하지 않을까, 홍 대리는 추측했다. 물론 자식을 키워본 적이 없으니 그 심정이란 게 어떤 것인지도 정확히 알 수는 없지만 말이다.

"걱정하지 마십시오. 착실히 진행되고 있습니다."

"그래. 난 자넬 믿네, 홍 대리."

'믿는다'는 말……. 흔한 말이었지만, 오승진 상무에게서 들을 때면 항상 편안한 마음이 들면서 다른 한편으로는 책임감이 느껴졌다. 멘토의 믿음을 배신할 수 없다는 생각에 매번 마음을 다잡게 됐다.

"사실은 상의드릴 일이 있습니다."

"어제 보낸 보고서는 봤네. 그 일 맞지?"

"네, 그 문제입니다."

홍 대리가 오승진 상무에게 보낸 보고서에는 금탄영 박사가 말한 '문화' 또는 '콘셉트'가 도무지 잡히지 않는다는 내용이 담겨 있었다. 매장 인테리어가 확정되기 전에 결정해야만 지금이라도 변경할 수 있고, 앞으로 확장할 매장들도 그에 맞춰 인테리어 작업이 가능해진다. 하지만 혼자서 결정할 수는 없는 문제라, 본사에 연락을 취해야 했다.

홍 대리는 이 일에 있어 적임자는 이준서가 아닌 오승진 상무와 최목단 사장이라 여겼다. 이준서라면 철저히 본인이 원하는 콘셉트로 임원들을 설득하려 들 것이다. 하지만 홍 대리는 자신만의 생각이 결코 정답일 수 없음을, 혼자서는 아무것도 할 수 없음을 중국에서의 경험을 통해 깨달았다.

오승진 상무가 천천히 입을 열었다.

"홍 대리, 말했던 것처럼 난 자네를 믿고 있네. 그건 사장님도 마찬가지지. 본래 직원들에 대한 믿음이 강한 분이기도 하지만, 특히 자네에게는 각별한 신뢰를 보이신다네. 그리고 이준서 실장도 자넬 믿고 있어."

마지막 말에 "그럴 리가 없습니다!"라고 하고 싶었지만, 사실 홍 대리도 알고 있었다. 이준서가 과감한 투자를 결정하고 중국에서 일을 벌이도록 밀어주는 것은 성향 탓이기도 했지만 결국은 홍 대리를 믿지 않으면 불가능한 일이라는 것을……

"자넨 사람들에게서 신뢰를 끌어내는 능력이 있어. 단순히 일을 잘한다는 것이 아니라, '이 사람이라면 할 수 있다'는 믿음을 주는 능력 말일세. 하지만 내가 보기엔 아직 자넨 중국 현지 직원들에게 그 능력을 제대로 발휘하지 못하고 있는 것 같네."

홍 대리는 반박하려다가 멈췄다. 몇 개월 전의 홍 대리였다면 무턱대고 반박했을 것이다. 하지만 역설적이게도, 당시의 홍 대리야말로 직원들에게 전혀 믿음을 심어주지 못할 때였다. 반면 지금은 직원들이 자신을 잘 믿고 따라와준다고 생각하고 있음에도 감히 반박하지는 못했다. 어떻게 확신할 수 있단 말인가?

"겉으로 보기에는 자넬 믿고 따를 수 있겠지. 아니면 업무와 관련해서 기본적으로 자네에게 믿음이 있긴 할 걸세. 하지만 그게 과연 진정한 믿음이라고 할 수 있을까? 내가 자네에게 가진 건 그런 가벼운 신뢰가 아닐세. 마음 깊은 곳에서 우러나는, 이 친구에게라면 아무리 중요한 일이라도 맡길 수 있겠다는 믿음이지."

그렇다. 홍 대리가 반박하지 못한 것도 이 부분 때문이다. 지금 당장 홍 대리가 어떤 결정을 내리고 시행하겠다고 한다면, 아마도 직원들은 믿고 따라와줄 것이다. 하지만 홍 대리가 회사를 박차고 나가 자신의 사업을 시작할 생각이니 함께하자고 한다면? 딩관제는 빈하우스의 직원이라기보다는 홍 대리 개인을 돕기 위해 회사로 돌아온 것이니 함께할 수도 있다. 리리는 아마도 반반일 것이다. 하지만 마오랑은? 박효병은? 절대 그럴 리가 없다. 이걸로는 부족하다. 자신과 오승진 상무의 관계에서 둘 중 한 명이 그런 제안을 해온다면, 장담컨대 절대적으로 함께할 것이다.

"그런 믿음을 어떻게 줄 수 있을까요?"

홍 대리는 참담한 심정으로 물었다. 사실 이런 문제에 과연 답이 있긴 한 걸까 싶었다. 하지만 의외로 오승진 상무는 간단한 답을 내놓았다.

"자네부터 그들을 믿게."

"네?"

"신뢰란, 믿음이란 본래 그런 걸세. 한쪽이 다른 한쪽에게 일방적으로 주는 믿음이란 맹신에 가깝지. 내가 자넬 믿지 않는다면 자네도 날 믿지 못할 걸세. 마찬가지로, 자네가 날 믿지 않는다면 나도 자넬 믿기 어려울 거야."

홍 대리는 잠시 정신이 아득해지는 느낌이 들었다.

"그들을 믿게. 그들의 말을 '듣는' 것이 아니라, '귀를 기울이고 이해'하게. 그들을 단지 '설득'하고 '지시'할 게 아니라, 그들과 '대화'하게."

오승진 상무의 말이 채 끝나기도 전에, 홍 대리는 뒤통수를 망치로 얻어맞은 듯한 충격을 느꼈다. 생각해보면 홍 대리는 지금까지 직원들과 회의를 한다고 해도 표면적으로 그 의견들이 가져올 효과만을 생각했지, 그 안에 담긴 뜻을 제대로 이해해본 적은 없었다. 결론적으로는 자신의 생각이 어째서 옳은지를 부하직원들에게 설명하고 이해시키려고만 했지, 그들과 허심탄회하게 대화해본 적은 없었다. 단지 그렇게 하고 있다고 스스로를 속여왔을 뿐이다. 회의란 단지 '아이디어를 내는' 자리였고, 이를 홍 대리 자신이 종합해 하나의 전략으로 엮어 직원들에게 일방적인 지시를 내렸을 뿐이다.

"회사에서 급히 회의를 소집해 몇 가지 의견이 나왔네만, 내가 보기엔 철저히 한국적인 것들뿐이라네. 중국인들에게 통할 콘셉트는 현지에 있는 사람들이 잘 알겠지. 그래도 일단 정리는 해서 메일로 보냈으니, 참고하게."

오승진 상무와의 통화는 그렇게 마무리됐다. 그리고 전화를 끊은 홍 대리는 한동안 말없이 앉아서 생각에 잠겨 있었다.

다음 날, 홍 대리는 아침부터 회의를 열었다. 회의 주제는 단하나, '룸카페의 콘셉트를 어떻게 할 것인가'였다. 그 외에도 논의하고 싶은 것들이 많았지만, 홍 대리는 단 하나에 집중하기로 했다. 그 한 가지만 제대로 풀린다면 나머지는 순식간에 해결할 수 있으리라.

"다들 제가 어제 저녁에 보낸 메시지는 확인하셨죠?"

홍 대리의 질문에 직원들이 고개를 끄덕였다. 왠지 기운이 빠신 것 같은 그 모습에 내심 미안해, 홍 대리는 고개를 숙였다.

"퇴근 후에는 각자의 사생활이라는 게 있는 건데, 회사 일로 연락해서 다들 정말 미안합니다."

총경리가 허리까지 숙여가며 사과를 하자, 직원들은 화들짝 놀랐다. 물론 얼마 전부터 자신들의 총경리가 달라졌다는 건 알고 있었지만, 그렇다고는 해도 이렇게 공개적으로 사과하는 모습은 낯설었다. 더군다나 그들로서는 이해하기 힘든 한국식 근무태도를 들먹이며, 애사심을 가지고 일할 것을 강조하던 홍규태 총경리가 아닌가. 그런데 '카페88의 콘셉트에 대해 생각을 해보자'는 단순한 메시지 하나 보낸 걸로 저렇게 미안해한다는 게 오히려 직원들에게는 어색했다.

"에이, 뭐 그런 걸로 미안해하시고 그러세요? 카페88 잘되면 보너스나 두둑이 주시면 되죠. 하하!"

마오랑이 특유의 넉살을 부리며 분위기를 풀었다. 딩관제도 허허거리며 괜찮다는 손짓을 했고, 리리와 박효병도 따라 웃었다. 그제야 홍 대리는 빙긋이 웃으며 숙이고 있던 허리를 폈다.

"자, 그럼 회의 진행할까요? 내가 여러분에게 해줄 수 있는 건 회의를 질질 끌지 않고 빨리 끝내주는 것 정도니까요. 어제 보낸 메시지를 봤으면 알겠지만, 카페88에는 남들이 따라 할 수 없는 문화, 우리만의 콘셉트가 필요합니다."

홍 대리는 금탄영 박사가 말한 제품에 가치를 더한 상품, 상품에 담긴 문화에 대해 간략하게 설명해 카페88에 콘셉트가 필요한 이유를 납득시켰다. 이런 식으로 요점을 정리해 설명하는 것에 이골이 난 홍 대리답게 무척 간결하게 효과적으로 전달했고, 직원들은 고개를 끄덕였다.

"그럼 혹시 각자 생각한 콘셉트가 있다면 자유롭게 의견을 말해주세요. 우리 카페88에 어울리는 콘셉트는 어떤 게 있을까요? 어떤 콘셉트로 나가야 카페88이 경쟁사들의 모방이나 위협에도 흔들리지 않고 확고한 위치를 점할 수 있을까요?”

홍 대리의 설명을 이해한 것과 질문에 대답하는 것은 별개였다. 직원들은 쉬 대답하지 못하고 서로 눈치만 살폈다. 한동안 아무런 의견이 나오지 않자, 박효병이 조용히 입을 열었다.

“저기, 근데요. 혹시 총경리님은 어떤 콘셉트를 생각하고 계신가요?”

홍 대리는 슬며시 웃으며 고개를 저었다.

“내 의견보다 여러분 의견이 중요해요.”

직원들은 그 말에 담긴 의미를 생각하느라 잠시 말이 없었다. 홍 대리는 직원들의 수고를 덜어주고자, 그 말이 어떤 뜻이었는지 덧붙였다.

“저도 생각한 바가 있긴 합니다만, 내가 먼저 의견을 말하면 여러분들이 제 의견에 맞춰 생각하게 될 우려가 있어요.”

회의석상에서 가장 높은 사람이 먼저 의견을 말하면 사람들이 철저히 그 의견과 유사한 발언만 하는 것은 흔히 볼 수 있는 장면이다. 홍 대리는 그런 상황을 피하고 싶었다. 아무리 자유로운 분위기에서 이야기하려 한다 해도, 총경리가 먼저 말을 하면 정면으로 반하는 의견을 내기란 쉽지 않을 것이다.

“그리고 총경리는 아이디어를 내는 사람이 아니라 ‘판단’하고 ‘결정’하는 사람이라고 생각합니다. 난 여러분을 믿습니다. 지금까지 여러분이 보여준 모습을, 여러분의 능력을 믿어요. 그러니 함께 의논하면 최고의 아이디어가 나올 거라고 믿습니다. 총경리로서 그 의견을 수렴하여 잘 추진하는 게 내 역할입니다.”

홍 대리의 말에 직원들은 뭔가가 끓어오르는 걸 느꼈다. 자신들을 믿어준다는 말에 전에 없던 열정이 생겨나는 것 같았다.

홍 대리는 다시 직원들을 독려했다. 그러자 잠시 생각에 잠겨 있던 딩관제가 먼저 의견을 말했다.

“돈이 모이는 카페!”

딩관제가 내놓은 아이디어였다. 저 정도면 거의 집착 수준이 아닌가 싶었지만, 본래 중국인들이 유독 돈을 좋아한다는 사실을 감안하면 아마도 중국에서는 심각한 수준이 아닐 수도 있겠다는 생각이 들었다.

딩관제가 말을 꺼내자, 그때부터는 모두 기다렸다는 듯이 의견을 말하기 시작했다.

“나만의 공간을 갖는다. 카페88!”

리리의 아이디어였다. 사생활을 중시하는 사람다웠다.

“나만의 시간을 갖는다!”

마오랑은 리리의 아이디어를 패러디했다. 리리가 가볍게 흘겨봤지만, 마오랑은 예의 그 매력적인 미소를 지으며 살짝 윙크를 날렸다. 보고 있는 홍 대리는 왠지 기분이 상했지만, 티를 낼 수도 없는 상황이라 그냥 넘어가기로 했다.

“나는 커피가 아닌 즐거움을 마신다.”

박효병이 내민 캐치프레이즈에서 아이디어를 얻은 홍 대리는 이쯤에서 의견을 취합해볼 필요가 있다고 생각했다.

"여러분, 의견을 종합해볼까요?"

그 말이 끝나기가 무섭게, 서기를 담당하는 박효병이 말했다.

"나만의 시간과 공간에서 돈을 모으는 즐거움을 마신다, 카페 88!"

말 그대로 모두의 의견을 종합했다. 홍 대리는 그저 웃어넘겼다.

"박효병 씨, 아주 센스가 넘치네요. 자, 우리 생각해봅시다. 모든 사람들의 의견을 하나하나 곱씹어볼 필요가 있어요. 돈이 모인다, 나만의 시간과 공간을 갖는다, 즐거움을 마신다. 그 근본적인 이유는 뭘까요?"

다들 말문이 막혔다. 흔히 그렇다. 이유가 너무 뻔하면 오히려 말하기 어려워지는 법이다.

"딩관제 경리는 왜 돈을 모으고 싶어 하죠? 리리 씨와 마오랑 씨가 자신만의 시간과 공간을 가지고 싶은 이유는 뭔가요? 즐거움을 마신다는 의미는 뭐죠?"

홍 대리의 질문은 힐난이 아니라, 직원들의 의견 안에 담긴 뜻을 이끌어내고자 하는 의도에서 나온 것이었다.

"표면에 드러난 이야기가 아닌, 그 안에 담긴 이야기들을 해주세요."

홍 대리의 의견에 곰곰이 생각에 잠겼던 직원들은, 마침내 한 명씩 자신이 잡은 콘셉트의 기저(基底)에 깔린 이야기를 하기 시작했다. 그리고 홍 대리는 그 안에 공통적으로 담긴 핵심을 읽을 수 있었다.

"즉, 여러분은 '행복'을 원하는 거군요?"

홍 대리의 간결한 정리에, 딩관제는 무릎을 쳤다.

"그렇소! 돈이 많이 모이면 행복해진단 말이오!"

이어 리리와 마오랑, 박효병도 공감을 표했다. 생각해보면 무척 간단한 것이었다. 100명이 카페를 찾으면 100가지 이유가 있겠지만, 그 근본을 따져보면 결국 '행복해지려고' 찾는 것이다. 커피를 마시면서 행복을 찾기 위해, 사람들과 수다를 떨면서 행복을 찾기 위해, 조용히 생각을 정리해 고민을 해결하고 행복해지기 위해……. 결국 '행복'을 위해 사람들은 카페를 찾는다.

"나만의 행복을 찾는 곳!"

리리가 자신이 냈던 의견과 '행복'을 연결해 새로운 의견을 내놨다. 그러자 기다렸다는 듯이 마오랑이 그 의견을 패러디했다.

"나만의 행복을 갖는 시간!"

또 다시 자신을 흘겨보는 리리에게 마오랑은 혓바닥을 날름거리고는 키득거렸다.

"우리는 행복을 마신다!"

역시 박효병도 자신의 의견을 살짝 변경했다. 이 모든 의견이 카페88을 설명하는 것이기도 했지만, 반대로 그 어떤 것도 카페88을 모두 드러내지는 못했다. 특히 직설적이다 못해 '돌직구'에 가까운 "돈이 곧 행복이다!"라는 딩관제의 의견은 더더욱 그러했다.

이 의견들을 모두 드러내면서도 사람들의 마음을 움직일 수 있는 콘셉트여야 했다.

홍 대리까지 다섯 명은 머리를 맞대고 의견을 나누기 시작했다. 최종적으로 나온 의견은 "시간이 머무는 곳, 행복이 머무는 카페"로 정해졌다. 책이나 영화로 치자면 메인타이틀을 뒷받침하는 서브타이틀처럼 카페88이라는 이름 위에 문구를 넣기로 했다. 그리고 그에 맞춰 '시간' '공간' '행복'을 중심으로 카페88의 인테리어를 꾸미기로 했다. 이 과정에서 뜻하지 않게 카페88의 로고가 만들어졌다. 하트 문양 아래의 뾰족한 끝끼리 서로 맞닿도록 또 하나의 하트를 그려 넣으니, 마치 숫자 8처럼 보였다. 이렇게 하트 두 개로 만든 8자를 이용해 88의 로고를 만든 것이다. 리리가 낸 아이디어로, 홍 대리는 큰 고민 없이 곧바로 이를 카페88의 로고로 채택하기로 했다. 물론 본사의 허가가 떨어져야겠지만, 홍 대리는 통과될 것임을 믿어 의심치 않았다.

회의는 거의 마무리가 되어가고 있었지만, 직원들은 아직도 끊임없이 아이디어를 내놓고 있었다. 홍 대리는 자신의 믿음에 훌륭히 보답한 직원들을 둘러보며 더없이 뿌듯해졌다. 이제 자신이 생각하는 카페88의 콘셉트를 완성해줄 퍼즐의 마지막 조각을 찾는 일만 남았다. 그리고 이는 오롯이 홍 대리의 몫이었다.

회의를 마무리하고 나온 홍 대리는 핸드폰을 꺼내 전화를 걸

Cafe

었다. 전화벨이 네 번째 울렸을 때, 김동준이 전화를 받았다.

"어이구, 홍규태 총경리님이 웬일로 전화를 다 하셨을까?"

수화기 너머로 김동준의 익살스런 목소리가 들려왔다. 홍 대리는 키득거리고 웃었다. 목소리를 듣고서야 김동준에 대한 그리움이 얼마나 컸는지를 알게 됐다.

"형님, 다른 사람도 아니고 내 전화는 벨이 두 번 울리기 전에 받아야 되는 거 아니오? 나 홍규탠데?"

"인마, 시차라는 게 있잖냐."

"허! 누가 들으면 브라질에라도 사는 줄 알겠네."

둘은 키득거리며 농을 주고받았다.

"형님, 사업은 좀 어떻습니까?"

"야, 내가 중국에서나 쪽박 찼지, 한국에선 원래 좀 날리던 인간 아니냐. 떡볶이랑 파스타를 퓨전으로 해서 신메뉴를 만들었는데, 아주 대박 예감이다."

"떡볶이와 파스타? 그거 어디선가 들어본 것 같은데?"

"그래? 그럼 전에 만든 사람은 나만큼 맛있게 못 만들었나 보지. 별로 안 유명한 거 보면⋯⋯. 난 대박 친다니까!"

"하긴, 먼저 만든다고 다가 아니지."

카페88이 시도하려는 룸카페도 이미 존재하는 것이 아니던가. 본래 그런 법이다. 시초 또는 원조라는 이름이 가지는 무게감을 무시할 수는 없지만, 그게 다는 아니다. 아무리 좋은 아이디어라도 제대로 활용하지 못한다면 아무런 의미가 없다. 심지어 '음악의 아버지'라 불리는 바흐도 표절 시비에 휘말렸고, '음악의 어머니'라 불리는 헨델은 거의 도벽 수준으로 남의 작품을 가져다 쓴 것으로 유명하지 않은가.

"형님, 한국에서 행복합니까?"

기습공격에 가까운 질문에 김동준은 잠시 머뭇거렸다. 홍 대리는 김동준이 타고난 사업가임을 알고 있었다. 비록 중국에서 성공을 거두지는 못했지만, 한국에서는 달랐다. 맨손으로 시작해 10여 개의 매장까지 빠른 시간에 확장시킨 사람이었고, 지금도 거의 빈털터리가 되어 돌아간 지 몇 개월 만에 다시 성공을 바라보고 있었다. 그런 사람인만큼 중국에서의 실패는 돈 문제를 떠나 자존심에 상처가 됐을 것이고, 가슴속에 한으로 남았을 것이다. 바로 이 부분을 노리고 홍 대리는 김동준에게 전화를 걸었지만, 아이러니하게도 바로 이 점 때문에 마지막 말을 하지 못하고 고민에 빠졌다. 김동준이 잊고 살아가려는 상처를 들쑤시는 것과 같았기 때문이다. 하지만 결국 홍 대리는 고민 끝에 말을 꺼냈다.

"형님, 중국으로 오십시오. 제대로 한번 해봅시다."

이것이 홍 대리가 생각하는 카페88의 콘셉트를 완성할 마지막 퍼즐 조각이었다. 중국에서의 실패를 만회하려는 의지와 한국에서의 성공에 따른 성취감 중 어느 것이 더 큰가에 따라 김동준의 행보가 결정될 것이다. 그리고 김동준은 쉽게 대답하지 못했다.

1. 100년 브랜드, 라오쯔하오

한국에서 100년 이상 된 기업이나 제품은 손에 꼽을 정도다. 유명 맛집이라고 해도 그 전통이 30~40년을 넘긴 곳도 찾기 힘들다. 반면 중국에는 100년 이상의 오랜 전통과 명성을 가진 브랜드들이 상당히 많다. 이러한 중국 전통 브랜드를 라오쯔하오(老字號)라고 부른다.

정부에서 지정한 라오쯔하오는 베이징 오리구이 브랜드인 취안쥐더를 비롯해 1600여 개나 된다. 대부분 명 · 청 시대부터 대대로 전해 내려온 유서 깊은 업체로 평균 140년의 역사를 자랑하며 식품, 약품, 공예품 등 업종도 다양하다. 밀워드(Millward) 마케팅 리서치 연구기관에 의하면, 2012년 기준으로 중국명주인 우량예(五粮液)의 브랜드 가치는 약 40억 달러, 칭다오맥주(青島啤酒)는 11억 달러, 약방 동인당(同仁堂)은 10억 달러로 각각 1조 원 이상의 높은 가치를 가지고 있다.

이들은 남과 차별되는 자신들만의 가치를 잘 살렸기 때문에, 살아남는 것을 넘어 이토록 큰 가치를 가진 기업으로 성장할 수 있었다. 예를 들어 우량예는 매우 독하면서도 부드럽다는 특징이 있었고, 1956년 전국곡주질량품평회에서 1등을 차지해 이름을 높였으며, 병뚜껑을 감싼 종이에 새겨진 국화 문양으로 철저히 진품을 표시함으로써 자신들의 브랜드를 '고급 명주'로 포지셔닝하는 데 성공했다.

이렇듯 특히 중국에서는 브랜드의 가치를 잘 살리는 것이 중요하고, 명확히 포지셔닝할 경우 100년 브랜드로 이어질 수도 있는 것이다.

카운터펀치

“소음 차단은 어때요?”

“완벽합니다.”

빈하우스 중국 법인인 카페88, 그중에서도 9호점이 오픈하기 전날이었다. 홍 대리는 다시 봐서 반가운 마룽의 반가운 목소리를 들으며 빙긋 웃었다.

“마룽 점장! 안에 들어가서 문 닫고 소리 질러봐요. 들리는지 확인 좀 하게.”

새롭게 인테리어하고 이름을 카페88로 바꾼 기존의 3개 매장에 새로 확장한 5개의 매장까지, 총 8개의 매장을 관리하는 것은 쉽지 않았다. 이번 9호점 오픈에 이어 앞으로도 2개월 동안 4개 지점을 더 오픈할 예정이다 보니 일손이 부족했다. 새로운 직원을 부지런히 뽑아 교육을 했지만, 한계가 있었다. 그리고 다행스럽게도 이전에 회사를 다니다가 그만둔 직원들이 그 빈자리를 메우게 됐다. 개중에는 끝이 좋지 못했던 사람들도 포함되어 있었지만, 홍 대리는 개의치 않았다.

처음에 마롱에게 연락한 것은 일손 부족을 해결하려는 의도 때문은 아니었다. 마롱은 비록 답답한 면이 있었다고는 해도 성실한 직원이었다. 다만 결혼 때문에 퇴사하고 고향으로 돌아갔을 뿐인데, 서운하다고 연락 한번 제대로 하지 않은 자신이 오히려 야속하다는 생각이 들었다. 그래서 안부 전화를 했다가, 마롱이 고향에서는 연봉이 너무 적어 힘들다고 푸념하는 것을 듣고는 지나가는 말로 복귀 의사를 물었다. 마롱은 잠시 머뭇거렸지만, 이내 돌아올 수만 있다면 그렇게 하고 싶다는 의사를 밝혔다.

마롱이 들어가서 문을 닫고 3초가 흘렀다. 문이 열리고, 마롱은 그 매끈하게 잘생긴 얼굴에 해맑은 미소를 짓더니 다시 문을 닫았다. 장난스런 모습은 여전했다. 후줄근한 티셔츠마저도 명품 티셔츠로 보이게 만드는 걸 보니, 역시 "패션의 완성은 얼굴"이라는 말이 괜히 나온 건 아니라는 생각이 들었다. 마오랑과 함께 여직원들은 물론 여자 손님들의 마음을 뒤흔들어 놓기에 충분하리라.

'여직원도 좀 예쁜 사람을 쓰면 남자 손님이 몰리려나?'

몹쓸 생각이라는 걸 알면서도, 홍 대리는 잠깐 고민을 해봤다. 어느 정도 예쁜 여자 직원이면 남자 손님들이 몰릴까?

'리리 씨 정도면 남자 손님들이 줄 서지 않을까? 그만큼 예쁜 직원 일하는 데 있으면, 난 무조건 그 가게 간다.'

홍 대리는 그렇게 생각하자 배시시 웃음이 났다. 그때 문이 벌컥 열리더니, 마롱이 말 그대로 튀어나왔다.

"총경리님, 뭐 좋은 일 있어요? 왜 그렇게 웃고 있어요?"

"어? 아…… 아니에요."

"총경리님, 내 목소리 들렸어요?"

"작게 들리긴 했는데, 뭐라고 하는지는 안 들렸어요."

홍 대리는 방음 효과에 만족하며 말했다. 그러자 마롱이 웃었다.

"아, 다행이다."

"뭐가요?"

"응? 아니에요. 헤헤."

"마롱, 왜 내 눈치를 봐요? 안에서 내 욕한 거 아냐?"

"아니에요. 그럴 리가요. 헤헤."

뭔가 찜찜했지만, 홍 대리는 더 이상 추궁하지 않고 넘어가기로 했다.

룸카페로 변경하면서 홍 대리가 가장 신경 쓴 부분 중 하나가 방음이었다. 외부로부터 시야가 차단돼야 하는 것은 기본이고, 방음도 철저해야 진정한 자신만의 시간을 가질 수 있는 공간이 된다. 공부를 하건 비즈니스 미팅을 하건 커플끼리 오붓한 시간을 보내건, 시야와 소음이 외부와 단절되는 것이 관건이지 않겠는가.

"총경리님, 지금 찍을까요?"

리리가 물었다. 빈하우스가 카페88로 탈바꿈하는 과정에서 수많은 변화가 있었지만, 그중 하나는 바로 인터넷의 활용이었다. 인터넷을 이용해 홍보도 했고, 한국 본사에서 가져온 인스턴트 원두커피도 판매했다. 특히 리리는 중국판 트위터라 할 수 있는 웨이보(微博)를 활용한 홍보를 맡아서 했다. 웨이보는 '작다'라는 의미의 '웨이(微)'와 블로그를 뜻하는 '보커(博客)'의 합성어로, 영어로는 마이크로블로그(Microblog)에 해당한다.

리리는 홍 대리보다 훨씬 SNS 사용에 능해, 자기 할 일을 다 하면서도 수시로 웨이보에 사진을 업데이트하고 댓글에 답변을 달아주었다. 그게 어느 정도의 효과를 봤는지 정확히 통계를 낼 수는 없지만, 마이너스가 되지 않을 것은 분명했다.

매장을 둘러보던 홍 대리는 한쪽 벽 앞에 수북한 폭죽들을 보고는 피식 웃었다. 불과 1년 전만 하더라도 매장 오픈 때 폭죽을 터뜨리는 걸 보면서 "저러다 불이라도 나면 가게 오픈하는 날이 망하는 날이 되는 건데 왜 저런 짓을 하는 거냐"고 비웃던 자신이 어느새 '매장 오픈 = 폭죽놀이'라는 공식을 따르고 있었다. 세상일은 어찌 될지 알 수 없는 것이다.

"총경리님, 폭죽이 너무 많은 것 같은데 어쩌죠?"

판다커피 왕푸징점으로 옮겼다가 홍 대리의 연락을 받고 다시 돌아온 천메이가 물었다. 홍 대리는 빙긋 웃으며 대답했다.

"우린 베이징 시민들이 다 듣도록 폭죽을 터뜨릴 겁니다. 그리고 혹시라도 남으면 다음 매장 오픈 때 활용하면 되고요."

홍 대리는 돌아온 천메이에게 무척 고마웠다. 천메이의 생일 때 홍 대리는 "빈하우스에 있는 동안 열심히 일해줘서 고맙다"라는 메시지가 담긴 쪽지를 생일 축하 케이크와 작은 선물에 담아 보냈다. 다음 날 홍 대리를 찾아온 천메이는 용서를 빌며 자신을 다시 받아줄 것을 부탁했다. 돈 때문에 쉬타오의 꼬임에 넘어갔지만, 마음 한구석에는 홍 대리를 배신했다는 죄책감을 가지고 있었다고 한다. 천메이가 판다커피로 옮길 때 받은 파격적인 조건을 알고 있는 홍 대리로서는 그만큼 챙겨줄 수 없기에 안타까워했지만, 천메이는 예전에 받던 만큼만 받더라도 상관없다는 뜻을 밝혔다. 마침 서비스 교육을 담당할 사람이 필요했던 차에 홍 대리는 오히려 더 고마워하며 천메이를 다시 받아들였다.

"천메이, 난 좀 가봐야 할 데가 있으니까 오픈 준비 좀 부탁해요."

"걱정 말고 다녀오세요."

천메이는 서비스 교육 담당자다운 밝은 미소를 지으며 대답했다. 절로 믿음이 가는 미소였다.

제임스 장은 카페88로 들어가는 손님들을 보며 마음속 한구석이 거북해지는 것을 느꼈다. 최근 베이징의 카페들 중 가장 이슈가 되고 있는 곳이 바로 카페88이었다. 빈하우스가 인테리어 공사에 들어간다고 했을 때 가슴 한구석에 일었던 따끔한 불안감을 무시했던 결과가 바로 이런 것이었다.

카페88이라는 단순한 이름이 사람들에게 미치는 영향은 생각보다 컸다. 88의 발음과 '아빠'를 뜻하는 '빠바'가 발음이 유사하다는 점을 이용해 오픈 때부터 카페88은 자신들의 이름에 대해 '아빠가 자녀들에게 먹이는 음식처럼 정성 가득한 건강 빵과 커피'를 표방하고 나섰다. 이는 먹거리에 대한 불안이 커지고 있는 상황에서 매우 반응이 좋았다. 더군다나 중국인들이 8이라는 숫자에 가진 호감까지 한꺼번에 끌어들임으로써 생각보다 큰 파급력을 보여주고 있었다.

"홍규태, 구사일생으로 살아남았군."

제임스 장은 절대로 다른 사람의 전략을 따라 하지 않았다. 자신만의 명확한 색채를 갖지 못한 사람과 기업은 도태되게 마련이라는 믿음 때문이었다. 그렇기에 주변에서 부랴부랴 룸카페를 만든다고 나서는 업체들을 보면 마음껏 비웃어주고 싶은 심정이었다. 실제로 그런 업체의 총경리들을 보면 대놓고 비웃기도 했다.

"멍청한 녀석들. 같은 룸카페 전략으로 나선다면 백전백패다."

그도 그럴 것이, 사람들은 '원조'라는 이름에 어떤 신뢰를 가지곤 한다. 이전에도 룸카페는 분명 있었지만, 각 룸의 용도별로 크기와 콘셉트를 확실하게 가져간 곳은 카페88이 처음이었다. 더군다나 한국 본사에서 초청한 서비스 교육 전문가와 홍규태, 판다커피에서 다시 원래의 회사로 돌아간 천메이는 직원들의 서비스 교육을 철저히 했고, 이는 룸형 카페의 콘셉트와 딱 들어맞아 시너지를 발휘하고 있었다. 또한 우수 서비스 직원 포상과 여러 가지 인센티브, 장기 근속 직원에게는 점장이 될 수 있는 기회를 부여하는 등의 방법을 통해 직원들의 마음을 얻었다. 자신이 갖은 방법을 써도 서비스 교육 노하우를 제대로 보여주지 않았던 천메이는, 카페88로 돌아가자마자 그 능력과 수완을 마음껏 발휘했다. 알아본 바에 따르면 천메이가 되돌아간 조건은 자신이 제공했던 조건들에 비하면 열악하기 그지없었다. 그리고 그런 초라한 연봉을 받고 돌아간 이유를 제임스 장은 이해할 수 없었다.

"룸카페의 겉으로 드러난 '형식'은 따라 할 수 있어도 이를 뒷받침하는 '사람'은 따라 할 수 없는 법. 그걸 모르고 어설프게 벤치마킹을 하는 곳들은 후회하게 될 것이다."

벤치마킹에는 비교적 적은 비용으로 손쉽게 할 수 있는 것이 있는가 하면, 상당한 자금과 노력이 들어가는 것도 있다. 만약 효과를 보지 못할 경우 특히 후자는 회사에 큰 피해를 입힐 수밖에 없는데, 매장 전체의 인테리어를 싹 바꿔야 하는 룸카페 벤치마킹도 이에 속했다. 아니, 그건 벤치마킹이라고도 할 수 없는 미련한 짓이었다.

카페88은 빈하우스와는 전혀 다른 회사였다. 공기청정기를 설치해두고 '프레시 존'이라 이름 붙인 대기석은 무척 편한 의자와 잡지, 신문, 인터넷이 가능한 PC 등을 비치해 대기하는 사람들도 지루하지 않게 기다릴 수 있도록 배려했다. 또한 최근 들어 팔기 시작한 '퓨전' 파스타와 샌드위치는 폭발적인 인기를 끌었다. 제임스 장 자신도 직접 가서 먹어본 적이 있는데, 무척 독특하면서도 입에 착 달라붙는 맛이었다. 퓨전이라고 이름 붙인 요리들을 많이 먹어봤지만, 가장 중국인 입맛에 맞는 파스타와 샌드위치였다. 한국에서 온 김동준이라는 요리사가 만들었다고 하는데, 중국인 입맛에 맞춘, 그것도 서양 요리를, 중국인도 서양인도 아닌 한국인이 만들었다는 사실이 아이러니했다.

이 모든 아이디어가 홍규태에게서 나왔는지 아닌지는 알 수 없었지만, 한 가지는 확실했다. 빈하우스, 아니 카페88과의 전쟁은 이제부터 본격적인 시작이다.

제임스 장은 그 경쟁에서 패할 것이라고는 결코 생각지 않았다. 왕궈중의 2기 농장 계약만 성사시킨다면, 지금보다 좋은 품질의 커피를 더 저렴한 가격에 제공할 수 있게 될 것이고, 결국 고객들은 판다커피로 돌아오게 될 것이다. 물론 그것만으로는 완벽한 '승리'를 따낼 수 없기에, 제임스 장은 메뉴 개발과 다양한 이벤트 등을 기획 중이었다. 바야흐로 '전쟁'이 시작되려 하고 있었다.

군대에서의 2년, 강원도는 홍 대리에게 제2의 고향이었다. 미국 유학 시절, 뉴욕은 홍 대리에게 제3의 고향이었다. 중국에서 1년 조금 넘게 일하는 동안, 베이징은 홍 대리에게 제4의 고향이었다. 그리고 지금, 바로 이곳, 푸얼을 제5의 고향으로 삼아야 하는 건 아닌가 진지하게 고민이 됐다. 벌써 몇 개월째 1주일에 한 번씩 찾아오다 보니 진심으로 푸얼이라는 도시에 정이 들기 시작했다. 분명 베이징과 같은 중국인데, 이곳은 마치 휴양지 같은 분위기였다.

"안녕하세요?"

홍 대리는 커피회사 정문에 서 있는 경비에게 기분 좋게 인사를 했다. 언제부턴가 그 경비에게는 올 때마다 한국에서 가져온 홍삼절편 한 팩씩을 선물했는데, 그 때문인지는 몰라도 은근히 홍 대리를 기다리는 듯했다. 평소처럼 홍삼절편 한 팩을 건넨 홍 대리가 지나가려 하자, 경비가 홍 대리를 붙잡았다.

"지금은 외부인을 들이지 말랍니다."

그동안 아무런 제재 없이 드나들던 곳이었다. 특히 홍삼절편 선물을 시작한 이후로는 가끔 시원한 생수를 건네주기도 했던 사람이다. 홍 대리는 괜히 시끄럽게 하거나 경비를 번거롭게 만들고 싶지 않아 물러나기로 했다. 하지만 그냥 돌아가려니 아무래도 아쉬웠다.

"무슨 일이 있나 보네요. 차이란 경리님께 안부 전해주세요."

"아, 홍 선생은 몰랐겠네. 차이란 경리 어제 쓰러져서 응급차에 실려 갔소."

홍 대리는 깜짝 놀라, 손에 들고 있던 선물 봉투가 바닥에 떨어진 것도 몰랐다.

"차이란 경리님이요? 갑자기 왜요? 어디가 어떻게 안 좋은 건데요?"

한꺼번에 여러 가지를 묻자, 경비는 일단 홍 대리를 진정시켰다.

하지만 홍 대리는 쉽게 진정되지 않았다.

"병원이 어딥니까? 찾아가봐야겠어요."

"왕 동사장님이 차이란 경리 쉬어야 된다고, 외부인들에게는 알려주지 말라고 하셨는데……."

왕궈중은 홍 대리가 이번에도 찾아올 걸 알고 지시를 내린 걸까? 그동안 왕궈중 동사장은 피도 눈물도 없는 사람에 자기 잇속만 따지는 장사꾼이라 생각했는데, 아랫사람을 챙기는 모습이 의외였다.

그야 어쨌건, 홍 대리는 차이란을 꼭 만나고 싶었다. 큰 결례를 범한 자신을 용서해주고 최근에는 조금씩 홍 대리에게 마음을 열기 시작한 차이란이다. 그런 차이란이 쓰러졌다니, 홍 대리는 꼭 그녀를 만나봐야만 할 것 같았다.

"저 베이징에서 여기까지 온 거 아시죠? 차이란 경리 상태를 확인하기 전까지는 못 돌아갈 것 같습니다. 이렇게 부탁드립니다. 병원 주소만 알려주세요."

홍 대리가 간절히 부탁을 하자, 평소 친분이 쌓여 있던 데다가 선물까지 받곤 했던 경비로서는 무척 난감했다. 아무도 없는 걸 알면서도 괜히 주변을 살피는 척하며, 경비는 목소리를 낮춰 말했다.

"푸얼인민병원으로 가보시오."

"아! 감사합니다! 정말 감사합니다!"

택시에 올라탄 홍 대리는 병원 이름을 말하고는 빨리 가줄 것을 부탁했고, 약 20여 분을 달려서야 병원이 보이기 시작했다. 택시에서 어느 정도 마음을 다잡은 홍 대리는 일단 거기서 내렸다. 꽃을 한 다발 산 홍 대리는 항상 푸얼 방문 때마다 차이란에게 챙겨 주던 선물을 잃어버렸음을 깨달았다. 분명 농장에 방문할 때만 해도 있었으니 경황 중에 잃어버린 것이 아닌가 싶었다. 뭐라도 선물을 사려 했지만, 아쉽게도 병원 근처에서는 살 만한 게 없었다.

병원은 지상 5층 규모로, 한국의 종합병원보다는 조금 작고 어지간한 개인병원보다는 훨씬 큰 정도였다. 데스크에서 차이란의 병실을 확인한 홍 대리는 두 번의 노크 후 대답을 기다렸다가 문을 열었다.

"어머!"

팔에 링거를 맞으며 누워 있던 차이란이 깜짝 놀라 일어났다.

"아, 일어나지 마세요! 그냥 누워 계세요."

"어떻게 왔어요?"

홍 대리를 눈앞에서 보고도 믿기지 않은 듯 놀란 눈으로 홍 대리를 신기하게 쳐다봤다.

"아, 회사에 갔다가 소식 듣고 왔어요. 많이 아프세요?"

"아뇨, 과로에 철분 부족이래요."

"너무 무리를 하셨나 보네요. 그러게 좀 쉬엄쉬엄하시지 그러셨어요. 제가 보기에도 경리님은 너무 열심히 일을 하셔서 문제예요. 아, 여기요."

홍 대리가 꽃다발을 건네자, 차이란의 표정이 활짝 폈다. 역시 꽃다발 받고 싫어하는 여자는 없나 보다.

"급하게 오느라 선물을 준비 못 했네요. 대신 과일이라도……. 아, 마침 딸기가 있어서 사왔어요. 딸기가 빈혈에도 좋고 철분 흡수에도 좋다고 하니, 꼭 드세요."

꽃다발에 이어 과일바구니까지 건네자, 차이란의 표정이 묘하게 변해갔다. 하지만 그 표정에 불쾌감은 단 1퍼센트도 섞이지 않았다.

"그래도 이만하시길 천만다행입니다. 곧 출근하실 수 있는 거죠?"

차이란은 말없이 고개를 끄덕였다.

"아, 정말 다행입니다. 구급차에 실려 가셨다고 해서 정말 큰일 난 줄 알고 얼마나 놀랐는데요."

그 말에 차이란이 고개를 푹 숙였다. 그녀의 눈가가 촉촉해졌다. 홍 대리는 자신이 또 뭔가 실수를 한 건가 싶었지만 생각나는 게 없었다. 그러나 당황한 홍 대리에게, 차이란은 오히려 사과를 했다.

"미안해요, 홍 총경리님."

"네? 뭐가요? 차이란 경리님이 저한테 미안할 게 뭐가 있습니까? 오히려 사과는 제가 드려야죠."

"아니에요. 난 지금까지 단 한 번도 우리 동사장님께 홍규태 총경리님과의 만남을 적극적으로 제안해본 적이 없어요. 제안은커녕 홍 총경리님 이야기조차 제대로 꺼내지 않았어요. 그토록 열심히, 주말마다 왔는데도 단 한 번도⋯⋯."

이미 그럴 거라 예상하고 있었기에, 홍 대리는 전혀 서운하거나 불쾌하지 않았다. 오히려 그렇게 큰 결례를 범한 자신이 찾아왔을 때 내쫓지 않은 것만으로도 차이란에게 진심으로 고마워하고 있었다. 그런데 오히려 자신에게 사과를 하다니, 당치도 않은 일이었다.

"그런데도 홍 총경리님은 저 같은 사람이 뭐라고 이렇게 병문안까지 와 주시고……. 정말 고맙고 미안해요, 총경리님."

차이란의 눈가에 확연히 눈물이 맺혔다. 홍 대리는 전혀 미안해할 것 없다고, 지금까지 그런 걸 바라고 찾아왔던 게 아니고 병문안 역시 그저 안부가 걱정이 돼서 온 것뿐이라고 몇 번이나 이야기했다.

차이란이 마음을 가라앉힌 후로 둘은 잠시 대화를 나누었다. 카페88 오픈 이후로 사정이 나아졌다는 홍 대리의 말에 차이란은 진심으로 기뻐했다. 그리고 판다커피가 곧 반격을 가해올 것이라는 홍 대리의 말에는 함께 걱정했다.

"판다커피는 어떤 방법으로 반격할 거라고 생각하세요?"

마치 인터뷰하는 기자처럼 묻는 차이란에게, 홍 대리는 빙긋이 웃었다.

"판다커피가 취할 수 있는 전략이 수십 가지도 넘겠지만, 제가 보기엔 크게 세 가지 방향이에요. 메뉴를 더 다양화하거나, 가격을 내리거나, 두 가지를 다 하거나. 메뉴 다양화야 어떤 방식으로 할지 알 수 없지만, 가격을 내리는 거라면 아무래도……."

홍 대리는 잠시 말을 끊고 차이란의 눈치를 살폈다. 차이란은 이해했다는 듯 고개를 끄덕였다.

"그래요, 판다커피의 제임스 장 총경리는 우리 농장과 이미 계약을 했고, 2기 농장도 거의 계약을 눈앞에 두고 있어요.”

사실 홍 대리도 짐작하고 있던 바였다. 2기 농장 원두의 품질은 직접 맛을 본 자신이 잘 안다. 이미 왕궈중 동사장과 연이 닿아 있는 제임스 장이 그런 원두를 그냥 넘길 리가 없다. 보나 마나 어떻게든 계약을 따내려 했을 것이고, 그럴 만한 능력도 충분할 것이다. 하지만 짐작을 한 것과 사실로 드러난 것은 가해지는 충격이 달랐다. 홍 대리는 잠시 정신이 아득해지는 기분이 들었다. 자신은 왕궈중 동사장과 만남조차 갖지 못하고 있는데 제임스 장은 이미 계약에 가까워졌다고 한다. 출발선 앞에서 돌부리에 걸려 넘어진 달리기 선수가 1등으로 달리고 있는 선수를 쫓아가야 하는 상황이었다. 하지만 포기하기엔 아직 이르다. 카페88과 판다커피의 경쟁은 장기전이다. 마라톤에서 초반에 한 번 넘어졌다고 포기할 수는 없지 않겠는가. 게다가 단기전이라 하더라도, 자신이 넘어졌다면 제임스 장도 넘어질 수 있는 것이다. 결승선 앞에서 넘어진다면, 그것도 아니면 토끼와 거북이의 토끼처럼 여유를 부리느라 자신이 코앞까지 쫓아온 걸 제임스 장이 눈치채지 못한다면, 역전의 기회는 있다.

“그럼 어떻게 대처하실 건가요?”

“아직은 모르겠어요. 지금은 매장 확장만 해도 정신이 없어서, 몸이 두 개라도 부족할 지경이거든요.”

그렇게 말하면서 밝게 웃는 홍 대리를 보며, 차이란은 그런 바쁜 외중에도 여길 매주 온 건가 싶어 미안함이 더욱 커졌다. 홍 대리는 전혀 그런 의도로 한 말이 아닌 듯했지만, 차이란은 뭔가 도움을 주고 싶어졌다.

"저기, 총경리님……."

"네?"

일단 말은 꺼냈지만 어떻게 설명해야 할지 몰라, 차이란은 잠시 고민에 빠졌다. 홍 대리는 채근하거나 닦달하기보다는 조용히 기다리는 편을 택했다.

"우리 동사장님이 다음 달에 베이징에 갈 예정이에요."

"왕궈중 동사장님이 베이징에요?"

차이란은 고개를 끄덕이더니, 결심을 굳힌 듯 설명을 덧붙였다.

"네, 프랜차이즈 카페 총경리들을 만나러요. 특히 미국과 한국에서도 바이어들이 온다고 하니, 그날 2기 농장 원두 계약이 결정날 수도 있어요."

충격적이긴 했지만 그만큼 좋은 정보였다. 하지만 이 정보만 가지고 홍 대리가 할 수 있는 일은 없었다. 베이징에 온다고 해서 홍 대리를 만나겠다는 뜻은 아니지 않은가.

'뭔가 방법이 없을까?'

홍 대리는 열심히 머리를 굴렸다. 하지만 마땅한 방법이 생각나지 않았다. 그렇다고 차이란에게 정확한 일정과 동선을 가르쳐 달라고 하는 건 너무 뻔뻔한 요구 같아, 홍 대리는 참기로 했다. 그때, 홍 대리의 고민이 무엇인지 알고 있는 것처럼 차이란이 목소리를 낮춰 말했다.

"마지막 날 미팅하기로 한 미국 바이어가 간이 안 좋아서 술을 마실 수 없어 조용한 곳에서 미팅을 진행하기로 했어요. 혹시 추천해주실 만한 곳이 있나요? 가능하면 시야가 차단되고 조용한 곳이면 좋겠어요. 커피도 마실 수 있다면 더 좋겠고……."

'이 말은……?'

홍 대리는 자신의 귀를 의심했다.

"그런 곳이라면 제가 아는 카페가 있습니다."

"어머, 그래요? 베이징에서 그런 카페 찾기 힘들다던데……."

차이란은 짐짓 놀라는 시늉을 했다.

"네, 정말 드물죠. 하지만 제가 정말 딱 적당한 곳으로 예약을 해둘 테니, 걱정 붙들어 매십시오!"

홍 대리가 자신감 있는 목소리로 말하자, 그 모습에 차이란도 빙긋이 미소를 지었다. 문득 홍 대리는 그런 생각이 들었다.

'농장의 경비 아저씨도, 차이란 경리님도 나에게는 훌륭한 꽌시다. 비록 큰 결정을 내려줄 수 있는 사람들은 아니더라도 결국은 그들이 모여 나에게 절호의 기회를 주었다.'

'위치를 알려주지 말라'는 왕귀중의 지시가 있었음에도 경비는 홍 대리에게 차이란이 입원한 병원을 알려주었고, 차이란은 왕귀중과 만날 수 있는 절호의 기회를 마련해 주었다. 홍 대리가 부정적으로만 보았던 꽌시, 그중에서도 특히 하찮게 여길 수도 있는 위치의 사람들이 결정적인 도움을 준 것이다.

'세상에 하찮은 꽌시란 없는 거로군.'

1. 하찮은 꽌시란 없다

중국에서 비즈니스를 하다 보면 해당 업무의 핵심이 되는 '키맨(key man)'을 찾는 것이 중요하다. 비즈니스의 성패를 판가름한다고 할 수 있을 정도다. 하지만 이 키맨을 찾기란 쉽지 않다. 특히 중국은 조직이 복잡하고 한 부서 안에도 수많은 사람들이 있어 누가 어떤 업무를 관리하는지, 누가 업무의 결정권자인지 알아내는 것도 쉽지 않다. 더군다나 직급 체계도 조리, 비서, 주임, 서기, 비서장 등 우리와 달라 더욱 혼란스럽다. 그렇다고 누가 실세인지 직접 물어보는 것도 참으로 민망한 일이다. 이럴 때 아래 직급 사람들과 격의 없이 잘 지낸다면 의외로 도움을 받을 수 있다. 핵심 인물, 핵심 라인이 누구인지, 그리고 그들의 생각이 어떤지 등등 굳이 알아내려고 캐묻지 않아도 평소 대화 중에 자연스럽게 알 수 있기 때문이다. 그러니 중요하지 않은 자리에 있는 사람이라고 해서 가볍게 봐서는 안 된다. 세상에 하찮은 꽌시란 없는 법이다.

중국의 온라인 시장에서 기회를 잡아라

한국을 능가하는 중국 온라인 시장

베이징과 상하이의 대형 백화점들이 하나둘 폐점하고 있다. 인터넷 쇼핑 증가로 백화점 매출액이 감소했기 때문이라고 한다. 중국에서도 온라인 시장이 오프라인 시장을 위협하고 있는 것이다. 이를 반영하듯, 중국에서 성장가도를 달리던 월마트는 최근 매장 매출이 급 감소세를 보이자 중국 최고 식품 온라인 사이트인 '이하오뎬(1號店)'을 인수하기도 했다.

매출액 기준 세계 1위 회계기업인 프라이스워터하우스쿠퍼스(PricewaterhouseCoopers, PwC)에 의하면, 중국의 인터넷 보급률은 2013년 기준 44퍼센트로 선진국의 70퍼센트보다 훨씬 낮다. 그러나 인터넷 사용 인구는 5억 9100만 명으로 미국 총인구인 약 3억 2000만 명보다 훨씬 많다. 인터넷을 통한 구매 빈도수도 높아, 온라인 소비자 중 75퍼센트가 주 1회 이상 인터넷으로 물건을 구매해, 26퍼센트인 미국이나 38퍼센트인 인도를 압도한다. 또한 스마트폰을 이용해 쇼핑을 한다는 답변도 세계 평균인 43퍼센트를 크게 웃도는 77퍼센트로 조사됐다. 중국은 이미 세계 최대 온라인 시장 규모를 갖춘 것이다.

중국의 온라인 시장이 얼마나 활발한지를 보여주는 예는 얼마든지 찾을 수 있다. 그중 '21Cake'라는 케이크 전문 판매점은 중국에 오프라인 매장 하나 없이 인터넷과 전화만으로 주문을 받아 하루 수천 개의 판매고를 올리고 있다. 가격이 일반 케이크보다 높은 편임에도 연간 50퍼센트의 매출 성장을 기록하는 중이다. 또, 한국 패션기업 '스타일난다'는 중국 온라인 시장에서 인지도를 쌓기 시작해, 2013년 광군제 하루에만 6000만 원의 매출액을 올렸다. 한국의 스타일난다 매장은 젊은 중국인 관광객들의 관광코스가 됐을 정도다.

중국의 그 어느 지역에 진출하는 것보다 소비력을 갖춘 온라인 시장에 진출하는 것을 절대 놓쳐서는 안 될 것이다.

온라인 시장을 잡아야 하는 이유

빠르게 성장하고 있는 온라인 시장의 확대는 우리에겐 기회다. 우리와는 다른 중국의 온라인 문화를 잘 이해하고 적극 활용하여 중국시장 개척의 새로운 판로를 만들 경우 얻을 수 있는 이득에는 다음과 같은 것들이 있다.

– 중국 진출 투자비용 절감

온라인 시장은 현지 법인 설립, 사무실 임대료, 인건비 등 직접투자비용이 들지 않는다. 중국에 진출한 기업인들이 힘들어하는 직원관리나 꽌시 구축에 시간과 비용을 낭비할 필요도 없다. 또한 직거래이기 때문에 유통 문제를 고민하지 않아도 된다. 티몰과 같은 중국 인터넷 쇼핑몰을 활용하는 방법도 있고, 코트라(KOTRA)를 통한 한국전용 쇼핑몰을 이용하는 방법도 있다. 특히 중소기업들에게는 적은 비용으로 중국시장을 테스트해 볼 수 있는 좋은 기회다.

– 공략 가능 지역 확대

중국에 진출한 기업들도 오프라인에만 얽매이지 말고 온라인을 통한 시장 확장을 생각해볼 필요가 있다. 중국의 면적은 한국의 92배에 달한다. 그래서 중국 현지에 법인을 설립했다 하더라도 다른 도시로의 진출이 쉽지 않고, 수많은 중소도시까지 직접 진출하기란 더욱 어렵다. 이런 측면에서 봤을 때 온라인 시장은 중국 전역의 고객들을 하나로 집중시키고 사업 영역을 중국 전역으로 확대시킬 수 있는 방법이다. 알리바바(阿里巴巴 –B2B), 타오바오(淘寶–C2C), 티몰(天猫–B2C) 등을 활용해볼 만하다.

– 저렴한 비용으로 브랜드 인지도 제고

온라인 매체를 통한 구전 마케팅은 저렴한 비용으로 브랜드 인지도를 높일 수 있는 좋은 기회다. PwC 조사에 따르면, 중국인의 경우 QQ, 웨이보, 위챗과 같은 SNS를 통해 쇼핑 정보를 얻어 구매한다는 비율이 86퍼센트나 됐다. 의심 많은 중국인들은 제품을 눈으로 직접 확인하지 않은 상태에서 구매를 쉽게 결정하지 않는다. 이러한 중국인의 특성을 반영해 판매자와 구매자의 실시간 채팅으로 질문에 답해 구매로 연결시키는 채팅 구매 마케팅 방식이 활성화되기도 했다. 또한 중국인들에게는 제품을 먼저 사용해 본 사람들의 평가가 상품 구매 결정에 중요한 작용을 하므로, 구전 마케팅이 중요하다.

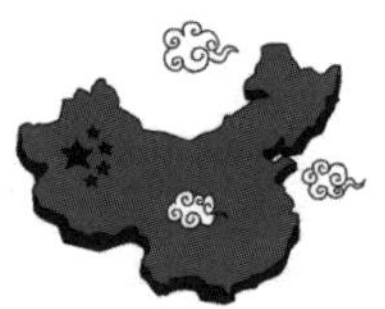

4장

중국식 협상

마지막 퍼즐

　10호점 오픈을 눈앞에 둔 현재까지 빈하우스에서 카페88로의 변신은 대성공이었다. 비록 판다커피를 비롯한 다른 대규모 업체들처럼 대대적인 광고나 마케팅을 펼치지는 못했지만, SNS를 비롯한 마케팅과 입소문으로 손님이 점점 늘고 있었다. 김동준이 계속해서 만들어내고 있는 신메뉴들은 큰 인기를 끌었다. '퓨전' 음식을 개발하는 데 있어 김동준은 탁월한 능력이 있었는데, 처음 중국에 넘어왔을 때만 해도 '한국 음식과 서양 음식의 조화'만을 생각했다. 그 요리로 한국에서 성공을 거두었기에, 중국에서도 자신이 있었다. 언젠가는 중국인들도 자신의 음식을 알아줄 거라 생각하며 기다리고 또 기다리다가 지쳐 한국으로 돌아갔다. 그런 김동준에게 홍 대리는 '중국인 입맛에 맞는 퓨전 요리를 만들 것'을 요청했다. 김동준은 이를 훌륭하게 해냈고, 결국 카페88에 없어서는 안 될 존재가 됐다.

"야, 어제 판다커피에서 나보고 지금 연봉의 세 배를 줄 테니까 오라더라. 허허, 참 어이가 없어서."

총경리와 소속 요리사 신분이 아니라 계속해서 형과 동생 관계로 지낸 덕에, 김동준은 웃으며 이야기할 수 있었다. 그 말을 듣고도 홍 대리는 전혀 불안하지 않았다. 바로 며칠 전 가진 술자리에서, 김동준은 홍 대리의 손을 꼭 쥐었다.

"고맙다, 규태야. 네가 아니었으면 난 평생 스스로를 실패하고 도망친 놈으로 여겼을 거야. 네 덕분에 중국에서도 내 요리가 통한다는 걸 확인했어. 그것만으로도 난 족하다. 앞으로 네가 하자는 건 뭐든 발 벗고 나서서 도울게. 혹시 사업을 한다면 날 꼭 동업자로 써줘라. 내가 무슨 도움을 줄 수 있을지는 모르겠지만, 돈 한 푼 안 주더라도 내가 할 수 있는 건 다 할 테니까."

그런 김동준이 제임스 장의 얄팍한 수에 넘어갔을 거라고는 생각지 않았다. 더군다나 쉬타오가 제임스 장에게서 버림받은 사건을 생생히 전해 듣고서도 돈 몇 푼에 옮겨갈 정도로 멍청한 사람은 아니었다.

카페88의 성공에는 정진중이 개발한 공기청정기를 룸마다 설치한 것도 한몫했다. 베이징의 극심한 스모그 속에서 맑은 공기가 그리웠던 사람들은 카페88로 몰려들기 시작했다. 또한 궈마오점처럼 사무실이 밀집된 곳에서는 배달 서비스도 운영 중이다. 물론 무조건 배달하다가는 배달비용도 나오지 않기 때문에 거리와 주문 금액에 기준을 정해두긴 했지만, 인근 회사들에서의 반응이 매우 좋았다.

맑은 공기, 누구나 원하는 대로 사용할 수 있는 자신들만의 공간, 맛있는 음식과 커피, 다른 곳과는 완전히 차별화된 직원들의 서비스……. 이 모든 것들이 조화를 이룸으로써, 사람들은 바로 옆에 있는 판다커피보다 적게는 1.5배, 룸을 이용할 경우 3배 이상 비싼 가격도 수용했다. 홍 대리는 이것이 바로 금탄영 박사가 말한 '가격이 비싸더라도 사람들이 받아들일 수 있는 문화적 가치'를 더한 결과라고 생각했다.

하지만 아직 완전히 자리를 잡으려면 시간이 필요했다. 인테리어 공사와 매장 확장 등에 들어간 비용을 생각한다면 아직 기뻐하기엔 이르다. 게다가 최근 경쟁 카페들 중 인테리어 공사에 들어간 곳이 많은데, 아마도 룸카페로의 변신을 시도하려는 듯했다. 그럴 경우 어떻게 경쟁을 이겨낼 것인가도 생각을 해야 했다.

하지만 가장 큰 걱정거리는 오히려 아무런 조치도 취하지 않고 있는 판다커피였다. 제임스 장이란 인물은 녹록치 않은 사람이다. 아니, 가장 경계해야 할 대상이었다. 그는 아마도 왕궈중 동사장과의 계약이 체결되는 순간을 기점으로 반격을 가할 계획일 것이다. 홍 대리는 솔직히 말해 그 시간이 다가오는 것이 두려웠다. 제임스 장의 날카로운 눈빛과 과감성, 추진력이 두려웠다. 물론 두렵다고 해서 피할 수도, 피할 생각도 없다. 하지만 이겨내려면 대비가 필요했다.

'지금이야 가격 차이가 있어도 다른 차별점들로 이겨내고 있지만, 이런 요소들은 시간이 지나면 점점 매력을 잃어갈 것이다. 주변에 우리 전략을 따라 하는 곳들이 늘어날 것이고, 판다커피가 본격적으로 경쟁을 시작하면……'

이에 대비해 지금 가장 핵심적인 요소는 바로 커피값을 내리는 것이지만, 그러기에는 현재 원두 가격이 너무 비쌌다.

'결국 저렴하면서도 품질이 우수한 원두를 지속적으로 공급 가능한 곳을 찾아내야 한다는 건데……'

고민에 빠져 있는 그때, 홍 대리의 핸드폰이 울리더니 차이란으로부터 왕궈중 동사장의 베이징 방문 날짜가 적힌 메시지가 도착했다. 생각보다 시간이 촉박해, 2주 후면 도착이었다. 긴장감에 숨이 막혀왔다. 이번 왕궈중 동사장과의 만남 결과에 따라 카페88의 미래가 바뀔 수도 있다. 문득 지난 협상 실패가 트라우마처럼 홍 대리를 옭아매기 시작했다. 이번에는 결코 실패해서는 안 된다.

홍 대리는 핸드폰을 꺼냈다.

"어서 오게. 아주 좋아 보이는군."

중요한 미팅이 있는 건지 평소보다 말쑥한 차림의 금탄영 박사는 활짝 웃는 얼굴로 홍 대리를 반겼다.

"박사님이야말로 정말 좋아 보이는데요? 오늘 무슨 일 있으신가요?"

"아, 거래처와 중요한 미팅이 있다네. 오늘 협상이 잘된다면 큰 거래가 하나 성사되겠지."

'협상'과 '거래 성사'라는 말에 홍 대리의 눈이 반짝거렸다. 이미 통화로 홍 대리의 방문 목적을 전해 들은 금탄영 박사는 웃음을 터뜨리며 농담을 건넸다.

"자네 눈빛을 보니 내 협상법을 바닥까지 긁어가려는 것 같군. 하하!"

홍 대리는 멋쩍은 듯 웃었다.

"면목 없습니다. 제가 이럴 때 박사님 아니면 누굴 믿겠습니까?"

"일단 앉게. 앉아서 이야기를 나눠보세."

홍 대리는 왕귀중 동사장과의 첫 번째 협상을 실패한 과정과 이번에 다시 한 번 만남이 주선되었음을 간략하게 설명했다.

"중국 사람들의 성격상 한번 틀어지면 다시 보지 않는 경우가 많은데, 어떻게 그런 기회를 잡게 됐나?"

홍 대리는 매주 푸얼을 방문하면서 차이란과 친해지고 경비와 가까워진 과정을 설명했다. 이어 병문안을 간 이야기에 도달했을 때, 홍 대리는 머뭇거리듯 물었다.

"박사님, 그런데 아픈 사람 병문안 간 게 그렇게 대단한 일인 건가요? 난 그냥 걱정돼서 찾아간 것뿐인데……."

"그건 한국과 중국의 문화 차이라고 볼 수 있네. 한국인들 사이에서는 크게 감동할 일이 아니라도 중국인들에게는 다를 수 있지. 그 반대의 경우도 많고. 차이란이라는 사람은 자신이 항상 차갑게 대했는데도 자네가 병문안까지 와서 진심으로 걱정해주는 모습에 감동을 받았을 걸세.”

홍 대리는 아직 자신이 중국인들과 그들의 문화에 대해 완전히 이해하려면 멀었다는 걸 느꼈다.

“상대방을 설득하는 건 쉽지 않네. 공자도 여러 나라를 돌아다니며 자신의 생각을 실천하기 위해 제후들을 찾아다녔지만 결국 설득하지 못했지. 그러니 공자가 제자 양성에 힘쓰게 된 이유는 제후들을 설득하는 데 실패했기 때문이라고도 할 수 있지. 그만큼 설득은 쉽지 않아.”

“제후들이 너무 욕심이 많아서 그렇겠죠. 공자님이 바른 소리만 하니까 신경질 나서 그런 거 아닐까요?”

“듣고 보니 틀린 말은 아니군.”

“지금 박사님이 저한테 설득 당하신 겁니다.”

“아! 그렇군. 그럼 이제 더 이상 내게 배울 게 없으니, 이제 그만 하산하게.”

“아이고, 박사님. 농담한 걸 가지고 왜 이러십니까? 저 좀 살려 주십시오.”

금탄영 박사는 홍 대리의 엄살에 피식 웃었다. 그리고 와이셔츠 소매를 걷어 올리며 설명을 시작했다.

“기본적으로 중국은 다민족·다문화 국가라는 걸 잊지 말게. 그러니까 '중국 사람은 이렇다'라고 단정을 짓지 말라는 얘기네. 그러니 내가 이야기 하는 것은 비즈니스에서 보편적인 상황을 말하는 것이지 반드시 정답은 아닐세."

금탄영 박사는 중국에서 비즈니스를 위해서는 다양성이 존재하고 있음을 인식해야 한다고 운을 띄웠다.

"어느 나라에서든 그렇지만, 특히 중국에서는 협상에서 상대를 설득하려면 '명분'을 만들어야 한다는 것이 기본이네."

홍 대리는 '명분을 만들라'는 게 어떤 의미인지 정확하게 이해가 되지 않았다. 명분이란 '있는가 없는가'의 문제지, 만들어 내고 말고 할 성질의 것이 아니라고 여겼기 때문이다.

"역시 쉽게 이해가 되는 이야기는 아니지? 예를 들면, 지방정부로부터 사업권을 얻을 때, 기업 측에서는 재정이 부족한 지방정부에 주민문화체육관 등을 지어주는 식으로 지역 발전에 이바지할 것들을 제시하고 아파트 개발 사업권을 얻기도 했다네. 지방정부 측에 '명분'을 만들어 사업권을 획득하는 거지."

그제야 홍 대리는 이해가 됐다. 거래 외적인 무엇인가를, 상대방에게도 득이 되면서 대외적으로 보이기에도 "이들과 거래하는 이유는 단순히 내 잇속 때문이 아니라 이러이러한 점이 있기 때문이오"라고 말할 수 있을 만한 카드를 제시할 필요가 있다는 것이리라. 이는 홍 대리 개인이 제시할 수 있는 것이 아니라 본사 차원의 허가가 필요한 사안이다.

생각해보니 자신은 처음 왕궈중 동사장을 만났을 때 상대방을 설득하려고 하기보다는 기세로 눌러버리려 했다. 그래서 한국에 매장이 몇 개고 필리핀이 어쩌고 하며 허세를 부렸던 것이다. 하지만 장사 수완이 뛰어난 왕궈중 둥사장에게 그런 게 먹힐 리가 없다. 그들에게 실제로 이득이 되는 무언가를 제시하고 명분을 만들어주는 과정이 필요했건만, 돌이켜보면 부끄러울 정도로 허세 가득한 발언만을 남겼으니 잘될 수가 없는 협상이었다.

금탄영 박사는 명분에 대해 몇 가지 설명을 덧붙였다. 과도한 명분을 만들어준 탓에 그 비용을 충당하느라 위기에 처한 기업 사례에서, 홍 대리는 역시 완급 조절이 비즈니스의 핵심임을 다시 한 번 깨우쳤다.

"자, 이번에 해줄 얘기는 그런 근본적인 문제는 아니지만, 아주 중요한 노하우일세. 자네, 중국어는 어느 정도로 하나?"

뜬금없는 질문이었지만, 생각해보니 금탄영 박사와는 항상 한국어로만 대화를 했지 중국어는 써본 기억이 없었다.

"뭐, 한국인이라고 밝히지 않으면 사람들이 잘 모를 정도는 됩니다."

중국어 실력에 자신이 있는 홍 대리는 다소 거만하게 들릴 수 있을 정도로 대답을 했다. 금탄영 박사는 다시 물었다.

"그렇다면 지난 번 협상 때도 통역 없이 직접 대화를 했나?"

"그럼요. 통역의 필요성을 못 느끼겠던데요?"

"다음 협상 때는 반드시 믿을 만한 사람으로 통역을 쓰게."

"어째서입니까? 저번 미팅 때도 전혀 막히는 것 없이 잘했는데요.”

금탄영 박사는 어떻게 설명해야 할지 잠시 생각하다가 말했다.

“중요한 협상일 경우 나도 통역을 부탁하기도 한다네.”

금탄영 박사는 중국에서 대학을 다녔고, 직접 사업도 하고 있는 사람이다. 홍 대리가 중국어를 잘한다고 해도 금탄영 박사에 비하면 초보 딱지를 갓 뗀 수준일 것이다. 그런 금탄영 박사가 통역을 쓴다니, 언뜻 이해가 되질 않았다.

“크게 두 가지 이유일세. 첫째, 중국인들의 협상 언변을 따라가기 힘들기 때문에 통역인이 통역을 하는 동안 생각을 정리할 시간을 확보할 수 있지. 둘째, 훌륭한 통역인이라면 실질적인 도움을 줄 수도 있네. 에티켓에서 어긋나는 경우 미리 언질을 줄 수도 있고, 예의에 어긋나는 발언은 먼저 차단을 해줄 수도 있거든.”

그 말을 들으면서, 통역을 쓰더라도 자신이 중국어를 잘해야 더 유리하다는 사실을 깨달았다. 실제로 홍 대리는 중국에서 사업에 실패하고 돌아간 한국인을 많이 봐왔는데, 그들은 대부분 중국어를 거의 하지 못했다. 중국어를 잘한다고 반드시 중국에서 성공한 것은 아니지만, 중국어를 모르는 사람은 결코 성공하지 못했다.

이후로도 금탄영 박사는 ‘협상 카드를 다양하게 준비하라’거나 ‘모호하게 답변하고 명확하게 물어라’ 같은 방법들을 예시까지 들면서 알려주었고, 홍 대리는 열심히 받아 적었다. 그러다 보니 어느덧 시간이 훌쩍 지나 있었다.

“더 도와주면 좋겠지만, 말했다시피 나도 중요한 미팅이 있네.

그리고 내일부터는 한국에 다녀와야 하니, 궁금한 게 있다면 전화를 걸게나. 일부러 안 받지는 않겠네."

"일부러 안 받으시는 대신 제 번호에 수신거부를 걸어놓으시는 거 아닙니까? 스팸 등록을 하신다거나……."

"그것도 좋은 방법이군. 생각해보겠네. 하하!"

금탄영 박사는 유쾌하게 웃다가 뭔가 생각이 난 듯 책장으로 가서 책을 한 권 가져왔다. 『20대에는 사람을 쫓고 30대에는 일에 미쳐라』라는 제목의 책이었다.

"중국에서 사업해 성공한 내 대학시절 친구가 쓴 책인데, 읽어보면 도움이 될 걸세. 젊은 나이에 중국에 와서 부딪치며 몸소 배운 경험담을 잘 정리해놨지."

이제 막 사람을 쫓아 꽌시를 만들고 본격적으로 일을 시작한 자신과 딱 맞아 떨어지는 제목인 것 같아 홍 대리는 괜히 가슴에 와 닿았다. 비록 자신은 30대가 돼서야 중국에 오긴 했지만 말이다.

홍 대리는 직원 교육이 제대로 되고 있는지를 확인하기 위해 매장들을 차례로 돌았다. 영업 기간이 오래된 1~3호점은 점장들을 어느 정도 믿을 수 있었기에 크게 신경 쓰지 않아도 괜찮았지만, 오픈한 지 몇 개월 되지 않은 매장들은 아직 미비했다. 직원들을 순환교대하며 천메이가 열심히 교육했지만 손이 부족했고, 시설도 받쳐주지 않았다. 앞으로도 매장을 계속해서 오픈할 것임을 감안하면 제대로 된 교육 시설이 필요했다. 각 지점별로 점장들이 진행하는 교육에는 한계가 있었기 때문이다.

1. 협상 시에는 모호하게 답하고 명확하게 물어라

한국과 중국은 협상 화법도 완전히 다르다. 한국이 단순명료하다면, 중국은 복잡하고 미묘하다. 협상 초기에는 계약 조건도 완전히 공개하지 않고, 요구 조건도 모두 언급하지 않는다. 그리고 질문에는 모호한 답변으로 일관한다. 하나의 협상안을 두고도 미팅 때마다 중국 측의 요구가 달라질 수 있는 것이다. 그러므로 중국과 협상할 때는 이쪽 역시 모호하게 답해야 한다. 만약 답변하기 곤란한 사안이나 질문이 있다면, 자신은 결정권자가 아니니 상사나 대표에게 보고하겠다는 식으로 시간을 버는 것이 좋다. 이런 방법을 사용하려면 대표는 끝까지 협상 현장에 얼굴을 내밀지 않아 협상의 여지를 남겨둬야 한다.

반면 상대방의 모호한 답변은 분명하게 짚고 넘어가야 한다. 중국에서는 "가능하다" "문제없다"와 같은 답변도 확실한 것이 아닐 수 있으므로, 꼼꼼하게 확인하지 않으면 낭패를 볼 수 있다.

예전에 한 중국 기업과 계약을 진행할 때 있었던 일이다. 협상 끝에 이메일로 최종 계약서를 확인한 후, 만나서 계약서에 도장을 찍기로 했다. 계약서는 중국 회사 측에서 준비해 왔다. 계약을 체결하는 자리에서 도장을 찍기 직전에 마지막으로 확인하는 심정으로 "계약서에 변경된 내용은 없지요?"라고 질문을 했다. 중국 회사 측은 "차부둬(差不多: 별 차이 없습니다)"라고 답했다. 그러나 확인해본 결과 가장 중요한 문구 하나가 변경돼 있었고, 협상은 결렬됐다. 이런 모호한 답변 때문에라도 중국과의 협상은 계약서에 사인하는 날까지 조심해야 한다.

승부수를 던지다

진부한 표현으로, '운명의 날'이 다가왔다. 약속대로 차이란이 수시로 전달해온 왕귀중 동사장의 베이징 방문이 드디어 하루 앞으로 다가온 것이다. 차이란은 꼼꼼한 사람답게 왕귀중 동사장의 일정을 짧은 시간에 모든 업무를 처리할 수 있도록 효율적으로 짰다. 그리고 나흘간의 방문 중 사흘째 저녁 8시경에 미국 바이어와의 미팅을 끝으로 다음 날 아침 일찍 푸얼로 돌아가는 일정이었다. 차이란은 그 미팅을 카페88 왕푸징점으로 예약했다. 홍 대리를 돕고자 하는 이유도 있었지만, 실제로 미국 측의 바이어가 조용한 카페를 원했기 때문이기도 했다.

– 저녁 7시 30분 도착 예정_차이란

홍 대리에게 짤막한 문자 메시지가 도착했다. 발신인은 차이란이었다. 미팅 시간까지 30분도 채 남지 않았다. 재빨리 매장으로 들어간 홍 대리는 미팅 준비를 마쳤다. 왕귀중 동사장의 미국 바이어 미팅 시간이 갑자기 변경될 수도 있으니, 홍 대리는 왕푸징 점의 비즈니스 룸들 중 가장 시설이 좋고 조용한 곳을 그날 하루 통으로 비워둔 채 직접 세팅을 마치고, 가장 깔끔한 옷으로 갈아입고는 대기 중이었다. 지난 열흘가량 시뮬레이션한 수십 가지 상황별 대응 방법을 다시 한 번 머릿속으로 그려보았다. 또한 금탄영 박사가 말한 '명분'을 언제, 어떤 방식으로 제시할 것인지에 대해서도 꼼꼼히 확인했다.

"후우! 긴장하지 말자, 홍규태! 넌 잘할 수 있어! 성공한다! 파이팅!"

홍 대리가 스스로 기합을 불어넣고 있는데, 오늘 하루 통역을 부탁받고 온 정진중이 웃음을 터뜨렸다.

"총경리님, 긴장되는 건 알겠는데 그렇게 안절부절못하고 왔다 갔다 해봐야 달라질 거 없으니까 좀 앉아 계십시오. 저까지 정신이 없습니다."

"응? 아아, 그래요. 미안. 워낙 중요한 일이라……."

정진중이 빈하우스를 떠난 이후로는 형님, 동생하며 지낸 사이지만, 오늘 하루는 총경리와 직원의 관계로 돌아가기로 한 탓에 그들은 서로 말을 높였다.

사실 홍 대리는 이번 통역을 누구에게 부탁해야 할지 고민이 많았다. 전문 통역사를 구해야 하는 것인지, 현재 직원들 중 한국어와 중국어를 다 잘하는 사람에게 부탁할 것인지, 그것도 아니면 통역 없이 자신이 직접 할 것인지를 두고 한참을 고민했다. 그러다가 내린 결론이, 얼굴에 철판을 깔더라도 정진중에게 부탁하자는 것이었다. 자신이 아는 사람들 중 한국어와 중국어 양쪽에 능통하면서 비즈니스에 대한 감각도 있고 필요한 말을 걸러서 해줄 수 있는 사람, 상황을 봐가며 임기응변으로 협상을 유리하게 이끌고 갈 수 있는 사람은 금탄영 박사와 정진중뿐이었다. 금탄영 박사에게는 그 사회적 지위나 위치 등을 감안하면 감히 통역을 부탁할 수는 없었다. 결국 적임자인 정진중은 홍 대리가 어렵게 부탁한 게 머쓱해질 정도로 흔쾌히 받아들였다.

"총경리님, 아무래도 서빙을 직접 하시는 편이 낫지 않을까요?"

긴장감에 심호흡을 하고 있던 홍 대리에게 정진중이 물었다. 홍 대리는 그게 무슨 소린가 싶어 눈만 멀뚱히 뜬 채 정진중을 바라보다가, 이내 그게 더 낫겠다는 결론을 내렸다. 생각해보면 차이란의 연락을 기다렸다가 바이어와의 미팅이 끝나자마자 불쑥 들어간다면 왕궈중 입장에서도 얼마나 당황스럽겠는가? 차라리 서빙을 하면서 인사를 나누고, 나중에 기회가 되면 원두 계약 이야기를 하는 편이 나을 것 같았다.

그렇게 생각을 정리하다 보니, 어느덧 왕궈중 동사장이 도착할 시간이 됐다.

홍 대리는 부랴부랴 주방으로 들어가, 미리 김동준에게 말해두었던 음식을 부탁했다. 그리고 왕궈중과 차이란 일행이 룸으로 들어서자 옷매무새를 가다듬었다. 룸 앞에서 심호흡을 하고, 왕궈중 동사장 일행이 숨을 고를 수 있도록 잠시 기다렸다가 세 번의 노크를 한 후에 들어섰다. 룸 안에는 왕궈중 동사장과 차이란, 그리고 예전 협상 때 함께 자리했던 사람들 중 두 명을 포함해 총 네 명이 있었다. 아직 미국측 바이어는 오지 않은 듯했다. 홍 대리는 한국식 목례로 정중하게 인사를 했다.

"아니! 이게 누구야? 홍규태 총경리 아니오?"

홍 대리를 발견한 왕궈중 동사장은 깜짝 놀랐다. 이게 어찌 된 영문인지 몰라 홍 대리를 멀거니 바라보다가 다시 차이란에게로 고개를 돌렸지만, 차이란은 슬그머니 눈길을 피했다.

"홍규태 총경리가 여긴 어쩐 일이오?"

"제가 이곳 총경리입니다, 왕궈중 동사장님. 빈하우스가 카페88로 상호를 바꾸고 새롭게 시작했습니다. 카페88은 베이징에서 가장 조용하고 공기도 맑은 카페입니다."

홍 대리는 정중하게 설명을 한 후, 김동준에게서 받아 온 음식을 테이블에 정성스레 세팅했다.

"무릎 아픈 데 좋은 홍시 샐러드입니다. 홍시가 통증완화에 아주 좋다고 해서 한국 홍시로 특별히 준비했습니다. 함께 준비한 음료는 피로회복에 좋은 복분자차입니다. 시원하게 드십시오."

왕궈중 동사장의 무릎이 좋지 않다는 소식을 차이란으로부터 전해들은 홍 대리가 준비한 '점수 벌기'용 메뉴였다. 하지만 왕귀중 동사장은 그리 탐탁지 않은 듯했다.

"이것 보시오. 주문도 하지 않았는데 왜 멋대로 가져오는 거요?"

"먼 길 찾아오신 데 대한 서비스입니다. 일행 분들 기다리시는 동안 드십시오. 그럼 저는 잠시 후 주문을 받으러 다시 오겠습니다."

홍 대리는 깍듯이 목례를 한 후에 조용히 문을 닫고 나왔다. 나오자마자 깊은 한숨을 몰아쉬면서, 자신이 생각보다 더 긴장해 있었음을 깨달았다.

머지않아 미국 바이어들이 나타났다. 홍 대리는 직접 그들을 안내한 후, 잠시 시간을 두고 들어갔다. 그런데 왠지 방 안의 분위기가 묘했다. 다들 어딘가 난처한 표정이었고, 특히 왕귀중 동사장 쪽의 경리 한 명은 거의 사색이 되어 있었다. 왕귀중 동사장은 그 직원을 거의 잡아먹을 듯 노려보다가 미국 바이어들을 의식해서인지 다시 표정을 풀었다. 홍 대리는 조용히 다가가 메뉴판을 펼쳐놓았다. 그러는 동안 왕귀중 동사장이 좀 전의 그 직원을 낮게 꾸짖는 소리가 들렸다.

"이를 어쩔 셈인가? 통역 없이 어찌 협상을 진행해?"

"저, 정말 죄송합니다, 동사장님. 저도 이런 일이 생길 줄은……."

듣고 있던 홍 대리가 조심스레 끼어들었다.

"저, 혹시 무슨 곤란한 일이 생기셨나요?"

하지만 돌아온 대답은 냉랭했다.

"당신이 끼어들 일이 아니오, 홍 총경리."

왕귀중 동사장은 좀처럼 감정을 드러내는 사람이 아니었기에, 지금 이 정도의 차가운 반응만으로도 얼마나 기분이 상해 있는지를 알 수 있었다. 하지만 왕귀중 동사장이 마음 상한 상황에서 자신에게 협상 기회를 줄 것 같진 않았기에, 홍 대리는 어떻게든 돕고 싶었다.

"그러지 마시고 말씀해주십시오. 혹시라도 제가 도울 일이 있을지 또 압니까?"

"저희 중에 영어를 할 줄 아는 사람이 없어서 통역을 한 명 구했어요. 이 근방 사람이라 바로 이쪽으로 오기로 했는데 안 오길래 방금 연락을 해보니 집안에 일이 생겨서 올 수가 없대요."

왕귀중 동사장을 대신해 차이란이 간략히 설명을 해줬고, 홍 대리의 머릿속에는 섬광이 일었다. 기회다! 이건 기회다! 머릿속 한쪽에서 홍 대리에게 그렇게 외치고 있었다.

"왕귀중 동사장님, 실례가 되지 않는다면 제가 대신 통역을 해드려도 괜찮을까요?"

홍 대리는 '내가 널 돕겠다'라는 느낌이 아닌, '도와줄 수 있는 기회를 달라'는 느낌이 들도록 조심스레 말을 건넸다. 왕귀중 동사장의 표정이 순간적으로 밝아졌으나, 이내 미심쩍은 눈빛으로 변해갔다. 하지만 옆에서 차이란이 홍 대리를 거들었다.

"동사장님, 홍규태 총경리는 미국 유학을 다녀온 걸로 알고 있습니다. 더구나 MBA 출신이고 커피 업계에 종사하고 있으니, 이 자리에서 통역으로 적합한 사람이라 생각합니다. 오히려 전화위복이 아닐까요?"

그 말에 왕궈중 동사장도 고개를 끄덕였다. 홍 대리의 중국어 실력이야 직접 대화를 나눠봤으니 아는 바, 영어 실력에 대한 의심도 어느 정도 풀리고 나니 지금 이 곤란함을 해결할 수 있을 것이란 생각에 안도하는 듯했다.

"나를 도와주겠다니 고맙소, 홍 총경리."

자신이 탐탁지 않게 여기는 사람의 도움을 받아야 한다는 게 썩 기쁠 리는 없기에 마지못해 승낙한 것이다. 하지만 위기를 벗어나자 다시 평정심을 되찾은 것인지, 왕궈중은 어느새 얼굴 가득 푸근한 미소를 짓고는 홍 대리에게 악수를 청했다. 홍 대리도 '돕게 되어 영광'이라는 듯한 얼굴로 악수를 하고는, 미국 바이어들에게 간단히 인사를 했다. 방금 전까지만 해도 언어가 통하지 않았던 데다가 상대측 대표의 기분이 언짢아 보였기에 긴장했던 탓인지, 미국 바이어들은 홍 대리의 유창한 영어와 상황 설명에 얼굴 가득 미소를 지었다.

주문을 받은 홍 대리는 벨을 눌러 직원을 호출한 후에, 각자의 메뉴를 설명했다. 본래는 직접 서빙을 할 생각이었지만, 통역을 맡은 이상 자리를 비울 수는 없었던 것이다. 주문을 받은 마룽은 매우 중요한 자리임을 눈치챈 것인지, 평소보다 더욱 깍듯한 태도로 주문을 받고는 나갔다. 홍 대리는 틈틈이 왕궈중 동사장의 눈치를 살폈는데, 룸을 둘러보는 표정이 만족스러워 보였다. 미팅 장소를 정한 차이란이 꾸중 들을 일은 없을 듯하니 다행이었다.

문이 열리고 주문한 메뉴들이 들어왔다.

"이것은 견과류와 고려인삼을 넣은 월병입니다. 입에는 써도 몸에는 좋을 겁니다."

홍 대리는 각각의 메뉴를 중국어와 영어로 번갈아가며 간단하게 설명했다. 미국 바이어들에게도 건강식으로 알려진 한국식 접대가 더 의미 있을 것 같다는 생각에 결정한 메뉴였다. 특히 미국의 바이어에게는 "왕궈중 동사장이 당신의 건강을 위해 특별히 주문한 것이다"라고 일러뒀다. 이어 음료가 들어왔다. 홍 대리는 각자가 주문한 음료 외에 커피를 한 잔씩 돌렸다. 그리고 영어와 중국어로 각각 한 번씩 설명을 덧붙였다.

"중국에서 나온 최고 품질의 원두로 내린 특별한 커피입니다."

그 말에, 왕궈중 동사장의 표정이 살짝 굳어졌다. 자신의 농장에서 나오는 원두가 최고라 믿어왔기에, 홍 대리의 말에 기분이 상한 것이다. 하지만 그 앞에서 티를 낼 수는 없었기에, 말없이 한 모금을 들이켰다. 그리고 잠시 향을 음미하고는 고개를 갸웃거리더니 다시 한 모금 마셨다.

"이거…… 내 농장에서 나온 원두와 향이 거의 비슷하군."

홍 대리는 무릎을 치며 감탄하는 시늉을 했다. 아닌 게 아니라, 실제로 감탄을 하긴 했다.

"역시 동사장님의 안목은 대단합니다! 맞습니다. 예전에 차이란 경리님께서 커피를 한잔 주셨는데 그 맛에 반해 제 개인용으로 소량구매를 했습니다. 오늘 특별한 손님들이 오신다기에 특별한 커피가 어울릴 것 같아, 무척 아끼는 건데도 이렇게 내보인 것입니다."

왕궈중 동사장의 표정이 묘하게 변해갔지만, 홍 대리는 미국 바이어들에게 설명을 하느라 미처 그 표정을 보지 못했다. 다행히 미국 바이어들은 커피 맛에 무척 만족한 듯했고, 그 커피가 왕궈중 동사장의 농장에서 나온 원두로 내린 것이라는 설명에 만족감이 더한 듯했다.

그때부터 본격적인 협상이 시작됐다. 홍 대리는 금탄영 박사에게서 들었던 협상에 대한 노하우를 염두에 두고 통역을 했다. 어느 한쪽에 치우치지 않은 정확한 의사 전달을 하려 애썼고, 애매한 부분은 그때그때 확인을 해 양쪽 모두가 불만스럽지 않게 잘 조율했다. 특히 MBA 출신답게 많은 경영 지식을 바탕으로 능숙하게 바이어들과 대화를 나눴고, 왕궈중 일행은 알아듣지 못했지만 미국식 유머로 분위기를 풀어가기도 했다. 미국 바이어들이 비록 카페88의 경쟁자이긴 하지만, 2기 농장 원두의 생산량을 고려했을 때 카페88에게도 분명히 기회는 남아 있었다.

협상 분위기는 매우 좋았고, 미국 측의 바이어들은 내일 함께 푸얼에 있는 농장을 방문해보고 싶다는 말을 남기고는 약속 시간을 정한 후에 홍 대리가 잡아준 택시를 타고 호텔로 향했다. 그들의 손에는 차이란이 샘플로 가져온 원두가 들려 있었다.

“홍규태 총경리, 정말 고맙소. 덕분에 일이 잘 풀린 것 같소.”

미국 바이어들이 떠나고 난 후, 왕궈중 동사장은 진심에서 우러난 감사를 표했다. 비록 지난번 만남 때 홍규태 총경리에게 안 좋은 인상이 생긴 것은 사실이지만, 이번 도움은 사소한 것이 아니었기에 어쩌면 자신이 빚을 진 걸지도 모른다는 생각도 들었다. 그리고 왕궈중 동사장은 성격상 은혜든 원수든 배로 갚아야 직성이 풀렸다.

“아닙니다. 저희 카페에 와주신 것만으로도 감사합니다.”

홍 대리는 왕궈중 동사장의 기분이 괜찮은 것을 알고 조금 마음이 편해졌다.

“그동안 매주 회사에 왔다 갔다는 건 알고 있었소.”

왕궈중이 먼저 물꼬를 텄다.

“만나주실 때까지 갈 생각이었습니다.”

홍 대리는 별일 아니라는 듯 웃으며 대답했다. 그러자 왕궈중은 조금 미안한 기색이었다.

“그렇게 말하니 내가 미안해지는군. 오늘 큰 도움을 주었으니 나도 홍규태 총경리의 부탁을 하나 들어드리리다. 원두 계약하자는 말만 아니라면 웬만한 부탁은 들어줄 테니 말해보시오.”

왕궈중 동사장은 철저하게 공과 사를 구분하려 했다. 홍 대리 또한 이 정도 도움을 준 걸 가지고 당장 계약을 진행하자고 할 마음은 없었으므로, 실망하지 않고 아주 잠깐의 고민 끝에 입을 열었다.

"동사장님, 바쁘시더라도 잠깐 제게 시간을 내주십시오. 그게 제 부탁입니다."

왕귀중 동사장은 그게 다냐는 표정으로 쳐다봤고, 홍 대리는 단호하게 고개를 끄덕였다. 이런 사소한 도움을 내세워 원두를 달라고 한다면 그건 떼를 쓰는 것에 불과하고, 또한 자신감이 부족하다는 뜻밖에는 되지 않는다. 그렇기에 홍 대리는 제대로 된 비즈니스 협상으로 계약을 따낼 생각이었고, 그럴 기회를 확보하는 것에 만족하기로 했다.

시계를 힐끗 쳐다본 왕귀중이 고개를 끄덕였다.

"좋소. 무릎도 안 좋은데 오늘 바쁘게 돌아다니느라 너무 피곤하니 딱 10분이오. 그 안에 하고 싶은 이야기를 해보시오."

그토록 기다렸던 순간이 찾아왔다. 닫혀 있던 거대한 철문이 열리면서 빛이 순식간에 밀려 들어오는 것 같았다.

"감사합니다."

우선 왕귀중 동사장에게 고개를 숙여 고마움을 표한 홍 대리는 차이란에게도 슬쩍 고맙다는 눈길을 보냈다.

"실례가 되지 않는다면 저도 통역을 대동하겠습니다."

왕귀중 동사장은 홍 대리의 말에 재미있다는 표정이었디.

"홍 총경리는 중국어를 잘하지 않소? 왜 통역을 쓴다는 거요?"

"제가 아무리 중국어를 잘한다고 해도 아직 부족함을 느낄 때가 많습니다. 그리고 중국 문화에 대한 이해도 아직은 부족해, 동사장님께 결례를 범하지는 않을까 걱정이 됩니다. 제가 준비한 통역은 믿을 만한 사람이니, 제가 실수하지 않도록 도와줄 것입니다.”

일리가 있는 말인지라, 왕귀중은 고개를 끄덕였다. 홍 대리는 곧바로 정진중을 호출했고, 대기하고 있던 정진중은 들어오자마자 깍듯하게 인사를 건네고는 자기 자신을 소개했다. 특히 기업을 이끌고 있는 총경리라는 말에 왕귀중은 고개를 끄덕였다. 비즈니스에 대한 이해도가 높은 사람이 통역하는 편이 자신에게도 좋을 것 같았기 때문이다.

자리가 정리되자, 홍 대리는 준비한 말을 꺼내놓기 시작했다. 중국은 식사 자리에서 비즈니스가 많이 이루어지고, 처음에는 대화를 나누며 음식을 먹고 즐기다가 분위기가 무르익은 뒤에 중요한 이야기들이 오가는 게 보통이었다. 이전 협상 때 이를 놓친 것도 홍 대리에게는 한 가지 실수였기에 이번 협상에서는 이를 철저히 지키고 싶었지만, 왕귀중이 시간을 10분으로 제한한 마당에 그럴 수는 없어 곧바로 비즈니스 이야기를 꺼냈다.

“동사장님께 한 가지만 여쭙겠습니다. 오늘 이 장소가 어떠셨는지요?”

홍 대리는 아까 왕귀중이 만족한 표정으로 룸을 둘러보는 모습을 분명 보았기에 자신만만하게 물었다. 그리고 왕귀중은 솔직하게 대답했다.

“아주 마음에 들었소. 안 그래도 조용히 대화를 나눠야 할 때가 있는데, 그럴 때마다 조용한 곳 찾기가 힘들었거든. 이런 곳이 많아졌으면 좋겠소이다."

홍 대리는 속으로 쾌재를 불렀다.

"그렇게 할 생각입니다. 현재 베이징 10호점을 오픈 준비 중이고, 내년에는 50호점까지 개설할 예정입니다."

홍 대리는 예전 협상에서와 달리 분명한 증거를 보여주고자, 미리 준비한 자료를 펼쳤다. 자료를 건네받은 정진중은 차분히 설명을 시작했다. 베이징 시를 간략하게 그려놓은 지도에는 1~9호점 위치와 곧 오픈할 10호점 위치, 이미 임대 계약을 맺고 오픈 준비 중인 매장 8곳, 임대료를 두고 협상 중이거나 자신들이 눈여겨봐둔 곳들까지 세세히 표시가 되어 있었다. 표시된 곳은 총 43군데로, 옆에는 건물 평수와 주변 상권 분석까지 적혀 있었다.

홍 대리는 카페88이 성공을 거두고 있는 이유들에 대해 간략히 설명했고, 정진중은 적당히 살을 붙여가며 통역했다. 메뉴판을 보여주며 김동준이 만든 퓨전 요리들과 고객들의 폭발적인 반응을 설명했다. 그중 몇 가지를 건네며 호텔에 돌아가서 출출할 때 먹어볼 것을 권했다. 그리고 프레시 존에 대해 설명할 때는 공기청정기에 대해 알아듣기 쉽게 설명을 하고는 그 공기청정기를 만든 것이 자신의 회사라는 말을 덧붙였다.

"그리고 이 룸에도 같은 공기청정기가 설치되어 있습니다. 베이징에서 가장 맑은 공기를 마실 수 있는 곳이지요."

"오호라, 정 총경리 회사의 공기청정기는 성능이 아주 좋은 것 같소이다. 이 룸도 무척 공기가 맑은 걸 보면 말이오."

"주소를 말씀해주시면 사무실에 한 대 선물로 보내드리겠습니다. 설치는 제가 직접 찾아가서 해드리지요."

"정말이오? 이거 정말 고맙소이다. 나이를 먹으니 맑은 공기가 얼마나 소중한지 알게 됐지 뭐요. 푸얼이야 공기는 맑다지만, 사무실에 손님들이 오면 담배를 펴대서 말이오. 그나저나 내가 그런 걸 받아도 되겠소? 그럼 난 정 총경리에게 무얼 해드려야 하나?"

"홍규태 총경리와 함께 찾아갈 테니, 내쫓지 마시고 맛있는 커피나 한잔 주십시오. 하하!"

정진중은 통역 도중에 능숙하게 분위기를 풀어가며 대화를 끌어갔다. 특히 정확한 수치로 설명이 가능한 부분들은 홍 대리에게 확인을 해가며 자세히 통역했고, 왕귀중 동사장은 연신 고개를 끄덕였다. 빈하우스에서 카페88로 변경된 후의 매출 상승은 그가 보기에도 가히 극적이었고, 직접 방문해서 살펴본 결과 앞으로의 성장 가능성도 커 보였다. 하지만 그것만으로는 아직 부족했다.

"내년까지 50호점을 오픈한다는 건 목표일뿐이고, 확실하게 오픈 가능한 곳은 기껏해야 18호점까지 아니오? 목표와 포부만 보고 계약을 진행할 수는 없지 않소?"

역시 왕귀중은 녹록한 상대가 아니었다. 왕귀중 동사장의 질문에 홍 대리는 순간적으로 '올 것이 왔다'라는 생각이 들었다. 하지만 이 부분에 대해서는 명확히 대답할 말을 준비하지 못했다. 이를 아는 정진중은 조금이라도 홍 대리가 생각할 시간을 주기 위해 한국어로 아주 천천히 통역을 했다. 아니, 통역이라기보다는 그냥 대화에 가까웠다.

"총경리님, 들으셨죠? 어떻게 하실 겁니까? 확실한 대안이 없는 문제인 것 같은데……. 그냥 둘러댈 수도 없지 않습니까? 제 생각에는 최소한 두 가지 이상 대안을 제시해야 할 것 같은데요."

역시 정진중은 중국에서의 협상에 대해 기본을 알고 있는 듯했다. 금탄영 박사도 '협상 카드를 다양하게 준비하라'라고 말하지 않았던가.

정진중이 시간을 끌어준 덕에, 홍 대리는 본래 준비했던 한 가지에 덧붙여 다른 한 가지도 대략 정리를 할 수 있었다.

"증거를 보여달라고 하신다면, 사실 저도 어떻게 할 수가 없습니다. 비즈니스라는 게 본래 그런 것 아니겠습니까? 확실하다면 그건 투자가 아니겠지요. 다만 매출 상승에서 드러난 것처럼, 카페88은 앞으로도 성장 가능성이 큰 회사입니다. 그리고 보시다시피 현재 계약이 되었거나 진행 중인 지역들은 모두 목이 좋은 곳이지요."

정진중의 통역을 들은 왕궈중이 고개를 살짝 저었다.

"지금 이곳도 목이 좋은 곳이라고는 할 수 없는 것 같소만? 저쪽으로 한 블록만 더 갔더라면 홍 총경리 말대로 무척 좋았을 것 같은데, 이쪽은 유동인구도 적지 않소? 다른 곳들도 모두 이런 자리에 있는 것 아니오? 그렇다면 앞으로 오픈할 곳들의 매출을 장담할 수 없고, 자연히 성장이 멈출 것 같은데, 어떻게 생각하시오?"

역시 왕궈중은 타고난 장사꾼이었다. 오가며 한 번 본 것만으로도 왕푸징점의 위치상 한계를 단번에 파악한 것이다. 이렇게 나올 것이라고는 생각지 못했던 홍 대리는 당황했다. 역시 다급하게 생각해낸 말이라 갑작스런 역습에 발 빠르게 대처하기 어려웠다. 다행히 이번에도 정진중이 천천히 통역을 해주는 동안, 홍 대리는 생각할 시간을 벌 수 있었다. 그리고 적당한 답을 찾았다.

"빈하우스라면 이곳이 무덤과도 같은 곳이었을 겁니다. 실제로도 빈하우스였을 때는 거의 마이너스 매출을 기록했지요. 하지만 지금은 카페88입니다. 룸카페의 본질은 '조용하고' '편안하게' '자신만의' 시간과 공간을 갖게 해주는 것입니다. 그런 의미에서, 번화가를 벗어나는 편이 오히려 더 좋을 수도 있지요. 말씀하신 것처럼 저쪽의 번화가에서 많은 사람들이 관광과 구경을 할 겁니다. 그리고 이곳에서 쉬는 거지요."

말을 마친 홍 대리는 정진중이 통역하는 동안 벨을 눌러 마롱을 찾았다. 마롱이 들어와서 옆에 서자 홍 대리는 중국어로 질문했다.

"마롱 점장, 현재 매장에 손님이 얼마나 있나요?"

"룸과 일반 테이블 모두 가득 찼습니다. 룸은 세 군데가 예약이 하나씩 잡혀 있습니다. 일반 테이블 손님들은 현재 프레시 존에 대기 중인 손님이 6팀 있고요."

"알겠습니다. 고마워요, 마롱 점장. 나가서 일 보세요."

마롱은 고개를 숙여 인사하고는 밖으로 나갔고, 홍 대리는 다시 한국어로 말했다.

"들으셨다시피 손님은 넘쳐납니다. 벌써 밤 9시가 가까운 시간에도 이렇게 많은데, 낮에는 오죽할까요. 카페88은 번화가인지 아닌지가 크게 문제되는 카페가 아닙니다."

홍 대리의 대답에, 왕궈중은 고개를 끄덕였다. 자신이 이런 질문을 던질 것을 미리 알았을 리도 없고, 자신이 나가서 한 번만 둘러봐도 금방 탄로가 날 테니 마롱의 말은 거짓이 아닐 게다. 거짓말이란 탄로 나지 않았을 때 얻을 것이 얼마나 큰가도 중요하지만, 탄로 날 경우 잃을 것이 얼마나 큰지도 중요한 법이기 때문이다.

홍 대리는 내친김에 자신이 준비했던 카드를 보이기로 했다.

"또한 한국의 본사와 이야기해본 결과, 중국에서도 인스턴트커피를 제조해서 판매하기로 했습니다. 한국에서 만든 제품을 중국 매장과 온라인으로 시판매한 결과, 반응이 매우 좋습니다."

홍 대리는 또 하나의 자료를 꺼냈다. 그곳에는 오픈 이벤트 때 손님들에게 제공한 인스턴트커피에 대한 설문조사 결과 고객들이 '매우 만족'했다는 답변이 90퍼센트를 넘는다는 표시가 되어 있었다. 게다가 온·오프라인 매장에서 인스턴트커피 판매량이 급증하고 있음을 증명하는 그래프와 표도 함께였다.

"우리는 이 인스턴트커피 역시 동사장님의 원두로 만들고 싶습니다."

역시 이번 카드는 솔깃했던지, 왕궈중이 지금까지에 비해 더 진지한 표정으로 잠시 생각에 잠겼다. 아마도 인스턴트커피의 시장성과 카페88의 성장 가능성, 빈하우스 한국 매장들을 포함한 원두 사용량을 따졌을 때, 판다커피나 다른 경쟁사들과 비교해 얼마나 매력적인 비즈니스 파트너가 될 수 있을 것인지를 생각해보고 있으리라.

"아주 잘 들었소. 홍 총경리 말대로 카페88은 앞으로도 성장할 가능성이 매우 높은 듯하오. 인스턴트커피 역시 매력적인 시장임이 분명하고……. 그러나 지금 당장 답을 줄 수는 없을 것 같으니, 푸얼에 돌아가서 홍 총경리의 제안을 잘 고려해보겠소."

왕궈중 동사장은 웃으며 자리를 파하려 했지만, 홍 대리의 머릿속에는 비상벨이 울렸다. 이런 자리에서 "고려해보겠다"라는 말은 완곡한 거절의 표현임을 알았기 때문이다.

"총경리님, 저 말은 인사치레인 거 아시죠?"

정진중 역시 홍 대리의 추측을 뒷받침했다. 홍 대리는 '최후의 카드'를 꺼낼 수밖에 없었다. 지금보다는 좀 더 호의적인 분위기일 때 꺼내고 싶었지만, 어쩔 수 없는 선택이었다.

"동사장님, 사실 저는 회사에 한 가지 제안을 해둔 상태입니다. 오전에 연락을 받은 결과, 제안은 거의 통과가 된 상황이고요."

홍 대리의 말에, 왕궈중은 호기심을 보였다.

"저의 제안은 무척 간단합니다. 인스턴트커피 제조 공장을 푸얼에 세우는 겁니다."

홍 대리는 역전 만루 홈런을 친 타자처럼 의기양양한 심정이 됐지만, 표정에 드러내지 않고 왕궈중을 쳐다봤다. 하지만 왕궈중은 큰 감흥이 없는 것 같았다. 어쩌면 능숙하게 표정을 숨기는 것인지도 모른다.

"그게 내게 무슨 의미가 있겠소?"

왕궈중의 심드렁한 대꾸에도 홍 대리는 당황하지 않았다. 아마도 왕궈중은 협상에서 더 좋은 위치를 점하고자 강하게 나오는 것이리라.

"만약 카페88과 원두 계약을 한다는 전제하에, 푸얼에 공장을 세운다면 유통비용을 아낄 수 있지 않겠습니까?"

"계약을 한다면, 원래 유통비는 그쪽에서 부담해야 하오."

"그래도 동사장님께 득이 됩니다. 원두를 수입해서 한국 공장에서 제조하는 것보다 푸얼에서 제조해 한국으로 가져간다면 생산비가 절감될 겁니다. 그렇게 생산비를 아낀 만큼 원두 가격을 조금 더 높게 드릴 수 있겠죠."

왕궈중은 말없이 고개를 끄덕였다. 하지만 이해했다는 건지, 아니면 그냥 건성으로 끄덕이는 건지, 표정만 봐서는 알 수 없었다.

"또한 인근 청년들의 고용 문제를 해결함으로써 왕궈중 동사장님이 지역에서 더욱 확고한 위치를 점할 수 있게 될 거라 봅니다."

어느 나라 어느 지역이든, 나라와 그 지역에 이바지하는 바가 크면 클수록 사업을 하기 편해진다. 명망이 높은 기업이라면 더 많은 인재가 지원할 것이고, 국가나 지역에서도 더 많은 지원을 해줄 것이다. 홍 대리는 이 점을 노렸다. 그리고 그 부분은 왕궈중에게도 중요한 사안이었다. 하지만 이번에도 왕궈중 동사장은 심드렁한 표정이었다. 예전에는 그냥 무표정한 얼굴이라 생각했지만, 두 번을 만나고 보니 미묘한 표정 변화로 그 차이를 알 수 있었다.

"두 가지 다 나보다는 카페88에 더 좋은 것 아니오? 첫째, 공장을 푸얼에 지어 생산비를 아끼게 되면 원두값을 더 쳐주겠다는 건 처음부터 원두값을 낮게 잡고 있다는 뜻으로 들리는군. 다른 업체들은 생산비와 상관없이 우리 생두를 비싸게라도 사가려고 난리요. 둘째, 커피농장에서 일하기 싫어 지역을 떠나는 젊은이들이 커피공장에서 일하겠소? 농장보다 공장이 나은 게 뭐요? 젊은이들은 계속해서 지역을 떠날 거고, 노인들만 남아 생산성 떨어지는 공장이 되겠지. 그것도 지역에 이바지하는 것은 맞겠지만, 내가 카페88과 계약을 해야 할 정도로 큰 이유는 되지 못하오."

왕궈중 동사장의 말에 홍 대리는 심장이 덜컥 내려앉았다. 최후의 카드였고, 이 방안을 생각해내기 위해 전화와 메일 등으로 짧은 시간이지만 오승진 상무와 이준서 실장과 얼마나 많은 논의를 했던가. 그렇게 아이디어가 나온 이후로는 일사천리였다. 회사 입장에서야 중국 원두가 계약만 된다면야 인근에 공장을 세워 생산비를 줄일 수 있으니 좋다. 하지만 두 손 들고 환영할 줄 알았던 왕궈중은 단박에 거절했고, 홍 대리는 정신이 아찔해졌다. 그때 홍 대리의 핸드폰이 울리며 메시지가 하나 도착했다. 발신자는 좀 전에 화장실을 다녀오겠다며 일어선 차이란이었다.

- 현재 판다커피와 2기 농장 원두 전체 양의 70% 계약하기로

구두 약속한 상황. 제임스 장 총경리는 푸얼에 커피 박물관 설립 해줄 것 약속_차이란

메시지를 본 홍 대리는 정신이 번쩍 들었다. 제임스 장! 그리고 판다커피! 또 이들이 앞을 가로막았다. 세상에, 커피 박물관이라 니! 홍 대리로서는 상상도 하지 못한 아이템이었다. 하지만 커피 박물관이 공장보다 나을 게 뭐란 말인가? 지역의 고용 문제를 해 결할 수 있는 커피 공장이 낫지 않은가?

의문은 길었고 답은 짧았다.

'어쨌든, 왕궈중 동사장은 그쪽이 더 구미가 당긴다는 거로군. 그래, 공장보다는 박물관을 가진 편이 이미지에 좋겠지. 관광 사업 이 활성화되면서 소량이건 대량이건 주문도 늘어날 거고…….'

생각을 정리한 홍 대리는 정진중에게 귓속말을 건넸고, 정진중 은 다시 왕궈중 동사장에게 말을 전했다.

"중요한 연락이 와서 홍규태 총경리가 잠시 전화를 한 통 하고 오겠답니다."

왕궈중은 고개를 끄덕이면서도 시계를 힐끔 쳐다봤다. 곧 일어 설 생각이라는 뜻이리라.

룸 밖으로 나온 홍 대리는 핸드폰을 켰고, 떨리는 손으로 한 사 람의 번호를 찾아냈다. 그리고 통화 버튼을 누루기 전에 잠시 마 음을 가라앉히고 심호흡을 몇 번 했다. 이번 통화에 회사의 미 래가 걸려 있다는 생각에 긴장감이 쉽게 가시질 않았다.

이윽고 홍 대리는 통화 버튼을 눌렀다. 벨이 네 번 울리고, 상대가 전화를 받았다.

"여보세요?"

일단 통화가 연결되자 오히려 홍 대리는 긴장감이 사라지는 것을 느꼈다.

"사장님, 안녕하십니까? 저는 빈하우스 중국 법인 카페88의 총경리직을 맡고 있는 홍규태 대리입니다."

홍 대리의 인사에 빈하우스의 최목단 사장은 반가운 목소리로 대답했다.

"그래요, 홍 대리. 어쩐 일이에요? 이 시간에 나에게 전화를 다 걸고……."

"사장님께 감히 제안드리고 싶은 것이 있습니다."

홍 대리의 목소리에 담긴 긴장감과 진지함을 읽었는지, 최목단 사장도 목소리를 바꿨다.

"그래요, 홍 대리. 이 시간에 회사 대표에게 전화를 걸어 직접 이야기하려는 걸 보면 무척 중대하면서 또 시급한 사안이겠죠?"

"그렇습니다. 이렇게 결례를 무릅쓰고 연락을 해야 할 만큼 중대하고 시급합니다."

목소리밖에 들리지 않았지만, 홍 대리는 최목단 사장이 예의 그 온화한 눈으로 자신을 쳐다보며 고개를 끄덕이는 모습이 보이는 듯했다.

"좋아요, 말해보세요. 무슨 일인가요?"

시간이 촉박함을 알린 후, 홍 대리는 자신이 생각하는 바를 설명했다. 쉽게 결정할 수 있는 문제가 아니기 때문인지, 최목단 사장은 잠시 생각에 잠겨 있었다. 아마도 긴 시간은 아니었을 것이다. 하지만 기다리는 홍 대리에게는 1초가 하루처럼 다가왔다. 이윽고 최목단 사장이 입을 열었다.

"그렇게 했을 경우에 생길 이득에 대해 충분히 생각해봤나요?"

"솔직히 길게 생각하지는 못했습니다. 말씀드린 것처럼 자리가 자리인지라 길게 생각해볼 수 없었습니다. 하지만 우리 회사와 푸얼의 커피농장이 서로 윈-윈(win-win)할 수 있는 방안이라고 확신합니다."

다시 잠깐 생각에 잠겼던 최목단 사장은 웃으며 대답했다.

"좋아요, 홍 대리를 믿죠. 그렇게 진행하세요. 사장의 권한으로 허락합니다. 본사 임원들은 내가 설득하겠어요."

"감사합니다! 감사합니다, 사장님!"

홍 대리는 상대방이 볼 수 있기라도 한 것처럼 허리를 90도로 꺾어가며 인사를 거듭했다.

통화를 마치고 들어온 홍 대리의 표정은 한결 편안해 보였다.

"누구와 통화하셨습니까?"

정진중이 물었지만, 홍 대리는 빙긋 웃기만 했다.

"나중에 설명해줄게요. 자, 통역해요."

목소리를 가다듬은 홍 대리는 천천히 입을 열었다.

"제가 회사에 제안한 것이 하나 더 있었습니다. 그리고 방금 결과를 들었습니다."

사실 이건 거짓말이었다. 방금 생각해내고 전화를 걸어, 불과 1분 전에 허락을 받았으니까 말이다.

"카페88은 푸얼커피농장 근처에 '바리스타 교육센터'를 짓고 싶습니다."

홍 대리의 제안에 왕궈중 동사장은 눈을 동그랗게 떴다가, 흥미가 생긴 것처럼 자세를 고쳐 앉으며 집중했다.

"바리스타 교육센터라고 했소? 정확히 무슨 의미요?"

"제가 아까 말씀드렸고 동사장님께서도 동의하셨듯이, 카페88은 앞으로 가파른 성장세를 이어갈 겁니다. 그럴 경우 매장에서 일할 인재가 필요하지요. 하지만 준비되지 않은 인재를 채용하면 교육하는 데 드는 시간과 비용이 상당할 뿐만 아니라, 교육 공간도 부족합니다."

그럴 만도 했다. 판다커피 정도의 규모가 되는 곳이라면 별도로 직원 교육을 시킬 만한 공간이 있겠지만, 아직 카페88은 중국에서 그런 정도의 규모가 되지 않았다.

"그래서 이번 기회에 바리스타 교육과 서비스 교육을 함께 실시할 만한 교육센터를 만들 예정인데, 저는 그 장소로 푸얼을 생각하고 있습니다."

왕궈중 동사장은 잠시 생각에 잠겼다. 푸얼에 바리스타 교육센터가 생길 경우에 자신이 얻을 이득이 무엇인지를 생각하는 듯했다. 홍 대리는 왕귀중이 길게 생각하도록 내버려둘 마음이 없었기에, 직접 답을 던져주기로 했다.

"카페88의 바리스타 교육센터는 모든 교육을 무상으로 지원할 겁니다. 또한 그곳에서 교육과정을 이수한 모든 사람은 카페88에 자동으로 취업이 돼 3년간 일을 한 후에는 다른 회사로 옮길 수도 있습니다. 즉, 커피 업계에서 일하고자 하는 푸얼 지역 청년들에게는 무료로 바리스타 교육을 받을 수 있는 기회이자, 자동으로 취업이 보장되는 길입니다. 이런 좋은 조건의 교육센터라면 다른 지역에서도 많은 젊은이들이 찾아올 겁니다. 일자리 창출과 더불어 젊은이들이 많아져 활기찬 도시가 될 테니 지방정부에서도 환영할 일이죠."

왕귀중은 수긍한다는 듯이 고개를 끄덕였지만, 아직 확실하게 마음이 넘어온 것 같지는 않았다. 그리고 홍 대리는 왕귀중이 원하는 게 뭔지 정확히 알고 있었다.

"바리스타 교육센터의 이름에는 동사장님 이름도 함께 들어갈 겁니다. 그러니 지역에서 동사장님의 위치가 상승할 것은 불을 보듯 뻔하지요. 또한 동사장님의 농장에 대한 홍보도 자연히 이뤄질 거고요. 게다가 교육센터 출신들이 전국으로 뻗어나갈 텐데, 그렇게 되면 아마 대부분은 동사장님 농장의 커피를 사용하려 할 겁니다. 자신들이 가장 잘 아는 커피니까요. 즉, 안정적으로 공급처를 늘릴 수 있고, 전국에서 동사장님의 명성도 같이 올라가겠죠."

왕귀중이 가장 중요하게 생각했던 모든 것들이 언급된 순간이

었다. 홍 대리가 이 말을 꺼내기가 무섭게 왕궈중의 눈이 순간적으로 빛났다.

"듣고 보니 아주 좋은 제안이오."

어지간해서는 속내를 드러내지 않는 왕궈중도 흡족한 듯 웃으며 말했다.

"그럼 바리스타 교육센터와 커피 공장을 모두 짓는 거요?"

"물론입니다. 동사장님 말씀처럼 공장도 우리 회사에 큰 도움이 되는 것이니, 당연히 지어야지요. 단, 동사장님이 2기 농장 원두를 우리와 계약해주신다면 말입니다."

홍 대리의 대답에 더욱 만족한 듯, 왕궈중은 얼굴 가득 웃음을 지었다.

"차이란 경리, 내일 일정이 어떻게 되지?"

차이란은 비행기 시간과 푸얼 도착 후의 일정에 대해 간략하게 말했다. 왕궈중은 귓속말로 차이란에게 무언가를 지시했고, 차이란은 고개를 끄덕이고는 홍 대리에게 눈짓을 보냈다. 홍 대리는 '잘됐다'는 의미로 받아들였다.

"오늘은 시간도 늦었고 하니 돌아가서 쉬어야겠소. 내일 다시 연락드리리다."

왕궈중 동사장은 중요한 볼일이라도 생각난 사람처럼 다소 서두르며 자리를 떴고, 왕궈중 일행을 배웅하고 돌아온 홍 대리는 전쟁이라도 치른 것처럼 맥이 풀려 자리에 주저앉았다.

다음 날 오후, 차이란으로부터 전화가 왔다.

"오전에 동사장님이 제임스 장 총경리에게 계약할 수 없다는 의사를 밝혔어요. 그리고 이 말을 전하라고 하셨어요. '다음 주에 정진중 총경리가 공기청정기를 가지고 올 때 같이 오시오. 계약서 작성해 오는 것 잊지 마시오'라고……. 축하해요, 홍 총경리님."

1. 협상 카드는 다양하게 준비하라

중국 사람들은 특히 협상에 임할 때 사고가 유연하게 작동해, 흑과 백이나 선과 악, 득과 실 같은 극단적이고 경직된 사고에 익숙한 한국 사람들이 협상에서 어려움을 겪는 경우가 많다. 실제로 중국과의 협상에서 일을 성사시키기는 틀렸다고 판단하고 있을 때 "목적지에 도달하는 길이 한 가지 방법밖에 없겠소?"라는 말을 들은 적이 있다. 한국이 한두 가지 협상 카드를 준비해 나오는 반면 중국은 열 가지 이상도 준비해온다. 협상 조건이 많아질수록 각 조건들을 조합한 결론도 다양하게 나올 수 있다. 따라서 중국인과 협상할 때에는 다양한 협상 카드와 함께 충분한 시간과 인내심을 필요로 한다.

2. 정확한 통역을 위해 전문 용어나 외래어는 풀어서 전달하라

잘못된 통역은 사업에 치명적인 손해를 준다. 특정 분야의 전문 용어는 생소한 데다 즉석에서 말을 전달해야 하므로 정확하게 전달하지 못해 양측이 완전히 다르게 이해하는 경우가 있다. '슈퍼'를 '스파'로 이해하는가 하면, 1억 위안을 1조 위안으로 잘못 통역하는 경우도 있다. 특히 중국인 통역관은 한국의 외래어에 익숙하지 않으므로 쉬운 말로 풀어서 이해를 돕는 것이 좋다. 품위 있어 보이려고 어려운 말을 쓰는 것은 오히려 해가 될 수 있다.

통역 오류를 최소화하기 위한 방법으로는 해당 분야에 정통한 통역사를 구하는 것이 가장 좋지만, 상황이 여의치 않을 경우 협상 전에 통역인에게 미리 중요한 용어나 어휘를 설명해두는 게 좋다. 또는 협상 당사자가 중국어를 전혀 못할 경우에는 두 명의 통역을 두어 더블 체크하는 것도 방법이 될 수 있다. 미팅이 끝난 후 두 명의 통역인에게 각각 보고서를 쓰게 해서 비교하여 서로 다른 부분을 체크한다면 오류를 최소화할 수 있다.

중국 비즈니스, 결국 '사람'이 답이다

사람의 마음을 얻으면 천하를 얻는다

중국에는 "사람의 마음을 얻으면 천하를 얻는다(得人心者得天下)"라는 말이 있다. 삼고초려(三顧草廬)에서 알 수 있듯이, 중국에서는 '사람'을 중요시한다. 큰 성공일수록 혼자만의 힘으로는 만들어내기 어렵다. 중국에 진출한 한국 기업 대부분은 사람 때문에 실패하거나 힘들어한다. 직원에 대한 불신, 파트너와의 마찰, 정부의 비협조, 소비자의 외면 등 모두 사람의 마음을 읽지 못해 발생하는 일들이다. 사람 관계를 중시하는 중국에서 비즈니스에 성공하려면 특히 사람의 마음을 얻는 것이 무엇보다 중요하다.

기본은 이해와 존중이다

사람의 마음을 얻는 데 가장 중요한 것은 상대방에 대한 이해와 존중이다. 그리고 이해와 존중은 서로 다름을 인정하는 데서 시작된다. 중국과 한국은 기업문화는 물론이요 직원을 대하는 상사의 태도도 다르다. 직원 500여 명을 거느린 사장이 말단 직원을 조수석에 앉히고 직접 운전하며 공장을 안내하거나, 1조 원 매출의 회사를 운영하는 사장이 함께 해외 출장 온 부하직원들을 위해 사진사가 되어주고 가방도 들어주는 모습. 한국에서라면 상상도 하기 어려운 장면이지만, 이는 내가 실제로 본 중국인 사장들의 이야기이다. 중국은 직급 체계가 있더라도 조직문화는 수평적이다. 즉, 서로 하는 일이 다를 뿐 모두 동등한 조직의 구성원이라는 '분공' 개념이 강하다.

이는 어느 쪽이 옳고 그른가를 떠나, 단지 문화가 다를 뿐이다. 중국에서 사업을 하려면 중국의 조직문화를 이해해야 한다. 중국에서 사람의 마음을 얻기 위해서는 때로는 수직적 상하관계가 아닌 수평적 대등관계로의 인식 전환이 필요한 것이다.

충분한 소통과 시간을 들여 친구가 돼라

중국에서 비즈니스를 하다 보면 초면에 가장 많이 듣는 말 중 하나가 "먼저 친구가 된 후 사업을 하자(先做朋友, 後做生意 선주붕우, 후주생의)"라는 말이다. 바꿔 말하면 친구가 되지 않으면 비즈니스를 하지 않겠다는 뜻이다. 따라서 중국에서 사업을 하려면 반드시 친구가 되는 과정이 선행되어야 탈이 없다. 여기서 "친구가 된다"라는 말은 "상호 교감을 통해 신뢰를 구축한다"라는 뜻으로, 신뢰를 바탕으로 일을 만들어보자는 뜻이다.

신뢰할 만한 친구가 되려면 여러 차례의 소통과 충분한 숙성의 시간이 필요하다. 그런데 한국 사람들은 한두 번의 술자리에서 호형호제하고는 대단한 꽌시를 만든 것으로 착각해 성급하게 일을 진행하다가 실패하는 경우가 많다.

중국에서 최상의 파트너는 업계 1위 업체가 아니라 신뢰할 수 있는 기업이다. 중국의 한 소규모 식품가공업체는 일본의 수입업체에게 품질과 납품기일을 잘 준수하며 신용을 쌓았다. 그리고 3년 후 일본 수입업체가 자금을 투자하고 중국 업체가 설비를 투자하여 합작기업을 설립하고 공장을 확장해 윈윈(win-win)하는 결과를 얻었다. 이와 유사하게, 한국의 한 부품업체가 중국 회사에게 한국에서 생산한 부품의 대리판매를 위탁했는데, 부품이 꾸준히 잘 팔리고 문제가 없자 2년 후 중국 측 회사가 중국 생산 공장 설립을 권유하고 직접 자금까지 투자해 공장을 설립했다. 이렇듯 파트너의 마음을 얻으려면 신뢰가 있어야 하며, 신뢰 구축을 위해서는 충분한 소통과 단계적 검증의 시간이 필요하다.

책임을 다하는 기업이 되어야 한다

사람의 마음을 얻는 기업이 되려면 중국 사회에 '착한 기업'이라는 이미지를 심어줘야 한다. 한 설문조사에 따르면, 중국 소비자의 73퍼센트는 기업의 사회적 책임(Corporate Social Responsibility, CSR) 활동을 하는 기업의 제품을 우선 구매한다고 답했다.

중국 이랜드는 상하이 핵심 상권 부지를 시중 가격보다 파격적으로 저렴하게 공급받기도 했다. 이는 중국 이랜드가 코카콜라에 이어 두 번째로 많은 세금을 내 투명하게 경영하는 기업이라는 신뢰를 샀기 때문에 얻은 보상이다. 2008년 사천성 대지진 당시 중국 맥도날드는 150만 위안을 기부했는데, 중국에서 버는 것에 비해 너무 적은 액수를 기부했다는 이유로 불매운동에 부딪쳤다. 반면 중국 음료업체인 왕라오지(王老吉)는 1억 위안을 기부해 민속음료, 국민음료라 불리며 전년대비 약 3배의 매출을 올렸다.

중국 지역사회로부터 인정받기 위한 방법이 거액의 기부금만 있는 것은 아니다. 실제로 양로원이나 보육원 자원봉사 등의 활동도 활발하다. 요점은 기업의 사회적 책임활동을 통해 지방정부와 고객의 마음을 사는 것이 중요함을 알고 행하는 것이다.

카페88에 오신 것을 환영합니다

홍 대리가 중국에 온 지도 벌써 2년이 넘게 지났다. 처음 베이징 땅을 밟은 이후로 세 번째 맞은 여름, 그중에서도 카페88이 가장 분주한 날인 8월 8일. 홍 대리는 하루 종일 빡빡한 일정을 소화한 후 은근슬쩍 리리에게 물었다.

"리리 씨, 잠깐 시간 좀 내줄 수 있어요?"

리리는 당황한 듯이 눈을 좌우로 한 번씩 굴리더니 대답했다. 홍 대리는 그 모습이 귀엽다고 생각했다.

"네, 별 약속은 없는데요. 왜요?"

"아, 잠깐 할 얘기가 있어서요. 어딜 좀 같이 갑시다."

말을 마친 홍 대리는 기다려주지도 않고 휙 사무실을 나섰고, 리리는 재빨리 가방을 챙겨들고 일어섰다. 사무실에 앉아 있던 딩 관제는 왠지 모르지만 박수를 쳤고, 마오랑은 또 왠지 모르게 휘

파람을 불었으며, 박효병은 더더욱 왠지 모르게 음흉한 웃음을 지었다. 리리는 그 모든 걸 무시하고 잰걸음으로 자신의 총경리를 따라갔다.

운전하는 내내 한 마디도 없던 홍 대리가 차를 세운 곳은 카페88 궈마오점이었다.

"어머, 왜 여길……?"

홍 대리는 대답 없이 카페를 들여다봤고, 대기 손님이 프레시존에 가득한 걸 보고는 고개를 설레설레 저었다. 그리고 차를 조금 더 몰아서 판다커피 근처에 세웠다.

"기다리기 싫으니까, 여기로 갑시다."

판다커피에도 손님이 많았지만 확실히 예전보다는 많이 줄어서 대기하는 손님이 없었고, 빈 테이블도 드문드문 보였다.

홍 대리와 리리는 2층으로 올라가, 마침 운 좋게 비어 있던 창가 자리에 앉았다. 공교롭게도 그 자리에서는 길 건너편에 위치한 카페88이 잘 내려다보였다. 묘한 기분이 들었다. 1년 전만 해도 판다커피 앞에 손님들이 줄을 서 있는 모습을 보며 얼마나 부러워했던가? 이제 그 판다커피에 앉아, 당시만 해도 파리가 날렸지만 지금은 대기 좌석이 부족해 바깥까지 사람들이 줄 서 있는 카페88을 내려다보고 있다. 카페88에서는 8월 8일 '88데이'를 맞아 갖가지 이벤트를 진행 중으로, 잠시 후인 8시 8분이면 화려한 불꽃놀이와 함께 이벤트 당첨자를 발표할 것이다.

"참, 총경리님. 판다커피 제임스 장 총경리 소식 들으셨어요?"

"네, 왕궈중 동사장이 말해줬어요. 2기 농장 계약 무산되고, 이전에 상하이 지역 원두 납품하던 농장과의 계약도 틀어져서 곤란해졌다고요."

"그렇구나. 우리 회사와 무슨 악연이라도 있는 것처럼 못살게 굴더니, 이제 정신 좀 차렸을까요?"

실제로 악연이 있었음을 리리는 몰랐기에, 홍 대리는 그저 웃었다.

"제임스 장은 유능한 사람이에요. 지금 당장은 판다커피가 조금 어려움을 겪고 있지만, 아마 머지않아 다시 우리의 가장 큰 경쟁자로 나타날 거예요."

그렇게 말하는 홍 대리를 리리는 빤히 쳐다봤다. 그러자 홍 대리는 얼굴이 달아오르는 걸 느꼈다.

"왜, 왜 그래요? 사람 얼굴을 그렇게 빤히……. 내 얼굴에 뭐 묻었어요?"

"아니요, 그게 아니라……. 그렇게 큰 경쟁자가 나타나면 걱정해야 하는 거 아닌가요? 근데 오히려 총경리님 표정이 즐거워 보여서요. 웃고 있는 것 같았는데……. 뭐, 내 착각이겠죠?"

자신이 웃고 있었다는 사실조차 몰랐던 홍 대리는, 리리의 말을 듣고서야 깨달았다. 자신은 제임스 장이 어려움을 극복하고 더 강해져서 나타나기를 기다리고 있는 것이다. 어쩌면 자신은 제임스 장과의 경쟁을 통해 성장했고, 제임스 장으로 인해 중국에서의 비즈니스에 있어 중요한 것들을 깨우쳤으며, 더더욱 이를 악물고 중국에서 성공하려 했던 것 같다는 생각이 들었다.

"맞아요. 난 제임스 장이 빨리 지금의 위기를 이겨내고 나타났으면 좋겠어요. 뭐가 걱정이에요? 다시 나타나면 또 이겨버릴 건데……."

아직 완벽한 '승리'라고는 할 수 없었지만, 형세를 역전시켰으니 일단은 자신을 칭찬해주기로 했다. 그리고 그 자신감의 밑바탕에는 언제나 자신을 뒷받침해주는 든든한 직원들이 있었다. 이들과 함께라면 베이징이 아니라 중국 전역, 나아가 세계에서 최고의 카페도 만들 수 있을 것이라는 자신감이 생겨났다.

"아, 바리스타 교육센터는 어때요?"

"시설을 끝내주게 지어놨어요. 1기 교육생들 교육 들어갔고요. 아마 40호점 개설할 때쯤이면 투입이 가능할 거예요."

"그래요? 언제 한번 가보고 싶은데……. 아, 오늘 인터뷰는 어땠어요?"

홍 대리는 오전에 있었던 〈미식잡지〉와의 인터뷰를 떠올리고는 빙긋 웃었다.

"좋았어요. 오늘따라 혀에 버터라도 바른 것처럼 말이 술술 나오던데요?"

카페88이 빈하우스였던 근 1년 전 〈미식잡지〉에 특집 기사를 실으러 찾아왔다가 불량 원두에 실망하고 돌아갔던 통칭안 기자가 다시 연락을 해온 것은 보름 전이었다. 카페88과 홍 대리에 대한 특집 기사를 싣고 싶다는 것이었다. 처음에는 사양했지만 카페88을 전국에 알릴 기회라는 생각에 승낙했고, 오전에 인터뷰를 마치고 온 참이었다.

"아하! 그래서 오늘따라 멋있게 차려입고 오셨구나? 인터뷰 때문에?"

"나 멋있어요? 훗!"

홍 대리는 뜬금없이 모델 포즈를 취하다가, 뒤늦게 '멋있다'는 말에 가슴이 뛰었다. 슬그머니 살펴보니, 리리 역시 당황한 눈치였다. 둘 다 얼굴이 살짝 붉어졌다.

"어, 어쨌든! 그럼 다음 달에 있을 TV 녹화에서도 잘할 수 있겠네요."

"어험! 험! 그, 그럼요! 잘할 수 있죠."

예전에 중국으로 오기 전에 홍 대리가 제임스 장을 처음 봤던 중국 CCTV의 다큐멘터리 프로그램에서 이번에는 홍 대리를 취재하기로 했다. 기존에는 '성공한 젊은 기업가'에 포커스를 맞췄다면, 이번 방송은 '화제가 되고 있는 젊은 외국인 기업가'를 다루기로 했다는 것이다. 정진중에게도 취재 요청이 있었다고 하니 겹경사가 따로 없었다.

"그나저나 총경리님, 오늘 왠지 분위기가 좀 다른데요? 뭔가 고민 있어요?"

"고민이요? 아니, 뭐 그게……."

홍 대리는 공연히 속내를 들킨 것 같아 어색해졌다. 하지만 계속해서 뜸을 들이고 있을 수는 없어, 천천히 입을 열었다.

"사실 앞으로 어떻게 해야 할지 좀 고민이긴 해요. 일단 여기까지 오긴 왔는데, 내 능력으로는 점점 힘이 부치는 것 같기도 하고……."

"왜 그런 말씀을 하세요? 총경리님 지금까지 잘해왔고, 앞으로도 잘할 거예요. 난 믿어요. 아마 다들 총경리님만 믿고 있을 걸요?"

홍 대리는 빙긋 웃었지만, 그 웃음이 썩 편해 보이지만은 않았다.

"그런 것도 같아요. 이준서 실장이 어제 저녁에 그러더라고요. 내후년에 사장으로 취임하게 된다고, 그럼 나를 상무급으로 승진시켜준대요. 그리고 그때까지 중국에 200호점을 열어달래요. 그럼 중국에서 번 순수익의 몇 퍼센트를 인센티브로 주겠다고……."

파격적인 조건이었다. 리리로서는 200개 매장에서 나올 순이익의 1퍼센트만 하더라도 그게 얼마나 될지 감이 잡히질 않았다. 그런 조건이라면 고민할 이유가 없지 않을까 싶었다.

"이 와중에 김동준 경리는 함께 요식 사업을 하자고 해오고, 정진중 씨도 동업을 해볼 생각이 없느냐고 하네요."

"아, 그게 고민이신 거구나. 어떤 선택을 하시든 성공하실 거예요. 김동준 경리님 요리 솜씨야 누구나 아는 거잖아요. 정진중 씨도 워낙 똑똑한 사람이고……. 그런데 뭐가 고민이세요?"

"아니, 그렇게 되면 베이징을 떠나야 할 수도 있으니까요."

"베이징을요? 왜요?"

홍 대리는 작게 한숨을 내쉬고는 대답했다.

"카페88에 남으면 곧 상하이나 칭다오 지역 공략하러 떠나야 되고, 김동준 경리나 정진중 씨와 동업을 하면 꼭 베이징에서 한다는 보장이 없으니까요."

리리는 잠시 홍 대리를 쳐다보다가 물었다.

"중국을 떠나시려는 건 아니죠?"

"당연히 아니죠! 내가 리리 씨를 두고 어딜 가요?"

홍 대리는 단호하게 대답했고, 곧 자신의 입을 손으로 막았다.

'맙소사! 내가 무슨 소릴……'

덩달아 얼굴이 빨개진 리리는 고개를 푹 숙였다. 둘 사이에 어색한 침묵이 흘렀다. 홍 대리는 공연히 창밖으로 고개를 돌렸다. 길 건너 카페88에서는 '88데이 행운의 당첨자'가 발표됐고, 88데이의 하이라이트인 불꽃놀이를 시작하려는 중이었다. 그때, 리리가 용기를 내서 물었다.

"그럼 된 거 아니에요? 중국에 있을 거면 상하이에 가든, 칭다오에 가든 같은 중국에 있는 거잖아요."

홍 대리는 쿵쾅거리는 심장을 진정시키려 애쓰며, 겨우 대답했다.

"상하이도, 칭다오도 다 싫어요! 리리 씨를 두고는 가기 싫다고요! 그러니까 내 말은……"

뭐라고 말할까 고민하던 홍 대리는 눈을 질끈 감으며 말했다.

"리리 씨, 항상 내 곁에 있어줘요! 언제, 어디서든!"

– 슝~ 펑! 펑! 펑!

때마침 불꽃놀이가 시작됐고, 불꽃이 하늘로 치솟았다. 슬며시 눈을 떠 보니, 하늘을 수놓는 화려한 불꽃 아래로 리리가 빙긋이 미소를 짓고 있었다. 홍 대리도 불꽃이 되어 하늘로 날아오를 것만 같았다.

– 슈웅~ 펑! 펑!

「끝」

중국인, 중국 문화를 이해하고 존중하는 법

중국 천재가 된 홍 대리 2

초판 1쇄 발행 2014년 6월 20일
초판 2쇄 발행 2014년 7월 15일

지은이 김만기, 박보현
펴낸이 김선식

경영총괄 김은영
마케팅총괄 최창규
책임편집 노준승 **크로스교정** 한보라
콘텐츠개발1팀장 류혜정 **콘텐츠개발1팀** 한보라, 박지아
마케팅본부 이주화, 윤병선, 이상혁, 도건홍, 박현미, 백미숙, 반여진, 이소연
경영관리팀 송현주, 권송이, 윤이경, 김민아, 한선미, 양현정
스토리텔링 김미라, 노준승 **일러스트** 삼식이

펴낸곳 다산북스 **출판등록** 2005년 12월 23일 제313-2005-00277호
주소 경기도 파주시 회동길 37-14 3, 4층
전화 02-702-1724(기획편집) 02-6217-1726(마케팅) 02-704-1724(경영관리)
팩스 02-703-2219 **이메일** dasanbooks@dasanbooks.com
홈페이지 www.dasanbooks.com **블로그** blog.naver.com/dasan_books
종이 월드페이퍼(주) **출력 · 제본** 현문 **후가공** 이지앤비 특허 제10-1081185호

© 2014, 김만기, 박보현

ISBN 979-11-306-0325-4 (14320)
　　　 979-11-306-0323-0 (세트)

다산북스(DASANBOOKS)는 독자 여러분의 책에 관한 아이디어와 원고 투고를 기쁜 마음으로 기다리고 있습니다.
책 출간을 원하는 아이디어가 있으신 분은 이메일 dasanbooks@dasanbooks.com 또는 다산북스 홈페이지 '투고원고'란으로
간단한 개요와 취지, 연락처 등을 보내주세요. 머뭇거리지 말고 문을 두드리세요.